中國學術思想 研究輯刊

二七編

林慶彰 主編

第1冊

《二七編》總目

編輯部 編

宋代經筵《尚書》講義研究

何銘鴻 著

花木蘭文化出版社

國家圖書館出版品預行編目資料

宋代經筵《尚書》講義研究／何銘鴻 著 — 初版 — 新北市：花
木蘭文化事業有限公司，2018〔民 107〕
目 2+192 面；19×26 公分
（中國學術思想研究輯刊 二七編；第 1 冊）
ISBN 978-986-485-371-7（精裝）
1. 書經　2. 研究考訂　3. 宋代
030.8　　　　　　　　　　　　　　　　　107001860

ISBN- 978-986-485-371-7

中國學術思想研究輯刊
二七編　第一冊　　　　　　　ISBN：978-986-485-371-7

宋代經筵《尚書》講義研究

作　　者　何銘鴻
主　　編　林慶彰
總 編 輯　杜潔祥
副總編輯　楊嘉樂
編　　輯　許郁翎、王　筑　美術編輯　陳逸婷
出　　版　花木蘭文化事業有限公司
發 行 人　高小娟
聯絡地址　235 新北市中和區中安街七二號十三樓
　　　　　電話：02-2923-1455 ／傳真：02-2923-1452
網　　址　http://www.huamulan.tw 信箱 hml 810518@gmail.com
印　　刷　普羅文化出版廣告事業
封面設計　劉開工作室
初　　版　2018 年 3 月
全書字數　170696 字
定　　價　二七編 25 冊（精裝）新台幣 48,000 元

《二七編》總目

編輯部 編

《中國學術思想研究輯刊》二七編 書目

《中國學術思想研究輯刊》二七編
各書作者簡介・提要・目次

第一冊　宋代經筵《尚書》講義研究

作者簡介

　　何銘鴻，1969 年生，臺灣臺南市人。臺北市立大學中國語文學系文學博士。現職臺南市國小教師兼臺南市國民教育輔導團國語文領域輔導員；文藻外語大學應用華語文系兼任助理教授。臺北市立大學 104 年度傑出校友（教學類）。歷任臺北市、臺南市國小導師、網管、組長、主任、縣市語文競賽評審等職，專長電腦維修、資訊科技融入教學、國語文教學、經學史、《尚書》學等。著有《皮錫瑞尚書學研究》、《宋代經筵《尚書》講義研究》及〈宋代經筵《尚書》講義之特點〉、〈宋代經書帝王學以義理解經特點初探——以史浩《尚書講義》爲文本〉、〈莊存與《尚書》學探析〉、〈王安石〈洪範傳〉之解經形式〉、〈我對臺灣閩南語標音方式的看法〉等論文近 20 篇。

提　要

　　「經筵」是一種專爲教育皇帝而設的特殊教育制度，正式確立大約在宋仁宗朝，此後歷元、明、清諸朝，由盛而衰，逐漸流於形式而衰微。自宋代以來至清代，凡在經筵中爲皇帝講讀經史之侍讀學士、侍讀、侍講及說書等，

皆稱爲「經筵官」，此官爲儒臣之榮選，乃至清要顯美之官。經筵官除了爲帝王講讀經史之外，還能在進講之時，帶入自己的理論思維，以影響皇帝，同時還能夠利用制度之便，經常性地在皇帝面前論述政事得失，進而影響皇帝的決策。

近代以來針對帝王經筵教育的「制度」方面，大陸學者做了不少研究，其最著者當屬朱瑞熙，唯學者們多集中於「制度層面」的探究，對於文獻本身的討論與研究卻少有著墨。近年來，在臺灣中央研究院中國文哲研究所林慶彰先生與蔣秋華先生的號召與帶領之下，臺灣東吳大學陳恆嵩先生、臺灣師範大學金培懿先生開始進行了一系列大型的經典帝王學的研究，於此同時，也陸續開始有學者以經筵講義爲文本，來進行學位論文與單篇論文的研究。有鑑於此，筆者在過去研究《尚書》的基礎之下，就經筵制度發展完備的宋代，以「宋代經筵《尚書》講義研究」爲題，對於宋代經筵《尚書》講義進行文獻的蒐集、分析與探究，同時兼及相關的經筵制度探討，以完成本論文之撰述。

本論文計分七章：

第一章緒論。分就論文選題、研究現況與研究步驟進行敘述。

第二章宋代經筵制度之建立。自宋以前之侍講官的出現論起，至北宋、南宋的經筵制度的發展爲止，就歷代經筵制度的形成過程，做斷代式的描述與分析。

第三章宋代經筵《尚書》講義之內容與特點。分就宋代經筵《尚書》講義內容進行述要、分析宋代經筵《尚書》講義之進講篇題、《尚書》經筵講義之解經方式以及宋代經筵《尚書》講義之特點。

第四章就史浩的《尚書講義》進行專題析論。得出史浩《尚書講義》除一般《尚書》講義之特色外，尚有二大特點：一、以理學解經之傾向，二、著重先內聖後外王的修爲。

第五章分別析論經筵與宋代政治運作之關係、經筵相關活動與政策諮詢及《尚書》講義與宋代《尚書》著作之間的交互關係。

第六章就經筵講官理想實踐之二例、以《大學》解《尚書》——對帝王內聖外王思維的形塑、以《中庸》解《尚書》——對人君修身治國之道的影響等三部分，提出筆者的研究見解。

第七章爲本論文之結論。

目　次

第二、三、四冊　論《儀禮》禮例研究法——以鄭玄、賈公彥、凌廷堪爲討論中心

作者簡介

鄭雯馨，臺北人，臺灣大學中國文學研究所博士。曾任世新大學兼任講師、行政院國科會（科技部）99 年度獎勵人文與社會科學領域博士候選人、100 年中央研究院人文社會科學博士候選人、中央研究院中國文哲研究所訪問學員與博士後研究員等，現任政治大學中國文學系助理教授。有志從事禮學、經學研究，期望以文獻考據爲根基，觀察學術與政治、社會文化的互動，發掘其中的生命力。著有碩士論文《王莽的經學與政治》，並曾發表數篇論文。

提　要

《論《儀禮》禮例研究法——以鄭玄、賈公彥、凌廷堪爲討論中心》探討鄭玄、賈公彥、凌廷堪運用禮例研究《儀禮》情形：其一，禮例爲具有必然性的規則，可規範行爲與價值觀，放在時間的脈絡下，性質由生活實踐的慣例轉爲比較經文所得之例，成爲處理新事物的參考。在此概念下，《儀禮》全書皆爲例。其二，禮例有助於校勘經文、辨正舊說、界定儀節、補足禮文、褒貶依據，及綜合禮文、辨別禮意，並申明飲酒禮、士喪禮等一整套的禮儀內蘊。其三，當禮例詮釋紛紜、禮文捨取紛歧，甚至無法得到禮意或禮文的驗證，將降低解經效用。其四，應用禮例的關鍵在於分類，若界定標準多重不一、過度同化禮文，及專主於《儀禮》一書而忽略其他典籍，亦將使經義晦暗不明。其五，基於上述觀點，重新以規則的「必然」爲禮例分爲常例、特例二類。在農業社會的背景下，形成特例的主要因素在於倫理關係、事件性質，前者有助於強化特定價值，因事件性質而異的特例則將變異或特殊事物納入體制，以穩定社會秩序。分類過程中，亦發現禮例具有多重層次的結構，顯示禮是一種相對值，而非絕對值。本研究有助於認識禮例的內涵與演變、應用得失，及在社會文化背景中呈現多重層次的靈活表現，豐富禮學研究面向。

目　次

第五、六、七冊　《春秋》義法模式考述

作者簡介

張厚齊，男，籍貫四川（重慶），現住新北市，私立東吳大學中國文學研究所博士，專長：中國經學史、《春秋》三傳。

提　要

所謂「義法」，是指義理與法則。歷代諸儒闡釋《春秋》義法，所運用各種不同的解經模式，本文稱之爲義法模式。

首先，本文探討《春秋》義法有四個來源：一是「聖人口耳相傳」，二是「史官據事直書」，三是「君子微言大義」，四是「孔子述而不作」。以上證明《春秋》義法的來源是多元的，是眾多聖人、史官、君子與孔子的共同智慧結晶。

其次，本文歸納歷代諸儒闡釋《春秋》義法有七種模式（二十三類）：一是義例模式，主張聖人先設置義例，再據以修作《春秋》；二是寓言模式，假藉《春秋》的人物故事，以寄寓儒者自己的論點，甚至將孔子化作《春秋》寓言中的人物，爲儒者自己的理想發言；三是屬比模式，聯屬上下相關的文辭（屬辭），排比前後相關的事件（比事）以解經；四是比例模式，藉由屬辭比事而得經例以解經；五是義理模式，以宋儒程頤、朱熹之學爲宗，主張《春秋》爲明道正誼之書，只要義理明，則皆可遍通；六是說辨模式，依據儒者對於三傳的支持態度不同而形成，或加以申述，或予以駁斥，或斷以己意，或參以他說；七是緯史模式，以經學爲主、史學爲輔，將構成歷史的因素分門別類，以輔助經學。以上證明兩千多年來《春秋》學術領域的發展亦是多元的，人人都有解經的權利，沒有「解經專屬權」的觀念。

最後，本文說明《春秋》義法七種模式出自四個來源，亦即多元化的義法來源產生多元化的義法模式，但二者並無直接的對應關係，必須藉由《春秋》爲中介。易言之，四個來源融合而成《春秋》義法，再由《春秋》義法發展而

成七種模式，而《春秋》居於關鍵的地位，使二者得以相互依存。並參酌知識經濟時代的知識管理法則，期望以整理、歸納《春秋》義法七種模式爲起始，使《春秋》「被通盤瞭解」，再「通盤瞭解」當前各種最新的專門知識，進而擴及其他諸經，建立以經學統合各種專門知識的交流平台，重新發揚經學。

目　次

上　冊

第八冊　何鄭之爭與范曄筆下的漢末經學史

作者簡介

朱生亦，1975 年生於臺中。國立中正大學歷史研究所碩士班、臺北中國文化大學史學研究所博士班畢業。撰有〈何休與三闕之研究〉、〈何休三闕及

其流傳考〉、〈死亡與名聲：司馬遷所謂「引決自裁」析論〉等論文。

提　要

　　在各種後漢歷史論述的競爭中，范曄《後漢書》憑藉出色的歷史評論得到不少認同，個人的家學淵源亦幫助他修撰後漢學術歷史。本文針對眾多書寫何休、鄭玄二人的傳記與相關記載，檢視范曄如何撰述二人傳記，及其評論雙方對立關係所抱持的態度。後世根據范曄《後漢書》呈現的漢末經學論述與評價，逐漸形成何休與鄭玄的歷史地位，其影響力擴大到國家祭祀、學術研究等相關領域，縱有質疑之意見，仍未得脫離范氏之史筆，應有一反省再思的空間。文末附錄〈范曄《後漢書・何休傳》再釋〉，為本文作者近期的學習成果，提供給本文讀者與何休學研究者參考。

目　次

第九、十冊　內聖與外王——荀子的人文化成之道

作者簡介

夏春梅，輔仁大學中文研究所博士，現任輔仁大學與國北教大兼任助理教授。研究領域爲先秦諸子及元代繪畫。著有《內聖與外王——荀子的人文化成之道》，輔仁大學博士論文，2014。《道德經舊註初探》，輔仁大學碩士論文，1992。譯有高居翰（James Cahill）：《隔江山色——元代繪畫（一二七九～一三六八）》Hills beyond a river: Chinese painting of the Yüan Dynasty, 1279～1368，台北：石頭出版社，1995。

提　要

「內聖外王」爲儒家思想的核心要義，本文定義「內聖」爲修身，即自覺的作聖賢工夫。「外王」爲聖王治天下有道，亦即人間互相成全的文明秩序。

準此定義，透過原典分析可得荀子有重重內聖工夫。扣住〈正名篇〉、〈解蔽篇〉、〈性惡篇〉與〈勸學篇〉四篇可論荀子之內聖思想。荀子的內聖思想有一結構，本能性情是荀子內聖結構橫向系列的起點，人爲之僞是橫向系列的終點。起點與終點中間有一轉折，即由耳目感官而心知意識的淨化，此即荀子解蔽虛靜以返清明的工夫之所在，在虛壹而靜的究竟清明之外，荀子的另一道工夫，由概念而言是化性起僞，由教育而言是勸勉爲學，全面看來〈勸學篇〉正居於此一內聖結構之關鍵樞軸。內聖結構是靜態，但加上「學不可以已」的學習歷程，爲整個結構指出前進的方向。

荀子的外王結構，可由四個議題見微知著，第一個議題見於〈儒效篇〉，談戰國儒者自覺；第二個議題論禮，見於〈禮論篇〉；第三個議題論樂，以〈樂

論篇〉爲主；第四個議題論天，談〈天論篇〉。

余英時道：「『內聖外王』是一個連續不斷的活動歷程，最後將導致合理的人間秩序的實現。」秩序背後隱藏的是人與人之間的完整與成全，這讓我們不禁憶起許愼在《說文解字》記載「仁」的解說：「仁，親也。　人二。」這是對人間文明樸素而根本的定義。

目　次
上　冊

第十一、十二冊　漢代道氣論思想研究

作者簡介

楊婉羚，臺北人，1983 年生，2005 年 6 月畢業於中國文化大學中國文學系文學組，同年考取中國文化大學中國文學系碩士班，2009 年 1 月以《《淮南鴻烈》氣論思想研究》取得碩士學位，9 月考取中國文化大學中國文學系博士班。2017 年 6 月以《漢代道氣論思想研究》獲得博士學位。曾任台北海洋技術學院通識教育中心、馬偕醫護管理專科學校通識教育中心兼任講師，現任馬偕醫護管理專科學校通識教育中心兼任講師。

提　要

氣論思想起源甚早，上古先民透過觀天地間冷熱、陰陽之氣之變化，發展出用以詮釋、建構天地萬物變化的理論系統。春秋戰國時期思想家們結合陰陽與五行，使氣論思想的發展逐漸蓬勃，並普遍存在於眾家思想當中，成為其詮釋建構其思想理論的基礎。漢代為建構一「貫通古今，包羅萬有」的大一統帝國，故以氣作為詮釋無限生生之天道運行與萬物生化的基礎，建築出龐大的氣化宇宙論，同時，漢初政治上實行黃老治術，與民休息，因此開啟漢代對道氣論的討論。東漢末年政治社會動盪，讖緯迷信盛行，人民期望出現新的心靈信仰，於是以道為名的宗教道教於漢末應運而生，道教在黃老道本氣化論思想之上加入神靈觀，使道氣論思想逐漸轉變為道氣是一的本體論思想，並成為後來道教神本論的重要理論基礎，可見道氣論思想對漢代黃老以及道教思想皆產生重要的影響。因此，本文在道氣論思想基礎之上，試圖透過漢代具有黃老、道家特色著作《淮南鴻烈》、《老子指歸》、《老子河上公章句》、《太平經》、《老子想爾注》、《周易參同契》之道氣論理論建構，探討各家道氣論特色與道氣論思想在黃老逐漸轉變為道教思想當中所扮演的角色，期望重新透過道氣論思想的角度，了解漢代道氣論思想的內容、特色與其對後世的影響。

第一章緒論，闡明「研究動機與目的」，並將「研究範圍與方法」作一歸

納整理。在「研究動機與目的」部分簡述先秦至漢初氣論思想發展概況，點出氣論思想對漢代黃老與道教思想的淵源與影響。「研究範圍」部分界定出研究範圍爲漢代具有黃老、道教特色的六部經典《淮南鴻烈》、《老子指歸》、《老子河上公章句》、《太平經》、《老子想爾注》、《周易參同契》作爲討論漢代道氣論思想的文本內容。

第二章時代背景與思想淵源，介紹影響漢代道氣論發展的五個時期，並透過「道論思想」、「氣論思想」與「道教思想」淵源，整理出漢代道氣論思想發展淵源與道教產生的思想與時代背景。

第三章《淮南鴻烈》道氣論思想，透過氣化本體論、宇宙論的討論，說明其尊道爲本體，氣爲內涵的特色，進而藉此詮釋並建構一龐大博雜之氣化宇宙世界觀。並在天人相應，氣類相感影響下建構形、氣、神是一的氣化心性身體觀，並以反性虛靜爲本，提出養神和氣的修養功夫，成爲漢初黃老思想集大成著作，開啓漢代道氣論思想的發展。

第四章《老子指歸》道氣論思想，以氣論思想爲架構分析其以道爲元始，氣化連通的本體論思想與氣化宇宙論，並在精氣神作爲形體之基，論述其心性身體觀，最後探討以清靜爲本的心性修養論，並點出「重神愛氣」的修養觀特色。

第五章《老子河上公章句》道氣論思想，《老子河上公章句》提出「從道受氣」、「吐氣布化」之道本氣化論，並在「道生一，一生二，二生三，三生萬物」的氣化宇宙生化過程中，強調「天人相通，精氣相貫」之氣化心性身體觀，同時更指出守中和之氣與呼吸吐納等愛氣養神的修養功夫，也爲道教修養觀奠定理論根源。

第六章《太平經》道氣論思想，由「元氣行道，以生萬物」的道本氣化論中探討道與氣之間的關係，同時更直視道爲神，轉變爲道教以神爲本的本體思想，氣化宇宙論則是建構龐大的氣化三合圖式，帶出天地人是一的氣化心性身體觀，最後從內在心性專一守氣，與外在懸像、存思、食氣、行善功等修練功夫，期望到達尸解昇天的長生道教修養終極目標。

第七章《老子想爾注》道氣論思想，《老子想爾注》首先將道氣連稱，建構道氣神是一的道氣論本體思想，接著討論天人是一，與道相通，在內在修養則首重心志清靜、練氣歸根，外在修養則提出行誡積善、太陰練形、食氣與房中等功夫，期望透過奉道行誡、積精成神達到神成仙壽的長生之境。

第八章《周易參同契》道氣論思想，在本體論部分《周易參同契》直接將氣提高至道位階討論，並強調黃老、大易、鼎爐爲其理論基礎，建構以乾坤陰陽、卦氣納甲等氣化宇宙觀，奠定其煉丹術思想根基，並在建構人之心性身體皆稟元氣所生之後，在內在修養上提出「含精養神」才能「安靜虛無，歸根反元」，在外在修練部分則是透過對爐鼎結構、煉丹火候、鉛汞丹藥結合鍛鍊過程，使丹藥還原至初使金丹，完成最早煉丹理論，並期望透過服食練氣功夫，以達長生之境。

第九章漢代道氣論思想評價與影響，此章分爲「漢代道氣論思想比較」與「後世影響」兩部分討論：在「漢代道氣論思想比較」部分，將六部經典分爲黃老道氣論思想與道教道氣論思想兩部分，綜合討論其道氣論思想特色，並比較其中相互影響的部分，觀察漢代道氣論思想轉變爲道教道氣論思想的過程。在「後世影響」部分，從氣論、玄學、理學、道教等面向，論述漢代道氣論思想與《淮南鴻烈》、《老子指歸》、《老子道德經河上公章句》、《太平經》、《老子想爾注》、《周易參同契》的影響與後世對六部經典的評價與貢獻。

目 次

上 冊

第十三、十四冊　東漢讖緯學研究

作者簡介

　　陳明恩，福建金門人。國立臺灣師範大學文學博士、現任銘傳大學應用中國文學系專任副教授，主要研究領域爲先秦兩漢思想與經學，撰有《氣化宇宙論主體架構的形成》、《東漢讖緯學研究》、《詮釋與建構：董仲舒春秋學的形成與開展》及〈孔孟荀諫說探義〉、〈何休五諫範型之創立──兼論五諫之形成與發展〉等。

提　要

　　本文以「東漢讖緯學研究」爲題，旨在揭示讖緯之「名義」、探討讖緯之「形成」、考述讖緯之「篇目」；在此基礎上，進而分析讖緯所涉主要論題之內涵及其理論特徵。

　　就讖緯之名義與篇目而言，本文認爲：所謂「讖緯」，乃指『讖』又名之曰『緯』而言，並非『讖』、『緯』相合，故名之曰『讖緯』。至於讖緯之文本，雖歷來所見緯書篇目頗多，然可信其爲古緯之舊者，實僅兩漢典籍曾見徵引、歷代書目紀錄較爲完整及唐人諸書所引數十篇而已。

　　至若讖緯所涉主要論題，本文首探其哲學基礎，繼而以「災異」、「王命」及「經學」爲主軸，探其學說之要旨。哲學基礎：讖緯所賴以建構其思想體系者，實即先秦以來所發展完成之「氣化宇宙論」；而其特色，則表現爲概念之整合、結構之轉換、系統之增益等方面。災異論述：讖緯之說雖不出前代之範圍，然其轉化災異之名義、引申經典之解釋、增益解釋之方法，實亦有其特殊之理論意義。王命之論：讖緯將「帝王感生」、「聖王異表」、「五德相生」、「三統說」融爲一體，兩漢王命論述之相關理據，至此乃臻於齊備。經學論題：讖緯之說主要包含「闡釋經旨」、「訓解經文」與「發明義例」三大層面；另就兩漢條例之學的發展而言，讖緯亦居承先啓後之關鍵地位。

目　次

上　冊

第十五冊　「氣」在魏晉「人物美」中的呈顯——「道、氣、象、物」之融通

作者簡介

巫穗雲，從小喜歡問「為什麼」的我。一女中畢業後一心想念哲學。怎奈師大無此科系。在就讀國文系的課程中唯獨鐘情於「中國哲學史」。從建國中學退休後，在外子鼓勵支持下，報考哲學研究所，幸蒙政大錄取。旋又攻讀輔大博士班。畢業後賦閒在家，未曾對所學再作深入研究。著實汗顏。育有二子一女，皆成家立業，四孫繞膝，其樂融融。平日除讀書、寫字、唱歌、運動外，也常在言談行事中把哲學理念與邏輯思維融入生活，與兒孫分享。寄望下一代能在哲思的沐浴下，享受感性與理性平衡的幸福生活。

提　要

　　本論文以「氣」的探討為主軸，論述它在「人物美」上的呈顯。

　　「氣」在人物上的作用，除了賦予肉體生命外，更透過意識，表現出人的神情、器度、個性、氣質……這些精神層面的探索是本論文的寫作取向。

　　「氣」的大化流行，之所以能使萬物表現出各種不同的形象，尤其人物的氣象，該是「道」的化育。「氣」若倚「道」而行，即生正氣，背之則為邪氣。「氣」有正邪，其所形構的人物，理當有正、邪之分。這是本論文要表達的意向。

　　因此，本論文以「道、氣、象、物」的內在聯結作為核心議題，從存有學切入，討論四者的內在關係：「道」轉化為「氣」，「氣」以明「道」；「氣」寓居於「象」，「象」以顯「氣」；「象」表徵事「物」，「物」以載「象」；「物」隱藏於「道」，「道」以成「物」。透過這層循環的內在聯結，說明本體界和現象界互通共融的情境。終將「道、氣、象、物」四維度，壓縮成一個點；貫串成一通「氣」，使其結出「美」的果實。

　　這美的果實，就是劉劭的《人物志》。劉劭談人才，即以「氣」之厚薄、靜躁、偏全作導向，完成其理論體系。企圖落實理論，筆者選擇了《世說新語》作素材，驗證「氣」在「人物美」的作用。將倚「道」而行的「氣」分率真、祥和、靈秀、沉穩四個面向，證驗於人的真、善、美、智四種德行中。而離道的情偽則落入了造作、瘋狂、墮落等非理性行為，成了美學探究的新對象。

　　結語的展望，陳述著願景——落實美育、培養正氣、重拾慢活。其間特別強調實踐的最好方法就是「聽之以氣」，果真如此，必能營造出一個「氣韻生動」的人生。

目　次

第十六冊　李光地《詩》《書》義理研究

作者簡介

　　黃彥菱，臺灣臺南人，國立高雄師範大學國文學系博士。現任國立高雄海洋科技大學兼任助理教授。主要研究方向爲宋明理學、清初學術思想。

提　要

　　清初康熙帝提出「崇儒重道」的政策，欲以儒家道統思想做爲政治統治重心，結合道統與治統，目的是爲了鞏固其政權地位。其大力推動朱子學說，甚至將程朱學立爲官學，藉以攏絡漢人，更是加強了己身統治威權的正統性與穩固性。與康熙帝私交甚篤且位高權重之清初理學大臣李光地，更是主張此一政治意圖之代表人物；李光地雖以程朱學爲宗，然在探討其思想之同時，須以儒家經典爲依據探究其義理內涵，方能深入。考量到欲將研究主題與其政治思維結合，加上現存研究成果之侷限，故本論文乃以李光地爲研究對象，探究其《詩》、《書》之義理內容，希冀藉此呈現李光地學術風貌與客觀之評價。

　　本論文第一章在說明研究背景、範圍，以及其動機與目的，而後將現存研究資料及成果做出彙整，提出可研究之進路與相應方式。第二章討論李光地所處之時代學術概況及生平略述，探討其學術思想之基礎及其轉折。第三章探究李光地經學之基本立場，以對清初科舉改革與復興經學之功來進行論述，並透過了解其治學方法，呈現其對儒家經典之詮釋方式。第四章旨在探討李光地《四書》學中論及知本、明性等心性觀點與相關之工夫論，並說明其《四書》學對自身詮釋《詩》、《書》義理所帶來的影響。第五章及第六章則分別論述其《詩經》與《尚書》之義理思想，並提出小結。第七章結論，除了條列式分述本論文研究成果外，亦以個人研究淺見做出總結。

目　次

第十七冊 曾國藩與梁啓超——以儒家文化傳承爲主線的考察

作者簡介

秦美珊，馬來西亞博特拉大學（UPM）現代語言與傳播學院高級講師。先後於馬來亞大學中文系、臺灣南華大學文學系及北京大學中文系攻讀本科、碩士及博士學位。主要關注中國近代文學研究。

提 要

曾國藩與梁啓超是中國近代史上兩位重量級的人物，基於他們生活的空間並不曾交疊，而且二人留於後世的形象又大相徑庭，因此他們之間的微妙聯繫常常被忽略。梁啓超對曾國藩的敬仰之情，在他編撰《曾文正公嘉言鈔》、《節本明儒學案》以及《德育鑒》等書中展露無遺。曾氏和梁氏的家書，更是兩人重要的交匯點。曾國藩雖是梁啓超人生道路上的一位精神導師，但在把曾氏標舉爲取法楷模之際，梁氏依然保有自身的評價和取捨標準，並非盲目追隨。

儒家文化是曾國藩和梁啓超身上重要的養分，影響著他們的人生道路和立身處世的原則。在曾、梁那裡，儒家文化既是傳統的延續，也因應時代需求有所調整和拓新。身爲儒家文化的忠誠信奉者，曾國藩的人生道路可說是一步步循著修身、齊家和治國的步驟在努力。同樣在儒家文化滋養下成長的梁啓超，卻因過早來臨的政治聲望，促使他先行在救國救民的事業上投注心力，爾後再回歸到儒家學說中「內聖外王」的追求。「立德、立功、立言，三並不朽」是梁啓超在《曾文正公嘉言鈔·序》中給予曾國藩的高度評價。多年以後，同樣的評價也在梁啓超身上獲得展現。曾國藩和梁啓超身上豐厚的

儒家文化底蘊，是他們一生成就的基石。

目　次

第十八冊　俱舍學研究

作者簡介

　　林律光博士，字無涯，自號維摩居士，祖籍廣東番禺，誕於香港，畢業於香港能仁書院哲學（榮譽）學士、香港公開大學中國人文學 （榮譽）學士、

香港中文大學宗教研究學系及歷史學系雙碩士、廣州中山大學文學碩士、香港大學佛學碩士、廣州暨南大學文學博士及香港科技大學哲學博士，從事教育工作凡廿餘年，治學範圍以中國佛學及古典文學爲主。現兼任香港觀音講堂、香港法雲禪修學佛會，澳門大學中文系，香港中文大學佛學等講師，並擔任香港東坡詩社會長、《雪泥鴻爪》雜誌主編、《香江藝林》雜誌總編輯、《香港詩詞》顧問、香港小說學會理事、《圓桌詩刊》理事、四川眉山市東坡詩社副社長兼理事、四川什邡馬祖禪文化研究會顧問、中國哲學文化協進會研究員、香港中文大學宗教研究校友會委員等，著作包括《宗教哲學之現代詮釋》（合著）、《蘇曼殊之文藝特色研究》、《維摩佛學論著集》、《維摩集・山居詩畫篇》、《祇園梵音》、《筱汛雅居詩集》、《維摩詩作三百首》、《藏遊吟箋》等十九本。詩聯文作品散見於中、港、臺、馬來西亞、美國等各地刊物及網頁。

提　要

　　俱舍宗依世親菩薩所造的《阿毗達磨俱舍論》而立宗，其教義內容以「我空法有」、「三世實有」爲宗旨，故被視爲小乘有宗，對中國佛教各宗影響甚大。此宗在思想的演變過程上，唯識宗可說是以其爲根源。此宗所依據的主要論典——《俱舍論》，乃部派佛教教理的集大成者，其組織結構嚴謹，對於諸法的分析雖千頭萬緒，卻有條不紊，世稱《聰明論》。俱舍師的中心教義，是闡明一切色心諸法皆依憑緣起，破遣凡夫所執的人我見，令斷惑證理，脫離三界的繫縛。故研習俱舍當能完全掌握小乘各派義理之來龍去脈，這不單對原始佛教有清晰認識，而且對大乘各宗，尤其唯識宗，以及世親之思想發展了解得更全面。

　　本論全文分九章，依次分陳如下：第一章：緒論、第二章：俱舍與毗曇之關係及在中國弘揚之情況、第三章：俱舍宗所依之典籍、第四章：《俱舍論》之著、譯者、思想淵源、意趣、組織、內容及特色、第五章：「俱舍宗」哲學理論之構成、第六章：「俱舍宗」之時間觀判釋、第七章：「俱舍宗」之修行方法及階位、第八章：「俱舍宗」之「無我思想」及異說、第九章：總結、附錄篇：世親之業論觀。

　　學人研習「俱舍學」，既能掌握小乘各部之思想體系，又可爲研習大乘思想作一部署，它發揮著承先啟後的作用，對世親的個人思想及佛教理論發展之脈絡一目了然，故值得研究。

目　次

第十九、二十冊　周易禪解觀止

作者簡介

　　趙太極，字玄元，號元陽，少承外祖父鄭公養生之家學淵源，略知易經卜筮、堪輿、祝由等應用範疇；及長研幾佛學，廣涉唯識、天台、華嚴、藏密，意在貫串諸家精華，以契天人合一奧旨。迄今，在取得易學博士之餘，仍孜孜不倦繼續研究，希冀能對學術界作出一番貢獻，尚祈諸家先進時賜針砭、以匡不逮。

提　要

　　智旭所撰《周易禪解》一書，是中國歷代試圖以佛法思想精蘊來詮釋《易經》的僅有專著。作者廣引孔孟思想、漢宋元明易學諸家之說，並以儒家的處世之道、佛教法相唯識思想、《楞嚴經》義理、華嚴與天台思想等向度詮解《易經》。其論舉世無雙，其行獨步法界。

　　本論文立足於前賢所呈現的研究成果上，透過歸納整理、考證辨謬、分

析演繹、闡明思想等工夫，力圖探求深義、釐清脈絡，以建構趨於完善的詮釋系統，彌補當前在研究上見樹不見林的不足之處。研究主軸有三：第一、《周易禪解》成書的思想背景與儒佛會通之依據。第二、智旭《周易禪解》所引諸家易說之考據。第三、解明智旭的詮釋《周易》進路及闡揚《周易禪解》的思想底蘊。除了首章爲緒論，說明研究動機、當代研究成果評介及確立研究目的與方法，以及末章總結本論文的研究成果、研究創見與展望之外，論文主體共有五章。論文主體分由三大面向論述：其一、第二至第三章，主要是探討智旭生平、著作與《周易禪解》之結構，以及對《周易禪解》之引據與時代背景、思想源流加以考證。其二、第四章則就智旭「現前一念心」的思想精義加以探微，解明儒家先秦以降至宋明和中國佛教的心性思想脈絡，作爲通前達後、貫串本論文的最爲核心部分。其三、第五至第六章，闡明《周易禪解》之「眞理觀」與「方法論」，申論兩者相資相成之交會處，將理論與實踐冶於一爐。全文三路分進，力求通貫，闡明智旭以其所獨創的「現前一念心」思想爲經，及以天台圓教六即思想的「眞理觀」與天台圓教十乘觀法的「方法論」爲緯之詮釋進路與底蘊，旨歸《周易禪解》所揭顯的一心三觀、一念三千、易即吾人不思議之心體，同證諸法實相之微言大義。

目　次

上　冊

第二一、二二冊　印順中觀思想及其釋論

作者簡介

歐陽鎮，1965 年 9 月出生於江西省景德鎮市，祖籍江西省都昌縣。南京大學博士研究生。香港中文大學訪問學者。現為江西省社會科學院研究員、宗教研究所所長、哲學研究所副所長，兼任江西同心智庫專家、《東方禪文化》主編等。著作有《江西佛教研究》、《中國佛教歷史與文化》、《東林大佛話淨土》（合著）等，譯注有《百喻經》（合作）。在海內外發表學術論文九十餘篇。

提 要

本書從五個方面對印順中觀思想進行較全面、深入的探討。（1）從印順與中觀的因緣，以及印順研究中觀的抉擇與成就來論述印順中觀思想形成的過程。（2）分四個層次闡述印順中觀思想的主要內容。第一層從緣起深義、緣起法門、八不緣起、緣起三性、緣起定律五個方面論析印順的緣起觀；第二層從性空實義、空之分類、性空現觀三個方面闡釋其性空觀；第三層從二

諦意義、二諦內容、二諦無礙三個方面論述其二諦觀；第四層從中道含義、中道正見、中道證觀三個方面剖析其中道觀。(3)綜合概括印順中觀思想的三個主要特徵：空有無礙、貫通三乘和會通三系。(4)分三個層次論述由印順中觀思想延伸的菩薩道相關問題。第一層闡述菩薩道的含義與特徵，並深入探討菩薩道與中觀思想的關係，菩薩與聲聞的差異，以及菩薩的菩薩道與聲聞的解脫道的異同等問題；第二層詳盡敘述菩薩道的宗要與核心；第三層從人菩薩行的福德莊嚴、智慧莊嚴的主要內容和福慧雙修的理路分析菩薩道的修行體系，並解析般若道與方便道的不同修行次第。(5)較全面探討印順人間佛教的理論體系，闡明印順人間佛教的影響，以及論述印順人間佛教的評價。

目 次

上 冊

第二三、二四、二五冊　《抱朴子・內篇》道教醫學之研究

作者簡介

　　胡玉珍，1971 年生於高雄市，國立高雄師範大學國文所文學博士，現任空軍航空技術學院通識中心人文組專任助理教授。曾任國際商工高職國文科專任教師、空軍航空技術學校總教官室文職教師、空軍航空技術學院通識中心人文組文職講師。主要研究方向為古典文學、道教文學、道教醫學以及養生學。

提　要

　　二十一世紀是養生的世紀，人們都冀望能養生防老，並且重視生命延續的生活品質。道教醫學除了追求生命的身強體健之外，這是屬於生理的醫學治療、外在的操作技術；更重視個人的精神寄託與意義安頓，這是屬於心理的文化治療、內在文化性的精神關懷與身心實踐。道教醫學屬於宗教醫學的一環，最大特色就是神聖與世俗並立，宗教與科學並存，經由宗教的信仰與修持，來協助人們化解疾病與災厄。所以在「形」方面重視健身延壽的個體效益，在「神」方面重視擴展生命的存有境界，突破生命的有限形式，進入到長存的精神領域，追求身心並煉與形神俱全的生命形式。

　　本論文以《抱朴子・內篇》為文本，一共分成八章，第一章緒論說明研究動機、研究目的、研究方法與研究理論，第二章《抱朴子・內篇》與道教醫學在說明史的溯源，第三章《抱朴子・內篇》生命醫療觀，說明生命觀在原始社會中就存在人類對生命內涵的認知與理解，肯定人是文化的主體，能在自然環境中創造出賴以生存的價值觀與文化模式，確立人對應自然的宇宙觀念以及生命終極安頓的存在形式。第四章《抱朴子・內篇》成仙的修持與境界，從生命觀談到長生的終極境界，神仙之學是生命的提昇與靈性的醫療，成仙代表的是一種生命觀，也是道教醫學重要的目的。第五章《抱朴子・內

篇》的病因觀，是從病因觀的文化詮釋來說明天人關係破壞，是人體的總病源。第六章《抱朴子‧內篇》的診療法，說明社會中自成文化系統「治已病」的醫療體系，屬於文化性的辨證技術，取決於人們對生命存有的認同。第七章《抱朴子‧內篇》的養生法，說明社會中自成文化系統「治未病」的養生體系，最能展現道教醫學的特徵，強調養生重於治療的「預防醫學」。第八章結論說明研究的成果與價值。

目　次

宋代經筵《尚書》講義研究

何銘鴻　著

作者簡介

何銘鴻，1969 年生，臺灣臺南市人。臺北市立大學中國語文學系文學博士。現職臺南市國小教師兼臺南市國民教育輔導團國語文領域輔導員；文藻外語大學應用華語文系兼任助理教授。臺北市立大學 104 年度傑出校友（教學類）。歷任臺北市、臺南市國小導師、網管、組長、主任、縣市語文競賽評審等職，專長電腦維修、資訊科技融入教學、國語文教學、經學史、《尚書》學等。著有《皮錫瑞尚書學研究》、《宋代經筵《尚書》講義研究》及〈宋代經筵《尚書》講義之特點〉、〈宋代經書帝王學以義理解經特點初探——以史浩《尚書講義》爲文本〉、〈莊存與《尚書》學探析〉、〈王安石〈洪範傳〉之解經形式〉、〈我對臺灣閩南語標音方式的看法〉等論文近 20 篇。

提　要

「經筵」是一種專爲教育皇帝而設的特殊教育制度，正式確立大約在宋仁宗朝，此後歷元、明、清諸朝，由盛而衰，逐漸流於形式而衰微。自宋代以來至清代，凡在經筵中爲皇帝講讀經史之侍讀學士、侍讀、侍講及說書等，皆稱爲「經筵官」，此官爲儒臣之榮選，乃至清要顯美之官。經筵官除了爲帝王講讀經史之外，還能在進講之時，帶入自己的理論思維，以影響皇帝，同時還能夠利用制度之便，經常性地在皇帝面前論述政事得失，進而影響皇帝的決策。

近代以來針對帝王經筵教育的「制度」方面，大陸學者做了不少研究，其最著者當屬朱瑞熙，唯學者們多集中於「制度層面」的探究，對於文獻本身的討論與研究卻少有著墨。近年來，在臺灣中央研究院中國文哲研究所林慶彰先生與蔣秋華先生的號召與帶領之下，臺灣東吳大學陳恆嵩先生、臺灣師範大學金培懿先生開始進行了一系列大型的經典帝王學的研究，於此同時，也陸續開始有學者以經筵講義爲文本，來進行學位論文與單篇論文的研究。有鑑於此，筆者在過去研究《尚書》的基礎之下，就經筵制度發展完備的宋代，以「宋代經筵《尚書》講義研究」爲題，對於宋代經筵《尚書》講義進行文獻的蒐集、分析與探究，同時兼及相關的經筵制度探討，以完成本論文之撰述。

本論文計分七章：

第一章緒論。分就論文選題、研究現況與研究步驟進行敘述。

第二章宋代經筵制度之建立。自宋以前之侍講官的出現論起，至北宋、南宋的經筵制度的發展爲止，就歷代經筵制度的形成過程，做斷代式的描述與分析。

第三章宋代經筵《尚書》講義之內容與特點。分就宋代經筵《尚書》講義內容進行述要、分析宋代經筵《尚書》講義之進講篇題、《尚書》經筵講義之解經方式以及宋代經筵《尚書》講義之特點。

第四章就史浩的《尚書講義》進行專題析論。得出史浩《尚書講義》除一般《尚書》講義之特色外，尚有二大特點：一、以理學解經之傾向，二、著重先內聖後外王的修爲。

第五章分別析論經筵與宋代政治運作之關係、經筵相關活動與政策諮詢及《尚書》講義與宋代《尚書》著作之間的交互關係。

第六章就經筵講官理想實踐之二例、以《大學》解《尚書》——對帝王內聖外王思維的形塑、以《中庸》解《尚書》——對人君修身治國之道的影響等三部分，提出筆者的研究見解。

第七章爲本論文之結論。

目次

第一章 緒 論

一、選題意識

　　《尙書》乃中國古代極重要的一部經典，其書記載著先秦、遠古之歷史、政理，爲帝王之嘉謀要略，其典、謨、訓、誥諸辭，亦爲中國各體散文之始祖。先秦時代爲《六經》之一，西漢時爲《五經》之一，唐、宋時亦列入《十二經》與《十三經》之林，遂成爲典型長久之儒家「典範」，《文心雕龍・宗經篇》所謂：「經也者，恆久之至道，不刊之鴻教也。」〔註1〕是也。學者資之可以疏通知遠，觀其因革損益之道，實乃爲政之基石，稽古之先務也。故自漢代以來，便有大臣爲帝王解說經義之情形〔註2〕，其後歷魏、晉、隋、唐等朝代之演變，逐漸形成制度，即所謂「經筵」、「直講」者，正式確立約莫在宋仁宗朝，是一種專爲教育皇帝而設的特殊教育制度，此後歷宋、元、明、清諸朝，由盛而衰，逐漸流於形式。〔註3〕至清代，士大夫進入政治體制內，幾乎都兼任侍讀或侍講，侍讀或侍講隸屬翰林院，爲皇帝的近臣幕僚，同時最重要的意義，即在於向皇帝陳說經史大義。自宋代以來至清代，凡侍讀學士、侍讀、侍講及說書皆稱爲「經筵官」，此官爲儒臣之榮選，乃至清要顯美

〔註1〕范文瀾：《文心雕龍注》（臺北市：臺灣開明書店，1985年10月），頁13。

〔註2〕如《漢書・蔡義傳》云：「上（漢昭帝）召見（蔡）義說《詩》，甚說之，擢爲光祿大夫給事中，進授昭帝，數歲，拜爲少府，遷御史大夫。」見《漢書》（北京市：中華書局，據上海中華書局1936年版《四部備要》本縮印，1988年11月），卷六十六，頁949。

〔註3〕關於宋代經筵制度，可參見朱瑞熙：〈宋朝經筵制度〉一文，收於《中華文史論叢》第55輯（上海：上海古籍出版社，1996年12月），頁1～52。

之官。〔註4〕如清代侍讀學士曹本榮於苦讀之時，嘗云：「吾將以爲學也。學貴澹泊明志，使吾學有成，一旦得以致之吾君，使吾君爲堯、舜，飢寒困苦非所惜也。」〔註5〕即可見一斑。又，宋代創制之時，經筵講讀之官，其品秩雖有或高或低的差別，然不論品秩高低，都能夠利用制度之便，經常性地在皇帝面前論述政事得失，「經筵進講，君臣相互講明經義，論辯時事，其於君王之德行學識及對政事的認識，自有莫大助益」〔註6〕。經筵是講官們對帝王授課、討論、甚至規勸，是發揮他們間接影響的重要機會。「經筵」制度之實施，歷經各朝代之演變，雖未必完全達到當初立制之目的，但是，在表示帝王對於「師道」之尊崇以及帝師們意欲藉此機會傳達一些教化與建言方面，確實達到了一定的效果。

近代以來針對帝王經筵教育的「制度」方面，大陸學者做了不少研究，其最著者當屬朱瑞熙，唯學者們多集中於「制度層面」的探究〔註7〕，對於文獻本身的討論與研究卻少有著墨。近年來，在中研院文哲所林慶彰教授與蔣秋華教授二位的號召與帶領之下，臺灣東吳大學陳恆嵩教授、臺灣師範大學金培懿教授開始進行了一系列大型的經典帝王學的研究〔註8〕，於此同時，也陸續開始有學者以經筵講義爲文本，來進行學位論文與單篇論文的研究（詳見下節分析）。有鑒於此，筆者即在過去研究《尚書》的基礎之下，就經筵制度發展完備的宋代，以「宋代經筵《尚書》講義研究」爲題，對於宋代經筵

〔註4〕 朱鴻：〈君儲聖王，以道正格——歷代的君主教育〉，收於劉岱主編：《中國文化新論制度篇——立國的宏觀》（北京：三聯書店，1992年3月），頁441。

〔註5〕 計東：〈中憲大夫内國史院侍讀學士曹公本榮行狀〉，收於錢儀吉編：《碑傳集》（北京：中華書局，1993年3月），第4冊，卷43，頁1187。

〔註6〕 朱鴻：〈君儲聖王，以道正格——歷代的君主教育〉，頁442。

〔註7〕 關於大陸學者對於經筵制度的研究著作，請參閱本論文附錄一。其詳細內容茲不具論。本文僅就經筵講義的研究現況進行分析。

〔註8〕 陳恆嵩教授近年來致力於《尚書》經筵的討論，其研究成果見氏著：〈宋代《尚書》帝王學研究——宋代經筵《尚書》講義之研究研究成果報告（精簡版）〉（行政院國家科學委員會專題研究計畫成果報告 NSC-95-2411-H-031-014）、〈明代《尚書》帝王學——《尚書》經筵講義之研究研究成果報告（精簡版）〉（行政院國家科學委員會專題研究計畫成果報告 NSC-96-2411-H-031-009）、〈明代《尚書》帝王學——《尚書》經筵講義之研究（II）研究成果報告（精簡版）〉（行政院國家科學委員會專題研究計畫成果報告 NSC-97-2410-H-031-041），另有相關論文數篇；金培懿：〈經筵講義中的《論語》帝王學——中日帝王的經典學習比較〉（行政院國家科學委員會專題研究計畫（NSC96-2411-H-194-013-MY3））。

《尚書》講義進行文獻的蒐集與分析研究，同時兼及相關的經筵制度探討，以進行本論文之撰述。

二、研究現況分析

　　進行本論題之撰述之前，筆者首先就目前所見，關於經筵講義文獻的研究情況，進行資料蒐集，並將所蒐集到的資料摘要敘述，以呈現目前研究之狀況，並凸顯本文在整體經筵講義研究的地位與價值。今將所得文獻分析，摘述如下（茲分為學位論文與單篇論文兩類）：

（一）學位論文

1. 向鴻全：《真德秀及其大學衍義之研究》，中壢市：國立中央大學中國文學研究所博士論文，2005 年 12 月。

　　本文主要分析真德秀（1178～1235）的經筵講義《大學衍義》之說經型態，乃受到佛經講經和民間說話人的影響，以及儒生進入經筵侍讀或侍講的職業精神所致，因此形成一套注重「故事」的詮釋模式；一方面在「祖宗成法不可逆」、「故事不可違」的遵古要求下，「故事」逐漸成為儒生在勸說人君或講陳意見時所援引的對象；另一方面儒生也藉由說故事的精神，把理學家——特別是《大學》的義理內容帶進故事中，讓人君能在學習如何治理國家時，也能兼而實現儒家期待「聖王合一」的道德烏托邦。

2. 吳曉榮：《兩宋經筵與學術》，南京市：南京大學中國古代文學專業碩士論文，2013 年 5 月。

　　本文主要側重於制度的闡述，取唐宋兩朝進行論述，從唐朝的萌芽，到宋朝的發展成熟。在論述時，不僅著眼於制度的變化，更關注到制度中的人以及制度對政治及學術的影響。特別是將北宋經筵發展與宋代學術轉型中最突出的兩點：即義理之學的興起及四書之學的發展在經筵中的反映，加以聯繫。而在經筵講官上，擇出王安石（1021～1086）、程頤（1033～1107）與朱熹（1130～1200）三人，分析其經筵活動的情況。至於經筵講義的分析上，僅簡要地述及朱熹《大學經筵講義》與袁燮《絜齋毛詩經筵講義》，前者重點提出該講義與朱熹為學的聯繫，以及作為經筵講義文本的特殊性；後者則提出《絜齋毛詩經筵講義》解經的兩大原則：解經依注無為異、取古戒今有足多。

3. 歐小蘭：《唐宋帝王教育研究——以《帝範》和《帝學》為中心的討論》，成都市：四川師範大學歷史學系碩士論文，2009 年 4 月。

本文分六部份來對唐宋帝王教育進行論述：第一部分：序言，主要就論文的現實意義、唐宋帝王教育的研究概況、以及研究角度和思路進行敘述。第二部分：《帝範》和《帝學》的文獻學考察，分析隋唐以前的帝王教育文獻概況以及范祖禹的《帝範》和《帝學》的成書與版本流傳兩個大問題。第三部分：這一章主要是綜述《帝範》和《帝學》兩書中有關帝王教育的內容，並比較二書在帝王教育內容上的異同。第四部分：綜述唐宋帝王教育的異同。

4. 鍾信昌：《宋代《論語》經筵講義研究》，臺北市：臺北市立大學中國語文學系博士論文，2014 年 7 月。

本文以《論語》中所闡發的帝王教育哲學觀點出發，並透過《貞觀政要》所共同強調的政治理念，以分析《論語》中「仁」、「禮」、「孝」等涵養的「內聖外王」之道，並嘗試討論《論語》對帝王教育的功用。同時，就所收錄之宋代《論語》經筵講義，包括呂公著（1018～1089）、楊時（1053～1135）、程俱（1078～1144）、王十朋（1112～1171）、袁說友（1140～1204）、袁甫（？）、劉克莊（1187～1269）、徐元杰（1196～1246）、方逢辰（1221～1291）等九位經筵講官之《論語》經筵講義，指出諸位講官所進講之內容思想或主張，解經之重點，以及講官以侍講、侍讀或是臺諫等不同職官與皇帝在經筵過程中產生的交流。多數《論語》經筵講官都曾經在進講的過程裡強調「君子」之德、「學貴及時」、「由孝而仁」、「循禮自省」、「經世濟民」等幾項要點，強調對所欲輔弼的人君之政治能力的教育。

5. 簡承禾：《康熙《日講書經解義》研究》，臺北市：私立東吳大學中國文學系碩士論文，2012 年 8 月。

本文主要分析康熙皇帝（1654～1722）與經筵講官如何透過《日講書經解義》來表達自己的理念與意識；《日講書經解義》不僅是單純地由講官為康熙的授課講章，其中涉及講官與康熙相互交涉的內容與意識，都可以在玄燁日後的言行舉止中得到證明，作者提出《日講書經解義》雖然以《書經直解》為底本，但可以視為康熙與講官的共同創作。

（二）單篇論文

1. 金培懿：〈作為帝王教科書的論語──宋代論語經筵講義探析〉，《成
   大中文學報》，第 31 期，2010 年 12 月。

本文就宋代之《論語》經筵講義，以《四庫全書》〈集部〉所收楊時、程
俱、王十朋、袁甫、劉克莊、徐元杰等六人之《論語》經筵講義為主要研究
對象，指出彼等所進講之內容思想或主張，基本上多聚焦於：為學志道、修
身進德、輕利寡欲、遠佞近賢等四大議題。進而剖析經筵教育的特色有二：
一是講官與受教者的帝王之間，始終有著難以親近的隔閡。二是經筵講官始
終處在皇權的壓力之下，有著權力上無法逾越的分際。而前者導致講官未必
可獲具一放諸四海皆準的誨告人主之法，導致保傅輔弼帝王之重責大任，在
理想性與實際的施行上有其相當的落差；後者凸顯出帝王與講官在經筵上的
權力衝突問題，在宋代知識分子之間，則以爭論廢坐講是否得宜的形式呈現
出來。進而指出經筵這一帝王學習儒典的場合，常常淪為當代政壇各方角力，
爭相取得發言權的政治權力論述場域。最後則指出經筵講義之解經正法，乃
是離經言道的「有為之言」，而非追求經典原義的復現。

2. 何銘鴻：〈《日講書經解義》之帝王教化觀〉，林慶彰、錢宗武主編：
   《首屆《尚書》學國際學術研討會論文集》，臺北市：萬卷樓圖書
   公司，2012 年 4 月。

本文旨在探討《尚書》一經在清代經筵制度鼎盛時期──康熙朝，經筵
講官們如何透過此書和皇帝之間產生君臣的互動，也就是在君權至上的時
代，這些號稱「帝王之師」者，透過經筵日講的機會，究竟傳達了哪些治國
之道的核心思想給當朝帝王。作者據《日講書經解義》一書加以分析，初步
歸納出六大核心思想，分別是：德治、齊家、勤民、用人、納諫、兵刑。

3. 何銘鴻：〈王安石〈洪範傳〉之解經形式〉，林慶彰、錢宗武主編：
   《第二屆《尚書》學國際學術研討會論文集》，臺北市：萬卷樓圖
   書公司，2014 年 4 月。

本文以王安石〈洪範傳〉為主要文本，參酌王安石〈書〈洪範傳〉後〉、
〈進〈洪範〉表〉以及程元敏先生所輯王安石《尚書新義》有關〈洪範〉的
部分，從不同的角度切入，進一步探討王安石《尚書・洪範》的解經形式之
特色，並將其解經特色歸納為：一、以「小章句」體式解經之特色；二、融
入散文之修辭句法，主要為排比與層遞。

4. 何銘鴻：〈宋代經書帝王學以義理解經特點初探——以史浩《尚書講義》為文本〉，《北市大語文學報》第 12 期，2014 年 12 月。

本文就史浩的經筵《尚書講義》加以分析，發現除了一般經筵講義的特點外，尚帶有宋代理學的特質，特別是援引〈大學〉、〈中庸〉來解說《尚書》，以及「先內聖後外王」的情形，明顯不同於漢、唐時期解說《尚書》的解經內涵，這種特色正好印證了宋代經學義理化的解經型態。

5. 何銘鴻：〈范純仁及其《尚書解》考略〉，《第三屆國際《尚書》學學術研討會論文集》，北京市：線裝書局，2015 年 4 月。

本文主要論述北宋時期曾任經筵講官的范純仁（1027～1101），在其兩度拜相之前，於神宗（1048～1085）朝曾進呈一部《尚書解》，此事見載於范純仁《宋史》本傳之中，且是目前范氏僅存的《尚書》著作，就時間的論斷上，該作上呈於初任經筵講官之前，理應不得算是嚴格意義上的經筵講義，與范純仁正式上呈哲宗（1077～1100）之經筵講義——《節尚書論語講義》相隔近十九年的時間，然《節尚書論語講義》今已亡佚，筆者嘗試就《尚書解》之成書時間、范純仁之講官仕宦與《尚書解》之內容體例考之，推論其或為《節尚書論語講義》之前身，亦具有經筵講義的性質。《尚書解》與《節尚書論語講義》二文雖分呈於神宗、哲宗二朝，但基於教化年幼之哲宗以及「借鑑」的心理，從《尚書解》之內容，或可推知《節尚書論語講義》中關於《尚書》部分之大要。

6. 何銘鴻：〈莊存與《尚書》學探析〉，趙生群、方向東主編：《古文獻研究集刊》第 4 輯，南京市：鳳凰出版社，2012 年 8 月。

本文在蔡長林先生專著：《常州莊氏學術新論》（臺北市：國立臺灣大學中國文學研究所博士論文，2000 年 6 月）的基礎上，嘗試從莊存與（1719～1788）的《尚書》著作著手，進一步探求莊氏《尚書》學的思想義涵。莊存與曾任乾隆皇帝（1711～1799）的侍講與侍讀學士，又入直南書房，任禮部侍郎等職，其《尚書》著作，就《味經齋遺書》中所著錄，僅有兩部：《尚書既見》三卷與《尚書說》一卷。此二部書基本上卷帙不大，主於三代聖王理想之闡發，與當時辨偽考證之學風頗不相合。文章分析莊氏解經之方法，蓋援引各經之說，反覆論證，發揮大義，其要則歸本於人君內聖外王之修為。要之，莊氏《尚書》學有以下特點：（一）方法上，莊存與採用「以他經正本經」之方法，以發揮經書之義。（二）就取材而言，莊氏用以說《尚書》之材料，主要有：《詩經》、《易經》、《孟子》、《春秋》、《禮記》、《論語》、《孝經》等六

種，其中又以《詩經》、《春秋》、《孟子》三者為多。蓋以《詩經》所載，多文、武、周公之功業事蹟；《春秋》所載，多可為殷鑑者；《孟子》所載，乃三代遺言，非憑空臆造。（三）莊存與整體《尚書》之要旨，乃在於為皇子塑造一聖王形象，以為效法之典範，其中尤以虞舜與周公，更是存與致力著墨之所在。蓋以此二人乃存與心中君、臣形象之最佳典範，以舜之至仁至德至聖，輔以周公之至能至忠至純，則國無不治矣。

7. 易衛華：〈論宋仁宗時代的經筵講《詩》〉，《河北廣播電視大學學報》第 18 卷第 5 期，2013 年 10 月。

本文主要就宋仁宗（1010～1063）時期經筵講《詩》的情況進行分析，經筵講《詩》體現出仁宗時代士大夫階層強烈的政治參與情結，借講習《詩經》向統治者灌輸儒家的治國理念，並希望將其變為實際的政治行動，從而影響現實政治的走向，國君在這一過程中也得到了治理國家的經驗。經筵講《詩》在宋代雖時有中斷，但基本上是一直存在著的，並且伴隨這一活動的開展，還出現了一批專門的《詩》學著作，較著名者如袁燮（1144～1224）《絜齋毛詩經筵講義》、張栻（1133～1180）《經筵詩講義》、徐鹿卿（1170～1249）《詩講義》等。經筵講《詩》也在儒家思想與政治建設之間架起了一座溝通的橋樑，使得宋代政治建構過程中，不斷有新的思想資源補充進來，理論的思考與創新也成為各個階段政治改革不可或缺的前提條件。

8. 許振興：〈宋代《三朝寶訓》篇目考〉，《古籍整理研究學刊》，1998 年第 4、5 期合刊。

《三朝寶訓》是宋代嗣位君主在經筵講讀時，學習祖宗事蹟的一種創新帝王學教材。可惜，兩宋先後編纂的十多種「寶訓」，今已無一完帙傳世，這便在客觀條件上為學者們的研究增添了不少困難，現已成書的「中國史學史論著」對「寶訓」的敘述幾乎盡付闕如，正是最佳的證明。本文則簡要地對於《三朝寶訓》的篇目進行考論，《三朝寶訓》原書有三十卷八十八目，計考得篇目共四十三目。

9. 許振興：〈「三朝寶訓」與「經幄管見」：論宋代帝王學教材的教學價值〉，單周堯等主編：《東西方文化承傳與創新：趙令揚教授榮休紀念論文集》，新加坡：八方文化創作室，2004 年 11 月。

本文主要在於利用四庫館臣自《永樂大典》所輯曹彥約（1157～1228）的《經幄管見》，其中大量引用《三朝寶訓》的篇目及內容，試圖還原宋代已佚帝王學教材《三朝寶訓》的樣貌及其教學價值。

10. 陳志明：〈日講書經解義初探〉，單周堯主編：《明清學術研究》，北京市：中國社會科學出版社，2009 年 6 月。

　　本文是第一篇嘗試討論康熙《日講書經解義》的研究，然而該文的重點有一半篇幅著重在介紹康熙經筵日講活動的實施情況，文章後半段才開始分析《日講書經解義》的內容，以致焦點未能集中，對於《日講書經解義》的分析，只有簡要敘述，未能開展出來。

11. 陳良中：〈史浩《尚書講義》思想研究〉，《歷史文獻研究》2014 年第 1 期。

　　本文主要觀點認為，史浩（1106～1194）《尚書講義》是宋代《尚書》學中的重要著作，史浩在講義中表現出認同孔子訂正《書序》之說的觀點，並據此解經，以探求聖賢的微言大義，努力維護君臣綱常和以德範君。解《書》中普遍滲透《大學》、《中庸》的思想，由此而建構起「執中為治」的治政思想，確立了堯、舜以來的道統譜系，帶有鮮明的時代思想特色。對輕易言戰的反對派，又帶有鮮明的政治鬥爭特色。《尚書講義》是一部瞭解史浩思想以及南宋初思想鬥爭的重要著述。

12. 陳恆嵩：〈徐鹿卿及其尚書經筵講義研究〉，《嘉大中文學報》第 2 期，2009 年 9 月。

　　本文主要針對徐鹿卿的《尚書》經筵講義進行分析，並得出幾點發現：（一）講讀方式與經生學士相異，不徒訓詁章句。（二）以發揮經典要義，感格君心為主。（三）藉機議論朝政，冀望君主改善施政闕失。

13. 陳恆嵩：〈魏校及其尚書經筵講義析論〉，林慶彰、錢宗武主編：《首屆國際尚書學學術研討會論文集》，臺北市：萬卷樓圖書公司，2012 年 4 月。

　　魏校（1483～1543）為明代知名學者，曾於明武宗（1491～1521）正德年間擔任廣東提學副使，明世宗（1507～1567）嘉靖時，以國子監祭酒被推薦為經筵講官，為世宗進講經史。本文就其當時所存留之《尚書》講義，析論其內容。全文說明魏校經筵講章的形式各篇講章的寫作體例、闡釋經文要義，以及對皇帝施政的評議。

14. 蔣秋華：〈劉克莊商書講義析論〉，《嘉大中文學報》第 2 期，2009 年 9 月。

　　本文主要的重點有四：其一，分析劉克莊初任經筵講官與《商書講義》的關係。其二、分析劉克莊《商書講義》說解方式在經筵體裁的意義。其三、

分析劉克莊《商書講義》的經學依據。其四，分析劉克莊《商書講義》與宋代時政的關係。

15. 簡承禾：〈〈五子之歌〉中的君臣責任及其相關問題——以漢、滿文本《日講書經解義》為考察對象〉，收入彭林編：《中國經學》第 12 輯，北京市：清華大學，2012 年 10 月。

　　本文作者之研究指出，《日講書經解義》值得留意的是對〈五子之歌〉的解釋饒富意蘊，因為講官前所未有地，將屈原（340 B.C.～278 B.C.）的節操與五子相比擬，由於當時正值三藩之亂，康熙曾公開表揚屈原愛國而犧牲的精神；於是講官將康熙的言論纂入講章之中，主要有三個意義：（1）以示講官謹守玄燁的聖諭。（2）告誡百官應盡忠於國家。（3）君臣之義，猶如宗室之親，生死相繫。同時，講官在戰亂之際所進講的內容，不得不有所指。〈五子之歌〉所記載的是太康因耽於逸樂而亡國的歷史教訓，經文與現實頗有類合之處，講官透過對〈五子之歌〉的詮釋，勸誡玄燁，「敬」是治國安民的要道。

16. 簡承禾：〈從經權論康熙的德刑思想——以《日講書經解義》為考察對象〉，收入林慶彰編：《經學研究論叢》第 20 輯，2013 年 4 月。

　　本文透過對於《日講書經解義》的考察研究指出，儒家終是以德教為主，刑罰為輔。由於玄燁對「皇極」義的掌握，因此對於「經權」的觀念必須分為兩個層次討論：一者是主張修德並推及天下，而刑罰是不得已之具；二者是實踐上，以律為「經」，而行權赦免也是德教的一部分，是故康熙認為「以殺人案件本來不多者為貴」，正是「明德」、「新民」的實現。

三、研究步驟

　　由於宋代《尚書》經筵講義是目前學界尚待開發的研究領域，因此，筆者嘗試採用文獻分析的方法，先進行材料之蒐集、歸類、研讀、分析，並依以下步驟進行研究：

（一）分析宋代以前的經筵制度發展情況。
（二）分析北宋、南宋經筵制度成熟與演變的情況。
（三）分析宋代經筵《尚書》講義之內容與特點。
（四）分析宋代經筵、《尚書》講義與政治、學術之間交互作用的關係。
（五）分析宋代經筵講官之理想實踐與經筵進講時對帝王思維的形塑。

　　希望透過本論文的研究，能進一步對於宋代經筵講義整體樣貌的認識，有些許之貢獻，以補目前研究之不足。

第二章　宋代經筵制度之建立

　　經筵制度之溯源，由於學者對於「經筵」制度、內涵之定義寬鬆之不同而有些許差異。如南宋・林駉於〈經筵〉中云：「古者，自上而下，皆勸學之賢，後世有定職矣，又其甚也，闕而不置爾。古者，由內而外，皆講學之地，至後世有定所矣，又其甚也，罷而不設爾。自宣帝甘露中（53〜50 B.C.）始詔諸儒講五經于石渠，經筵之所始乎此，厥後遂爲常制。是以東漢章帝命諸儒于白虎觀講五經，侍中淳于恭奏，帝親稱制臨決，如石渠故事。於是有定所矣。」〔註1〕林駉認爲經筵制度肇始於西漢宣帝（91〜48 B.C.）之時。《後漢書・桓郁傳》載昭帝（94〜74 B.C.）八歲即位，輔佐臣屬遂舉名儒韋賢（148〜67 B.C.）、蔡義（150〜71 B.C.）、夏侯勝等入宮以教授幼帝。〔註2〕《漢書・蔡義傳》亦載武帝（157〜87 B.C.）曾召見蔡義說《詩》，說畢之後：「甚說之，擢爲光祿大夫給事中，進授昭帝。數歲，拜爲少府，遷御史大夫，代楊敞爲丞相，封陽平侯。」〔註3〕近代著名學者朱瑞熙亦持此說。〔註4〕而張帆、鄒賀、陳峰等學者則認爲經筵之始，應於漢昭帝之時。〔註5〕陳東先生則進一步指出，經筵雖起源於漢、唐之時，但林駉之說只是指出漢代石渠閣、白虎觀會

〔註 1〕　（南宋）林駉：《新箋決科古今源流至論》（臺北市：新興書局，1970 年），卷 9，
　　　　　頁 906〜908。
〔註 2〕　（南朝宋）范曄：《後漢書・桓郁傳》（北京市：中華書局，1998 年據中華書
　　　　　局 1936 年《四部備要》本縮印），卷 67，頁 565。
〔註 3〕　（漢）班固：《漢書・蔡義傳》卷 66，列傳 36，頁 949。
〔註 4〕　朱瑞熙，〈宋朝經筵制度〉，收於《中華文史論叢》第 55 輯（上海市：上海古
　　　　　籍出版社，1996 年），頁 1〜2。
〔註 5〕　張帆：〈中國古代經筵初探〉，《中國史研究》1991 年第 3 期，頁 102〜111；鄒
　　　　　賀、陳峰：〈中國古代經筵制度沿革考論〉，《求索》2009 年第 9 期，頁 202〜205。

議是經筵有「定所」之始，並非在說石渠閣、白虎觀會議就是經筵之始。〔註6〕也就是說，目前就經筵制度之爲帝王教授、討論經史知識的特性而言，其起源應可上溯至漢朝，至於確定之年代、何帝，則尚未能定論。本章即就經筵制度之源起與建立，分宋以前、北宋時期、南宋時期三節，就經筵制度之發展情況，做一脈絡性的敘述，以作爲宋代經筵《尚書》講義研究之張本。

第一節　宋以前之侍講

　　「經筵」一詞的出現，據學者以目前可考的史料研究，應昉見於唐代。〔註7〕而就其內涵而言，或可上溯南北朝以至漢代。鄒賀先生引唐朝元稹（779～831）所寫〈獻滎陽公詩五十韻並啓〉「解榻招徐稚，登樓引仲宣；鳳攢題字扇，魚落講經筵」爲證，以爲「經筵」一詞自此而始。復據《宋高僧傳》所載唐代僧人惟罄和從審的修行求法，以爲就經筵的內涵而言，亦可能是一種佛教的學術講座，因此，不排除「經筵」當時尚未有公認的意涵，而是通指研修儒家經典或佛教經典的意涵。〔註8〕至於「經筵」做爲專屬皇帝御用的經史講座，則是宋代以後才開始。因此，本節從追本溯源的角度來看，自先秦、漢代廣義的御前講座開始，歷魏晉南北朝，直到宋代開國以前，將經筵制度的發展脈絡做一回顧，以爲本文論述的基點。

一、先秦兩漢

　　漢代以前帝王之師並無完整制度，但是具有這樣精神的地位、官職是有的。《史記・殷本紀》記載商朝政權設有太師、少師，用以輔佐帝王，太師更是周朝以來天子輔弼重臣三公之一，位在太傅、太保之上。《尚書孔傳》載：「師，天子所師法。」賈誼（200～168 B.C.）《新書・保傅篇》云：「天子之教訓。」都指出此官職兼具帝王輔佐與老師的地位。再如《尚書》所載西周初年之周公、召公，即是輔弼周成王的老師，可知先秦時期這種帝王之師的制度及精神即已存在。鄒賀先生在其論文亦曾提到，春秋戰國之時，各國之間已經出現一種受過教育之後，才能從政的共識，並舉出邦國國君拜會魯昭

〔註6〕陳東：〈中國古代經筵概論〉，《齊魯學刊》2008 年第 1 期，頁 52～58。
〔註7〕鄒賀：《宋朝經筵制度研究》（西安市：陝西師範大學中國古代史專業博士學位論文，2010 年 5 月），頁 6。
〔註8〕同前注，頁 8。

公時，爲其君臣解說少皞氏以鳥名爲官的來由一事、魏文侯以子夏爲師等事爲例，證明「從政者必須先具備一定的基本素質，而且此說法必然已經爲政界共識」。鄒賀云：

> 鄭國大夫子產有一句話：「僑聞學而後入政，未聞以政學者也。」受過教育之後才能從政，春秋時代已經出現了這種認識，也就是從政者必須先具備一定的基本素質，而且此說法必然已經爲政界共識，因此子皮才會接受子產的教訓。最著名的例子，還當屬鄭國國君拜會魯昭公時，爲其君臣解說少皞氏以鳥名爲官的來由一事，孔子更是由此感慨道：「吾聞之：『天子失官，學在四夷。』猶信。」到戰國時代，七國各起爐灶，自成一家制度。《呂氏春秋》記載周人白圭的話中提到：「文侯師子夏，友田子方，敬段干木，此名之所以過桓公也。」可知魏文侯曾經以子夏爲師。這些言論、事件，表示在商周春秋戰國時代，上到天子，中間諸侯，下面大夫，都要學習而後從政，只不過學習的內容不是後世的經史知識罷了。〔註9〕

這種帶有「學而優則仕」的精神，似乎已在士大夫之間形成一種普遍的共識，那麼要成爲諸侯國主、將相、帝王，則自當必先學而後可，這也是勢必如此。

至於兩漢經筵亦尚未形成制度，就其帝王教授、討論經史知識的特性而言，起源應可上溯至漢朝昭、宣之時。然而由以下幾條資料可見，漢代由於武帝罷黜百家，獨尊儒術，以及今古文問題的爭議下，產生了君主、儒臣之間的論學，以及稱制臨決的情況，導致漢代帝王與儒臣之間一直有學經、講經、論經的情形：

（一）漢武帝時，儒生兒寬善治《尚書》，見上，語經學。上說之，從問《尚書》一篇。〔註10〕

（二）武帝末年下詔求能爲《韓詩》者，徵蔡義待詔，上召見義，說《詩》，甚說之，擢爲光祿大夫給事中，進授昭帝。〔註11〕

（三）甘露三年（51 B.C.），漢宣帝於石渠「詔諸儒講《五經》同異，太子太傅蕭望之等平奏其議，上親稱制臨決焉。乃立梁丘《易》，大小夏侯《尚書》，穀梁《春秋》博士」。〔註12〕

〔註 9〕 鄒賀：《宋朝經筵制度研究》，頁 12～13。
〔註 10〕 見《漢書》卷 58，〈兒寬傳〉，頁 865。
〔註 11〕 見《漢書》卷 66，〈蔡義傳〉，頁 949。
〔註 12〕 見《漢書》卷 8，〈宣帝紀〉，頁 94。

（四） 東漢建初四年（79），漢章帝（57～88）仿效漢宣帝詔諸儒「會白虎觀，講《五經》同異，使五官中郎將魏應承制問，侍中淳于恭奏，帝親稱制臨決」。〔註13〕

此外，宋人章如愚在《群書考索‧官制門》中，對於經筵制度講經、論學之起源於漢朝，有過這麼一段論述：

（漢官諫員史官經筵）自漢以下異於古者三：諫員也，經筵也，史官也。古者諫官無常員，工執藝事以諫，瞽誦詩，士傳言。至武帝元狩五年，始置諫大夫，後更名光祿大夫，自此諫官有常員矣。古者左右前後皆通明經術之士，如伊尹作〈伊訓〉、周公陳王業，援引古義以訓導人主，至漢武猶有古意，從兒寬受四書，又從歐陽生問《尚書》，是也。自成帝置金華殿講業，而鄭寬中、張禹得以入講經於殿中，非講業之官不得執經以訓人主，自此經筵有常所，講業有常人矣。〔註14〕

對於後代經筵制度中，以飽學之士入宮為皇帝講經論學的緣起，可說是漢代無疑。而這入宮為皇帝講經的御前講席，也可說是後代「侍講」的前身。

至於東漢之時，已有飽學之士被選入禁中，為皇帝講學，並加以「侍講」之稱，其史料如下：

五月，京師旱，詔長樂少府桓郁侍講禁中。〔註15〕

靈帝初，徵拜太中大夫侍講華光殿。〔註16〕

建和初，四府表薦，徵拜議郎，侍講禁內，再遷為侍中。〔註17〕

令惲授皇太子《韓詩》，侍講殿中。〔註18〕

〔註13〕 見《後漢書》卷3，〈肅宗孝章帝紀三〉，頁53。

〔註14〕 （宋）章如愚：《群書考索‧官制門》，見《文淵閣四庫全書》電子版（上海市：上海人民出版社，1999年11月）卷22。案：經查，現行大套古籍叢書之電子版資料，如《文淵閣四庫全書》電子版、《四部叢刊》電子版等，圖樣、文字、版式與原書完全相同，惟「頁碼」未能於電子版呈現，此蓋廠商間版權授權之問題。故本論文凡引電子版古籍叢書，皆僅註明至電子版所能呈現之內容，如卷次等，不再覆按紙本原書，今說明於此。

〔註15〕 見《後漢書》，卷4，〈和殤帝紀第四〉，頁61。

〔註16〕 見《後漢書》，卷55‧〈卓魯魏劉列傳第十五‧劉寬傳〉，頁456。

〔註17〕 見《後漢書》，卷57，〈宣張王王杜郭吳承鄭趙列傳第十七‧趙典傳〉，頁473。

〔註18〕 見《後漢書》，卷59，〈申屠鮑郅列傳第十九‧郅惲傳〉，頁495。

積五年，(桓) 榮薦門下生九江胡憲侍講……又宗正劉方，宗室之表，善爲《詩經》，先帝所襃，宜令 (桓) 郁、(劉) 方並入教授，以崇本朝光示大化，由是遷長樂少府，復入侍講，頃之，轉爲侍中，奉車都尉。……(桓) 彬字彥林，(桓) 焉之兄，桓榮孫也，父麟，字元鳳，早有才惠，桓帝初，爲議郎，入，侍講禁中，以直道忤左右，出爲許令。〔註19〕

夫人君不可不學，當以天地順道漸漬其心，宜爲皇帝選置師傅及侍講者，得小心忠篤敦禮之士。〔註20〕

置五經師，(張) 酺以《尚書》教授，數講於御前，以論難當意，除爲郎，賜車馬衣裳，遂令入授皇太子。酺爲人質直，守經義，每侍講間隙，數有匡正之辭，以嚴見憚。……自酺出後，帝每見諸王師傅，嘗言張酺前入侍講，屢有諫正，誾誾惻惻，出於誠心，可謂有史魚之風矣。〔註21〕

尚書令周景與尚書邊韶議奏 (楊) 秉儒學侍講。……(楊賜字伯獻，少傳家學，篤志博聞) 乃侍講於華光殿中。……後帝徙南宮，閱錄故事，得賜所上張角奏及前侍講注籍，乃感悟，下詔封賜臨晉侯，邑千五百戶。初，賜與太尉劉寬、司空張濟並入侍講，自以不宜獨受封賞，上書願分戶邑於寬、濟，帝嘉歎。〔註22〕

和平中，(黃瓊) 以選入侍講禁中。〔註23〕

獻帝頗好文學，(荀) 悅與 (荀) 或及少府孔融侍講禁中，旦夕談論。
〔註24〕

(盧) 植侍講積年，未嘗轉眄，融以是敬之。〔註25〕

建初元年，(召馴) 稍遷騎都尉、侍講。〔註26〕

〔註19〕見《後漢書》，卷67，〈桓榮丁鴻列傳第二十七・桓榮傳〉，頁563。
〔註20〕見《後漢書》，卷73〈朱樂何列傳第三十三・朱穆傳〉，頁631。
〔註21〕見《後漢書》，卷75，〈袁張韓周列傳第三十五・張酺傳〉，頁650。
〔註22〕見《後漢書》，卷84，〈楊震列傳第四十四〉，頁725。
〔註23〕見《後漢書》，卷91，〈左周黃列傳第五十一・黃瓊傳〉，頁808。
〔註24〕見《後漢書》，卷92，〈荀韓鍾陳列傳第五十二・荀淑傳〉，頁815。
〔註25〕見《後漢書》，卷94，〈吳延史盧趙列傳第五十四・盧植傳〉，頁835。
〔註26〕見《後漢書》，卷109，〈儒林列傳第六十九下・召馴傳〉，頁982。

　　從以上所引資料可見，這些「侍講」都不是專職帝王之師，而是以本官兼職，「侍講」一詞，帶有「動詞」的意味，非後世官職上的「侍講」，但實際上就是一種爲皇帝擔任講學的工作性質，可以視爲「侍講」之稱的前身。同時，這種入侍禁中講學的形式與內涵，就是後世經筵制度的源頭。其次，漢代由於天子對於經書與經師的推崇與尊重，自漢武帝獨尊儒術之後，於帝王之前講經的侍讀之官，雖是臣子，卻具有「帝師」之尊，此因儒家一直將「尊師」視爲核心價值的一環，所以講讀官的地位頗爲尊貴，也因此漢代講讀之官多半得以位及宰相之職，儼然已成慣例，如蔡義、韋賢、韋玄成（？～36 B.C.）、匡衡、張禹（？～5 B.C.）、貢禹（124 B.C.～44 B.C.）、孔光（65 B.C.～5 B.C.）、桓榮等宰相，即兼任帝師。西漢宣帝時的大將軍霍光（？～68 B.C.）即有言：「人主師當爲宰相。」〔註27〕又如《後漢書》亦載：東漢明帝（28～75）朝，講讀官桓榮備受尊崇，及其病時，「帝幸其家問起居，入街下車，擁經而前。撫榮垂涕，賜以床茵、帷帳、刀劍、衣被。良久乃去」。後來桓榮因病過逝之後，「帝親自變服，臨喪送葬，賜塚塋於首山之陽。除兄子二人補四百石，講生八人補二百石，其餘門徒多至公卿」。〔註28〕獲得這種禮遇，實因宰相兼帝師之故，後代講讀官雖有備受尊崇之時，但始終難以望兩漢之項背。

　　其次，漢代的侍講官員爲帝王講經之外，已明顯地具有勸諫的職責，此一特點也爲後代所延續。例如東漢肅宗曾說到爲其講經的張酺（？～104）：「酺爲人質直，守經義，每侍講間隙，數有匡正之辭，以嚴見憚。……自酺出後，帝每見諸王師傅，嘗言張酺前入侍講，屢有諫正，闇闇惻惻，出於誠心，可謂有史魚之風矣。」〔註29〕再者，漢代講讀官在講經工作告一段落後，大多會獲得賞賜或升官的機會，物質性賞賜主要有金、輜車、乘馬、御衣、襲衣等等。除此以外，講經甚得上意的，還有機會再入內教授皇太子（儲君）。可說是兩代帝王之師，如張酺、韋賢、蔡義、夏侯勝等即是。此種講讀官的賞賜之制，亦爲後世所沿襲，並屢有發展，賞賜的內容也因朝代不同而有所更替。

〔註27〕見《漢書》，卷66，〈公孫劉車王楊蔡陳鄭傳第三十六・蔡義傳〉，頁949。
〔註28〕見《後漢書》，卷67，〈桓榮丁鴻列傳第二十七・桓榮傳〉，頁563。
〔註29〕見《後漢書》，卷75，〈袁張韓周列傳第三十五・張酺傳〉，頁651。

二、魏晉南北朝

魏晉之時，東漢的侍講之制依然延續。如《三國志・魏志・齊王芳紀》：「癸巳講《尙書經》通，使太常以太牢祠孔子於辟雍，以顏淵配，賜太傅、大將軍及侍講者各有差。」《三國志・魏志・曹眞傳》：「武衛將軍彥散騎常侍侍講。」《三國志・吳志・孫登傳》：「於是諸葛恪、張休、顧譚、陳表等以選入，侍講《詩》、《書》。」《三國志・吳志・韋曜傳》：「孫休踐阼，（韋曜）爲中書郎、博士祭酒。命曜依劉向故事，校定眾書。又欲延曜侍講，而左將軍張布近習寵幸，事行多玷，憚曜侍講儒士，又性精確，懼以古今警戒休意，固爭不可。休深恨布，語在休〈傳〉。然曜竟止不入。」〔註30〕皆載有儒士擔任侍講一職。又如《晉書》卷十九〈禮志〉：「魏齊王正始二年二月，帝講《論語》通。五年正月，講《尙書》通。七年十二月，講《禮記》通。」「武帝泰始七年，皇太子講《孝經》通。咸寧三年，講《詩》通。太康三年，講《禮記》通。惠帝元康三年，皇太子講《論語》通。元帝太興二年，皇太子講《論語》通。」「成帝咸康元年，帝講《詩》通。穆帝升平元年三月，帝講《孝經》通。孝武寧康三年七月，帝講《孝經》通。」〔註31〕〈穆帝紀〉：「二月辛丑，帝講《孝經》……三月，帝講《孝經》。」〔註32〕〈孝武帝紀〉：「九月，帝講《孝經》。」〔註33〕此處之「帝講」、「皇太子講」似乎是皇帝、皇太子在爲群臣講課，復查顏師古（581～645）所注《漢書》中，曾爲「講」字下一註解曰：「講謂和習之。」〔註34〕可知「講」乃皇帝、皇太子學習之意。而且，此時「侍講」之另一個特點，似乎是不分爲皇帝或皇太子侍講，其例尙有唐・許嵩《建康實錄・韋昭》載：「（韋昭）侍太子和，講在東宮……景帝立，進中書侍郎，領國子祭酒。帝好學，詔令依劉向故事校定眾書，延入侍講。」〔註35〕

〔註30〕（晉）陳壽撰，（南朝宋）裴松之注：《三國志》（《文淵閣四庫全書》電子版）〈魏志〉，卷4、卷9；〈吳志〉，卷14、卷20。

〔註31〕（唐）房玄齡等：《晉書》（北京市：中華書局，1988年5月），卷19〈禮志上〉，頁599。

〔註32〕（唐）房玄齡等：《晉書》，卷8〈穆帝紀〉，頁201。

〔註33〕（唐）房玄齡等：《晉書》，卷9〈孝武帝紀〉，頁227。

〔註34〕（漢）班固撰，（唐）顏師古注：《前漢書》，〈武帝紀第六〉，頁65。原文爲：「朕夙興夜寐，嘉與宇內之士，臻於斯路，故旅耆老，復孝敬，選豪俊，講文學，稽參政事，祇進民心。」顏師古於「講文學」下注曰：「講謂和習之。」

〔註35〕（唐）許嵩撰、張忱石點校：《建康實錄》（北京市：中華書局，1986年10月）卷4，〈後主・韋昭〉，頁103～104。

又〈庾亮傳〉：「中興初，拜中書郎，領著作，侍講東宮。累遷給事中、黃門侍郎、散騎常侍。」〔註36〕可知魏晉時期的侍講，並未區分皇帝與皇太子。

南北朝之時，由於時局動亂、分裂，在經筵侍講制度上，仍沿襲前朝以來方式而稍做改變，主要有侍讀與侍講與執經三種。而在正式官職上，有「侍讀學士」一職，其餘都算是「差使」，由本官兼任。〔註37〕此外，較前朝更爲常見的，則是皇太子、皇子、諸王也都普遍地擁有專屬的「侍讀（講）」官，如《梁書・許懋傳》：「文惠太子聞而召之，侍講於崇明殿，除太子步兵校尉。」〔註38〕《梁書・劉苞傳》：「爲太子洗馬，掌書記，侍講壽光殿。」〔註39〕《陳書・顧越傳》：「紹泰元年，遷國子博士。世祖即位，除始興王諮議參軍，侍東宮讀。世祖以越篤老，厚遇之，除給事黃門侍郎，又領國子博士，侍讀如故。」〔註40〕《南史・蕭鈞傳》：「鈞常手自細書寫《五經》，部爲一卷，置於巾箱中，以備遺忘。侍讀賀玠問曰：『殿下家自有墳索，復何須蠅頭細書，別藏巾箱中？』答曰：『巾箱中有《五經》，於檢閱既易，且一更手寫，則永不忘。』諸王聞而爭效，爲巾箱《五經》。巾箱《五經》自此始也。」〔註41〕北朝則如《北史・長孫平列傳》：「平字處均，美容儀，有器幹，頗覽書記，爲周衛王侍讀。」《北史・馮元興列傳》：「馮元興，字子盛，東魏郡肥鄉人也，少有操尚，舉秀才，中尉王顯召爲檢校御史……江陽王繼召爲記室參軍……太保崔光臨薨，薦元興爲侍讀，尚書賈思伯爲侍講，授孝明杜氏《春秋》，元興常爲摘句。」可知侍講、侍讀已不僅於皇帝，凡宗室、皇子皆可配置專屬侍講，以備講解經史，可視爲皇家教育的一環。

而南北朝時期比較特別的，是出現了「執經」一職〔註42〕。「執經」一詞源自漢代儒家經學活動的用語，本義爲「手捧經卷，表示對講經者（老師）

〔註36〕（唐）許嵩撰、張忱石點校：《建康實錄》，卷7，〈晉中・庾亮〉，頁195。

〔註37〕關於南北朝侍讀、侍講、執經之官制情形，詳見鄒賀：《宋朝經筵制度》，頁15～20。

〔註38〕（唐）姚思廉：《梁書・許懋傳》（北京市：中華書局，1973年5月），卷40，頁575。

〔註39〕（唐）姚思廉：《梁書・劉苞傳》，卷49，頁688。

〔註40〕（唐）姚思廉：《陳書・顧越傳》（北京市：中華書局，1972年3月）卷33，頁445。

〔註41〕（唐）李延壽：《南史・蕭鈞傳》（北京市：中華書局，1975年6月）卷41，頁1078。

〔註42〕關於「執經」一職的研究細節，可參看鄒賀：《宋代經筵制度研究》第一章第一節「執經」部分，詳見氏著，頁18～20。此處乃參考鄒氏之文整理而來。

的尊崇」，如《漢書‧于定國傳》載于定國（？～40 B.C.）「身執經，北面備弟子禮」，以示對講經者的尊重：「定國乃迎師學《春秋》，身執經，北面備弟子禮，爲人謙恭，尤重經術士。」〔註43〕加上兩漢經學發達，以儒家經典爲重，上自皇帝，下至公卿百官，講經論學的風氣盛行，其後逐漸演變，將講經的活動與侍講產生連結的關係，如《後漢書‧桓榮傳》載：「（桓榮）上疏謝曰：『臣幸得侍帷握，執經連年。』」〔註44〕《三國志‧魏志‧高貴鄉公傳》：「九月庚子，講《尚書》業終，賜執經親授者司空鄭沖、侍中鄭小同等，各有差。」《三國志‧魏志‧劉劭傳》：「著《樂論》十四篇，事成未上，會明帝崩，不施行。正始中，執經講學，賜爵關內侯。」〔註45〕《北史‧常爽傳》：「時明帝行講學之禮於國子寺，司徒崔光執經。」〔註46〕據鄒賀的研究指出：執經一般用來指爲皇帝、太子服務，還未見爲諸王等執經的例子，在侍講、侍讀之上，還有執經的職司，執經的地位要高過侍講、侍讀，而執經的職責是朗誦原文，表示執經誦讀的意思。所引的例子有：《宋書‧何承天傳》「（何承天）以本官領國子博士。皇太子講《孝經》，承天與中庶子顏延之同爲執經」；《建康實錄‧宋‧袁粲傳》「上于華林園茅堂講《周易》，粲爲執經，又知東宮事」；《陳書‧儒林‧王元規傳》「（王元規）遷國子祭酒，新安王伯固嘗因入宮適會元規將講，乃啓請執經，時論以爲榮」；《梁書‧徐勉傳》「嘗於殿內講《孝經》，臨川靜惠王、尚書令沈約備二傳，勉與國子祭酒張充爲執經，王瑩、張稷、柳憕、王暕爲侍講，時選極親賢，妙盡時譽，勉陳讓數四。又與沈約書，求換侍講，詔不許，然後就焉」等。至於「執經」一職是否位高於侍講，依目前所引之證據，尚難以斷言，但是侍讀、侍講、執經三者同時出現在經筵的場合，擔任講官工作，則是可以確認的。魏晉南北朝，在經筵制度上可說是一個重要的奠基期，後來的一些規範、禮儀，都可在此一時期看到，例如《五禮通考》記載北齊皇帝實施經筵講學的儀式：「後齊將講於天子，先定經於孔子廟，置執經一人、侍講二人、執讀一人、擿句二人、錄義六人、奉經二人。講之旦，皇帝服通天冠、紗袍，乘象輅至學，坐廟堂上，講訖，還便殿，改服絳紗袍，乘象輅還宮。講畢，以一太牢釋奠孔

〔註43〕《漢書‧于定國傳》，卷71，頁997。
〔註44〕《後漢書‧桓榮傳》，卷67，頁563。
〔註45〕《三國志‧魏志‧高貴鄉公》卷4、《三國志‧魏志‧劉劭》卷21。
〔註46〕見《北史‧常爽傳》（《文淵閣四庫全書》電子版），卷42。

子，配以……六佾舞，行三獻禮畢，皇帝服通天冠絳紗袍升阼，即坐，宴畢還宮。皇太子每通一經，亦釋奠，乘石山安車，三師乘車在前，三少從後，而至學焉。」〔註47〕這種儀節意味濃厚的制度，在後代都可見到其延續的痕跡。本文重點不在制度之闡述，故不加以細論。

三、唐代

經筵制度歷經兩漢、魏晉南北朝時期之演變，隨著入宮侍講的人員不斷增加與帝王之需求，逐漸演變出專門官職的設置。而唐代在經筵制度史上，便是開始出現經筵專門官職的重要時代。隨著唐代統一中國之後，社會進入一個相對穩定的發展階段，帝王崇學之風再度興起。唐太宗（598～649）即位不久，即下令建立弘文館，並詔內學士輪番宿值，以討論經籍，《新唐書》載：「太宗身櫜鞬風，纓露流然，銳情經術，即王府開文學館，召名儒十八人爲學士，與議天下事。既即位，殿左置弘文館，悉引內學士番宿更休，聽朝之間，則與討古今，道前王所以成敗。或日昃夜艾，未嘗少怠。」〔註48〕而作爲皇帝講解經史工作的「侍讀」，則始於唐玄宗（685～762）開元年初。

開元三年（715），唐玄宗以「讀書有所疑滯，無從質問」爲由，詔左散騎常侍馬懷素（659～718）與右常侍褚無量（646～720）入內侍讀：「三年冬十月甲寅，制曰：『朕聽政之暇，常覽史籍，事關理道，實所留心，中有闕疑，時須質問，宜選耆儒博學一人，每日入內侍讀。以光祿卿馬懷素爲左散騎常侍，與右散騎常侍褚無量並充侍讀。」〔註49〕此時「侍讀」實因馬懷素、褚無量爲博學耆儒，既有文學之能，又身居高位，頗得皇帝信賴，可說是一種寵厚優渥的待遇，非一般官員得以擔任。其「每日入內侍讀」，除了解答疑惑之外，亦便於與皇帝討論史籍之時，進言獻策。《舊唐書》載褚無量擔任侍讀

〔註47〕（清）秦蕙田：《五禮通考》（（《文淵閣四庫全書》電子版），卷117。
〔註48〕（宋）歐陽修、宋祁：《新唐書》（《文淵閣四庫全書》電子版），卷198，〈列傳〉卷123，〈儒學上〉。
〔註49〕（後晉）劉昫等：《舊唐書》（北京市：中華書局，1975年5月），卷8，頁175。又，（宋）司馬光：《資治通鑑》（《文淵閣四庫全書》電子版），卷211亦載：「朕每讀書有所疑滯，無從質問，可選儒學之士，日使入內侍讀。盧懷慎薦太常卿馬懷素。九月戊寅，以懷素爲左散騎常侍，使與右散騎常侍褚無量，更日侍讀。每至閤門，令乘肩輿以進，或往別館道遠，聽于宮中，乘馬親送迎之，待以師傅之禮。以無量贏老，特爲之造腰輿，在內殿令內侍舁之。」

之時，因年紀已長，「每隨仗出入，特許緩行，又為造腰輿，令內給使輿於內殿。無量頻上書陳時政得失，多見納用」。而對馬懷素則命其可於「宮中乘馬」，或「親自迎送，以申師資之禮」。可見玄宗對此二人不僅以「侍讀」待之，更推崇其「帝師」的身份，彰顯崇儒重教的意義。此時的「侍讀」雖未成為定制，但是其功能與特點，卻已初具雛形，影響後代。

侍講、侍讀官職之定制約在唐玄宗開元十三年（725）之時，唐玄宗改麗正修書院為集賢殿書院，設集賢院侍講學士、侍讀直學士，《新唐書‧百官志‧集賢殿書院》載：「學士、直學士、侍讀學士、修撰官，掌刊輯經籍。凡圖書遺逸、賢才隱滯，則承旨以求之。謀慮可施於時，著述可行於世者，考其學術以聞。開元十三年，改麗正修書院為集賢殿書院，五品以上為學士，六品以下為直學士，宰相一人為學士，知院事，常侍一人為副知院事，又置判院一人、押院中使一人。玄宗嘗選耆儒，日一人侍讀，以質史籍疑義，至是，置集賢院侍講學士、侍讀直學士。」〔註50〕又據《唐會要》記載：「十三年四月五日，因奏封禪儀注，敕中書門下及禮官學士等，賜宴於集仙殿。上曰：『今與卿等賢才，同宴於此，宜改集仙殿麗正書院為集賢院。』乃下詔曰：『仙者捕影之流，朕所不取。賢者濟治之具，當務其實。院內五品已上為學士，六品已下為直學士。中書令張說充學士，知院事。散騎常侍徐堅為副。禮部侍郎賀知章，中書舍人陸堅，並為學士。國子博士康子元，為侍講學士。考功員外郎趙東曦、監察御史咸、廙業、左補闕韋述、李釗、陸元泰、呂向並直學士。太學博士侯行果、四門博士敬會直、右補闕馮騆，並侍講學士。』」〔註51〕可知唐玄宗之時，朝廷經筵已開始有正式固定之常設官職，經筵「於是有常職矣」。〔註52〕

〔註50〕　（宋）歐陽修、宋祁：《新唐書》，卷47，〈志〉37。

〔註51〕　（宋）王溥：《唐會要》（北京市：中華書局，1955年3月），卷64，〈史館下〉，頁1119。

〔註52〕　（宋）林駉：《古今源流至論》（《文淵閣四庫全書》電子版）〈續集〉，卷9載：「迨開元十三年，置集賢院，有侍講學士，有侍讀學士，於是有常職矣。（小注云：《唐百官志》及《通鑑》：唐開元三年，上謂宰相曰：朕每讀書有所疑滯，無從質問，可選儒學之士，使入內侍讀。九月戊寅，以馬懷素、褚無量更日侍讀。唐開元十三年，改置正書院為集賢書院，選耆儒日一人侍讀，以質史籍疑義；置集賢院侍講學士、侍讀直學士。）夫以侍讀、侍講皆天下文學經術之士，俾之橫經帝幕，紬繹古今，非不善也。」

　　玄宗之後，自肅宗（711～762）至憲宗（778～820），雖設有侍講學士之職，卻少見任侍講學士、侍讀學士者，說明侍講、侍讀之官，雖有常職，卻無定員，運作上仍視皇帝的喜好與否而決定。直至唐穆宗（795～824）之時，朝廷再設「翰林侍講學士」，將侍講學士歸入翰林院。《玉海》載：韋處厚（773～828）元和末爲戶部郎中知制誥，穆宗即位，以處厚與司勳員外郎史館修撰路隋（775～835）並充翰林侍講學士，召入太掖亭，命分講《毛詩・關雎》、《尚書・洪範》等篇，訪以理體。〔註53〕《冊府元龜》中亦稱：「（唐憲宗）元和之末，始建學士之職，列於內署，恩禮尤重。自非強記博識，待問而不匱，守道而無邪，又曷能啓迪丕訓？」〔註54〕此處雖未明言建何種學士，但可知唐憲宗元和末年，於內署中應設立了正式的經筵官職。與玄宗時的侍講學士不同的是，侍講學士已歸入翰林院，不再屬集賢院，故稱「翰林侍講學士」，由宋至明、清皆未更易。集賢殿書院本爲修書之所，掌古今之經籍，以辨明邦國之大典，亦受命起草內廷文書。而翰林院本爲「天下以藝能技術見召者之所處也」〔註55〕，並不專以文學之士，是「詞學、經術、合煉、僧道、卜祝、術藝、書弈」〔註56〕等人的待詔之地。玄宗即位後，置翰林供奉，和集賢院分掌草詔之事。至開元二十六年後，職掌更動，草詔權轉移至翰林學士院，侍講學士一職也劃歸翰林學士院，並帶有「天子私人」的稱號，可見翰林學士和皇帝的親近程度。吳曉榮先生指出：「在唐朝後期政治混亂的情況下，翰林學士不僅起草詔書、參與決策、幫助皇帝分割相權，更在擁立新帝、反對藩鎮、打擊宦官等重大政治活動中發揮作用，可見其權力之盛。作爲翰林學士中的侍講學士，其職能和身份相較於已往，也發生了一定變化，穆、敬、憲三朝任翰林侍講學士的十九人中，就有七人後曾任宰相，可見其重要性。」〔註57〕

〔註53〕（宋）王應麟：《玉海》（《文淵閣四庫全書》電子版）卷26，〈唐翰林侍講學士〉節。

〔註54〕（宋）宋王欽若、楊億等：《冊府元龜》（《文淵閣四庫全書》電子版），卷599〈學校部・侍講〉節。

〔註55〕（唐）韋執誼：《翰林院故事》，收入（宋）洪遵編：《翰苑群書》（《文淵閣四庫全書》電子版）。

〔註56〕（後晉）劉昫等：《舊唐書》，卷43，〈職官志〉2，頁1853。

〔註57〕吳曉榮：《兩宋經筵與學術》（南京市：南京大學中國古代文學專業碩士論文，2013年5月），頁13。

　　由上文可知，自唐玄宗至唐憲宗之時，朝廷對「侍講學士」頗爲禮遇，「恩禮尤重」。而唐代設立經筵官的目的，是爲了皇帝「中有闕疑，時須質問」、「從容近對，延訪大義」，這就決定了入選者必是「強記博識，待問而不匱，守道而無邪」。侍講學士爲皇帝講解史籍要典，並不僅僅局限於文辭的解釋和大意的闡發。對於皇帝而言，從史籍中習得治國的方法，有助治道，亦是首要之意。故而，講官侍講之時，不僅可藉書籍釋疑，啓迪聖意，對皇帝進行規勸、諫諷。亦會間接的因經史而論及政事，甚至直接對時政產生影響。這種特點，亦藉由經筵官的設置而傳衍下來。經筵專門職官的出現是經筵制度化發展的重要特色，經筵制度藉由經筵官的定制，逐漸正規化、完善化，慢慢踏入成熟階段。

第二節　北宋經筵制度

　　《宋史‧職官志》記載：「宋承唐制，抑又甚焉。」〔註58〕就中國經筵制度的發展而言，亦是如此。唐代以前可說是經筵制度的準備期，有經筵之實而未有經筵之名，《歷代職官表》云：「歷代經筵皆無專官，至唐始有內殿侍讀講書之制，然亦未有經筵之名。」〔註59〕直至宋代，經筵制度才算進入了成熟完備的時期。而宋代經筵制度的成熟，實與其「崇文抑武」的治國方針，有著密不可分的關係。宋太祖（927～976）將歷經唐末五代戰亂分裂的局面統一之後，深感「馬上得天下，不能馬上治天下」的道理，逐漸地對擁有武力的「武將」處處設防，轉而重用「文臣」，歷經太宗（939～997）、眞宗（968～1022）、仁宗、神宗等君主，「崇文抑武」的治國方針，基本上已十分穩固而明確。關於宋代「崇文抑武」國策之建立，宋史研究學者陳峰有段清楚的敘述：「縱觀北宋歷史，『崇文抑武』是一種極其突出的社會政治現象，提倡、推行和貫徹者，非一朝一帝，也非一時一地的權宜之計，自始自終，並未間斷，係中央王朝所採用的具有綱領性質的治國方略。它源於封建專制主義，反過來又推波助瀾，強化了專制皇權，再與『將從中御』措施相融合，派生出『以文馭武』之策。更重要的是，它與『守內虛外』有著密切的聯繫，意

〔註58〕（元）脫脫：《宋史》（臺北市：鼎文書局，1980 年 1 月），卷 161，〈職官志〉1，頁 3768。下引皆同本書。

〔註59〕（清）永瑢、紀昀等：《歷代職官表》（上海市：上海古籍出版社，1980 年 2 月），頁 460。

味著不僅憑藉軍隊，而且憑藉意識形態化的儒家的道德規範、綱常倫理來控制社會，維繫世道人心，以求長治久安。」〔註60〕特別是從宋太祖到了宋太宗之時，「為了防止軍事將領干擾其主導方針，又對武將處處設防，實施『將從中御』之法。總之，歷史上高度重視和依賴軍事武力的傳統從宋太宗朝後期開始發生轉變，強軍強國的意識逐漸被追求文治和穩定的思想取代」〔註61〕。而經筵制度，便在這種強烈的「崇文抑武」國策之下，逐漸地成熟而穩固。

從這種追求「文治」的治理政策的形成過程來看，對照經筵制度的形成，在宋太祖之時，國家動亂初平，百廢待舉，太祖雖表現出對於儒學的高度興趣，數次召文人學士講解經書，如：「建隆三年（962）六月，召宗丞趙孚講《易》於後殿，嘉其講說精博。開寶三年（970），召王昭素，賜座便殿，講〈乾卦〉，至九五飛龍在天。」〔註62〕但因時局尚未完全穩定，無法形成制度化，但是承先啟後，功不可沒。太宗之時，更喜歡在「聽政之暇，日閱經史」，只是常常在閱讀經史之時，「患顧問闕人」，於是在太平興國八年（983）「始用著作佐郎呂文仲為侍讀，尋又為翰林侍讀，賜緋魚袋，寓直御書院，……嘗出經史召文仲讀之」。〔註63〕此外在太平興國九年（984）、端拱元年（988）、淳化五年（994）等，更多次召見文臣為其講解經書〔註64〕，猶有不足，更召呂文仲（？～1007）「與侍書王著更宿，而書學葛湍亦直禁中，每暇日多召問」。〔註65〕太宗這種召文臣以講經史，並宿值禁中以備諮詢的情形，被林駉稱為「太宗開經幃，實國朝經筵之始」。〔註66〕

〔註60〕 陳峰：〈北宋「崇文抑武」的治國方略及其影響〉，收於氏著：《北宋武將群體與相關問題研究》（北京市：中華書局，2004年7月），頁253。

〔註61〕 陳峰：〈宋代主流意識支配下的戰爭觀〉，《歷史研究》2009年第2期，頁41。

〔註62〕 （宋）王應麟：《玉海》（《文淵閣四庫全書》電子版），卷26，〈建隆開寶講易〉條。

〔註63〕 （宋）孫逢吉：《職官分紀》（《文淵閣四庫全書》電子版），卷16，〈翰林侍讀〉條。

〔註64〕 （宋）范祖禹：《帝學》（《文淵閣四庫全書》電子版），卷3。

〔註65〕 （元）富大用：《古今事文類聚·古今事文類聚遺集》（《文淵閣四庫全書》電子版），卷3，〈諸院部遺·侍讀·暇日召對〉條。又《續資治通鑑長編》卷24所載：「命文仲以著作佐郎充翰林侍讀，寓直御書院，與侍書王著更宿，而書學葛湍亦直禁中。每暇日，多召問文仲以經書，著以筆法，湍以字學。」略同。

〔註66〕 （宋）林駉：《古今源流至論·續集》（《文淵閣四庫全書》電子版），卷9〈經筵〉條。

　　宋眞宗咸平二年（999）以後，更在既有基礎上，將講讀官的官名、俸祿、職掌以及辦公處所等，逐步加以明確化，並形成定制。據《職官分紀》之記載：「咸平二年，以兵部侍郎兼秘書監楊徽之、戶部侍郎夏侯嶠並爲翰林侍讀學士，國子祭酒邢昺爲侍講學士，翰林侍讀兵部員外郎呂文仲爲工部郎中，充侍讀學士。先是侍講名秩未崇，眞宗首置此職，擇耆儒舊學以充其選，班秩次翰林學士，祿賜如之，設直廬於秘閣，侍讀更直，侍講長上，日給尙食珍膳，夜則迭宿，令監館閣書籍。」〔註67〕至宋仁宗之時，再定延義、邇英二閣爲經筵講讀場所，並將經筵分爲春、秋兩講，如《東齋記事》所載：「崇政殿之西有延義閣，南向；迎陽門之北有邇英閣，東向；皆講讀之所也。仁宗皇帝即位多御延義，每初講讀或講讀終篇，則宣兩府大臣同聽，賜御書或遂賜宴。其後不復御延義，專御邇英。凡春以二月中至端午罷；秋以八月中至冬至罷。講讀官移門上，賜食，俟後殿公事退，繫鞚以入，宣坐、賜茶、就南壁下以次坐，復以次起講讀，又宣坐，賜湯。其禮數優渥，雖執政大臣亦莫得與也。」〔註68〕對於經筵講官可說是禮遇倍崇。此後，復置崇政殿說書一職：「崇政殿說書，景祐元年置。」〔註69〕至此，宋代經筵制度大抵已定，其後雖有所變動，基本上只是略加修正，無大改革。

　　關於經筵制度化的研究，朱瑞熙先生在其〈宋朝經筵制度〉一文中曾經提到六項內容：其一是經筵職官的確立，包括職官設置、講官的選拔、待遇等；其二是有專門負責經筵事務處理的機構；第三是經筵活動的實施具有規則化的時間表；第四是經筵活動具有固定的舉辦場所；第五是經筵講讀具有相對固定的內容（科目）；第六是經筵活動具有一定的儀式，包括參與人員、講讀方式、流程、講畢賜茶、經筵留身等。〔註70〕陳峰與鄒賀二位先生在〈中國古代經筵制度沿革考論〉一文中，亦談到經筵制度化的六項內容：專門機構、專門職官、專門法規、固定時間、固定場所、固定科目等〔註71〕，除了專門法規一條之外，大抵與朱瑞熙先生相去不遠，重點就是提出了經筵制度化的判斷規準。依此判斷規準來看，經筵制度的完善，在於宋仁宗時期。

〔註67〕　（宋）孫逢吉：《職官分紀》，卷15〈翰林侍讀學士〉條。

〔註68〕　（宋）范鎭：《東齋記事》（《文淵閣四庫全書》電子版），卷1。

〔註69〕　（清）徐松：《宋會要輯稿》（北京市：中華書局，1957年11月），〈職官〉7之2，頁2535。

〔註70〕　朱瑞熙：〈宋朝經筵制度〉，《中華文史論叢》第55輯（上海市：上海古籍出版社，1996年12月），頁1～35。

〔註71〕　陳峰、鄒賀：〈中國古代經筵制度沿革考論〉，《求索》2009年第9期，頁202～205。

　　關於宋代經筵制度的研究，近代學者已頗有成績，尤以大陸學者爲夥。因非本論文之重點，不擬詳究，然宋代經筵制度爲本文論述的基礎之一，故本節擬參考前人之研究，就北宋經筵制度的重點做一述要，以爲考論之基礎。

一、經筵講官

　　北宋的經筵講官，或稱爲講讀官、講官、讀官等，就其官職而言，約分爲侍讀、翰林侍讀、翰林侍讀學士、侍講、翰林侍講、翰林侍講學士、崇政殿說書、天章閣侍講、邇英殿說書等數種。

　　依史料來看，宋代經筵官最早出現的應是「侍讀」一職，《宋會要輯稿・職官六》載宋太宗始用著作郎呂文仲爲侍讀：「太宗聽政之暇，日閱經史，患顧問闕人，太平興國八年，始用著作佐郎呂文仲爲侍讀，尋又爲翰林侍讀，賜緋魚，寓直御書院，立本官班。嘗出經史，召文仲讀之。」〔註72〕又據《宋史》：「（呂文仲）入朝，授太常寺太祝，稍遷少府監丞。預修太平《御覽》、《廣記》、《文苑英華》，改著作佐郎。太平興國中，上每御便殿觀古碑刻，輒召文仲與舒雅、杜鎬、吳淑讀之。嘗令文仲讀《文選》，繼又令讀〈江海賦〉，皆有賜賚。以本官充翰林侍讀，寓直御書院，與侍書王著更宿。書學葛湍亦直禁中，太宗暇日，每從容問文仲以書史、著以筆法、湍以字學。」〔註73〕可知太宗初用呂文仲爲「侍讀」、「翰林侍讀」，而其主要功能是替皇帝「讀經史、碑刻、《文選》、賦」以及「問以書史」等，而依宋綬（991～1040）〈呂侍郎文仲傳〉所載：「太平興國八年，始用著作佐郎呂文仲爲侍讀，尋又爲翰林侍讀，賜緋魚，寓直御書院，立本官班。多以日晚召見，出經史令讀，或就外訪事。……至道初，上嘗草經史故事三十紙，召文仲讀畢，因刻石令內侍齎數百本藏江東名山福地。……眞宗咸平二年，拜翰林侍讀學士邢昺爲侍講學士。先是侍讀名秩未崇，及置此職，班秩次翰林學士，祿賜如之。」〔註74〕則除了替皇帝「讀經史、碑刻、文選、賦」以及「問以書史」之外，還包括了「就外訪事」，等於是替皇帝蒐集民情，幫助皇帝瞭解皇宮之外的事務。總的看來，初步具備了「御用顧問」的性質，但是品秩不高，到了眞宗時期，才進一步設置了翰林侍讀學士、翰林侍講學士。

〔註72〕　《宋會要輯稿》，第 3 冊，頁 2524。
〔註73〕　（元）脫脫等：《宋史》，卷 296，頁 9873。
〔註74〕　曾棗莊、劉琳主編：《全宋文》，第 19 冊，卷 400，頁 267～268。

然而上文所引述太宗初用呂文仲爲「侍讀」、「翰林侍讀」，鄒賀先生在其《宋朝經筵制度研究》裡面以三個理由認爲不屬於經筵的範疇：一、從官職設置上看，侍讀、翰林侍讀就是個待詔而已，沒有擔負皇帝教育的崇高意義。二、侍讀、翰林侍讀是「差遣」，與後來的翰林侍讀學士、翰林侍講學士等典型經筵「官」不同。三、侍讀、翰林侍讀沒有參與經筵，從宋眞宗到宋仁宗經筵制度完善的過程中，沒有「翰林侍讀」，說明翰林侍讀不屬於經筵官的範疇，《宋史》的作者犯了誤將翰林侍讀當作翰林侍讀學士簡稱的錯誤。〔註75〕

據《宋史·眞宗本紀》載：「丙午，置翰林侍讀學士，以兵部侍郎楊徽之等爲之；置翰林侍講學士，以國子祭酒邢昺爲之。」《宋會要輯稿》：「眞宗咸平二年七月，以兵部侍郎兼秘書監楊徽之、戶部侍郎夏侯嶠並爲翰林侍讀學士，國子祭酒邢昺爲侍講學士，翰林侍讀兵部員外郎呂文仲爲工部郎中，充侍讀學士。先是侍讀名秩未崇，眞宗首置此職，擇者儒舊學以充其選，班秩次翰林學士，祿賜如之。」〔註76〕可知眞宗朝始設立翰林侍讀學士和翰林侍講學士。從眞宗朝所任職的楊徽之（921～1000）、夏侯嶠（933～1004）、呂文仲、邢昺（932～1010）、畢士安（938～1005）、潘愼修（937～1005）、呂祐之（947～1007）、張知白（？～1028）等八位翰林侍讀學士、翰林侍講學士的任官與執行之任務來看，實質上多半是一個「虛銜」的性質，是爲了安置親近的老邁舊臣而設，位居清要，又能時常入侍禁中，隨時備召對諮詢。吳曉榮先生對於眞宗朝侍讀、侍講的任用情形，曾加以分析，並總結說道：「眞宗時期雖然有了明確的職位設置，但是在人員上是爲了安置者儒舊臣，方便入侍詔對，在講期和時間上都尚未固定，可以說算是一個散差。同唐玄宗置侍讀之時，任褚無量、馬懷素爲之頗爲相似。而眞正將講讀發展成爲一項制度的，應該是到了仁宗朝。」〔註77〕也就是經筵講讀的成熟期，是在宋仁宗在位的時間完備的，而這個形成的緣由，應該與眞宗有意的培育與仁宗幼年即位有極大的關係。〔註78〕

〔註75〕鄒賀：《宋朝經筵制度研究》（西安市：陝西師範大學中國古代史專業博士論文，2010年5月），頁35。詳細論述則參看頁32～39。
〔註76〕《宋會要輯稿》，第3冊，頁2524～2525。
〔註77〕吳曉榮：《兩宋經筵與學術》，頁20～23。
〔註78〕此處吳曉榮《兩宋經筵與學術》（頁23～26）亦有論述，可自行參看，此不贅述。又鄒賀先生：《宋朝經筵制度研究》第一章第二、三節亦有相同的結論，見氏著，頁24～30。

　　宋仁宗趙禎爲皇子之時，即爲眞宗所看重，認眞栽培。眞宗大中祥符八年（1015），受封壽春郡王。天禧二年（1018），進封昇王。八月，立爲皇太子，賜名趙禎。乾興元年（1022）二月，眞宗崩，仁宗即帝位，時年13歲。〔註79〕昔日眞宗嘗以仁宗就學之地名「資善堂」，望其好學向善，多延師儒教之，「以工部郎中張士遜爲戶部郎中，直昭文館，左司諫直史館崔遵度爲戶部員外郎，直史館如故，並充壽春郡王友」。〔註80〕仁宗於慶曆七年（1048）夏四月己巳日經筵講論，言及〈賈誼傳〉三公三少之時，說道：「朕昔在東宮，崔遵度、張士遜、馮元爲師友，此三人皆老成，至於遵度，尤良師也。」又嘗問宋祁曰：「孫奭、馮元有子孫在朝否？」祁曰：「奭子瑜爲崇文院檢討……。」帝曰：「此二人名儒，奭尤淳正。」〔註81〕按：仁宗幼年即位，故而當時講讀官的職能與眞宗朝大不相同，眞宗之時，講讀官僅具陪讀性質，兼備與皇帝討論諮詢之用，而更大程度上是優遇舊臣之職。而到了仁宗朝，爲了讓年幼的仁宗收到足夠的經典教育，以助益治道，成爲重中之重，故而昔日東宮侍講的情況便轉入經筵侍講之中，眞正的皇帝經典教育，師儒之職，便由此而落實。

　　自乾興元年（1022）二月眞宗崩，仁宗即皇帝位，十一月辛巳，始御崇政西閣，召翰林侍講學士孫奭（962～1033）、龍圖閣直學士兼侍講馮元（975～1037）講《論語》，侍讀學士李維、晏殊（991～1055）與焉。初詔雙日御經筵，自是，雖隻日亦召侍臣講讀。王曾（977～1038）以上新即位，宜近師儒，故令奭等入侍。上在經筵，或左右瞻矚，或足敲踏床，則奭拱立不講，體貌必莊，上亦爲悚然改聽。〔註82〕可知仁宗於二月初即位，十一月立即展開經筵，應是東宮侍講的一種延續。蓋因年幼即位，仁宗對於儒家經典的學習尚未完成，在太祖、太宗、眞宗等前代皇帝對於文治導向及儒家價值觀念的教育逐漸重視的情況下，對於仁宗繼續教育的完成，就變得非常重要。《宋史·章獻明肅劉太后傳》載：「自仁宗即位，乃喻輔臣曰：『皇帝聽斷之暇，宜詔名儒講習經史，以輔其德。』於是設幄崇政殿之西廂，而日命近臣侍講

〔註79〕（宋）李燾：《續資治通鑑長編》，卷68，〈眞宗大中祥符8年12月辛卯〉條，頁1959；卷90，〈眞宗天禧2年2月丁卯〉條，頁2098；卷92，〈眞宗天禧2年8月甲辰〉條，頁2122；卷98，〈眞宗乾興元年2月戊午〉條，頁2271。

〔註80〕《續資治通鑑長編》，卷68，〈眞宗大中祥符9年春正月壬申〉條，頁1969。

〔註81〕《續資治通鑒長編》，卷160仁宗慶曆七年春正月己巳條，頁3873。

〔註82〕《續資治通鑑長編》，卷99仁宗乾興元年十一月辛巳條，頁2303。

讀。」〔註83〕《宋史‧王曾傳》亦載：「曾以帝初即位，宜近師儒，即詔孫奭、馮元勸講崇政殿。」〔註84〕可知當時劉太后與宰臣皆主張幼帝當繼續完成其教育，直到成人。爲了完成這種皇儲教育的延續或提升，將經筵開設的時間、地點、參與人員予以制度化，也就十分重要。就講讀的時間來看，自眞宗乾興元年（1022）十一月始，經筵從原本的雙日方開，增加爲隻日亦開，於是經筵便成爲仁宗每日的課程，是爲定制。而自此時開始，於仁宗在位的41年間，除慶曆年間因趙元昊（1004～1048）反宋而暫停經筵二年之外，大抵循制舉行經筵，未曾中斷。〔註85〕至於晚年因身體病重，暫停經筵，乃勢需如此，不得已也。

至於崇政殿說書，乃宋仁宗景祐元年（1034）所創，此事見於《宋會要輯稿》：「崇政殿說書，景祐元年置。」〔註86〕崇政殿說書的除受，一般由「秩卑資淺」者充任，甚至由沒有功名，但在民間頗有學術聲望的平民百姓擢任。如王珪（1019～1085）撰〈賈昌朝墓誌銘〉載：「景祐元年，擢崇政殿說書，俄加直集賢院，判尚書禮部……三年秋……再遷司封員外郎、天章閣侍讀、判太府寺，爲史館修撰。」〔註87〕崇政殿說書的職責和一般經筵官並無不同，除了講解經書、備諮詢顧問之外，還擔負修書編纂的工作，如宋仁宗景祐三年（1036），二月「甲子，命崇政殿說書賈昌朝、王宗道同編次太宗尹京日押字……四年十一月，昌朝編次成書，凡七百一十卷」。〔註88〕

天章閣侍講爲宋仁宗景祐四年（1037）所設，范祖禹《帝學》載：「（景祐）四年三月甲戌朔，以崇政殿說書尚書司封員外郎直集賢院賈昌朝、尚書禮部員外郎崇文院檢討王宗道、尚書屯田員外郎國子監直講趙希言並兼天章閣侍講，預內殿起居，天章閣侍講自此始。」〔註89〕又徐度（509～568）《卻

〔註83〕　（元）脫脫等：《宋史》，卷242，頁。

〔註84〕　（元）脫脫等：《宋史》，卷310，頁。

〔註85〕　據《續資治通鑑長編》，卷135 的記載，慶曆二年（1042）最後一次講讀是在四月戊戌，講《周易》終篇。而重新開講，則在慶曆四年（1044）二月丙辰（同書，卷146）。分見《續資治通鑑長編》，頁3240、3544。

〔註86〕　《宋會要輯稿》，〈職官七之二〉，頁2535。

〔註87〕　（宋）王珪：《華陽集》（《文淵閣四庫全書》電子版），卷56，〈墓誌銘‧賈昌朝墓誌銘〉。

〔註88〕　《續資治通鑑長編》，卷118，景祐三年二月甲子，頁2777。

〔註89〕　（宋）范祖禹：《帝學》（《文淵閣四庫全書》電子版），卷4。又，天章閣置侍講或侍讀？置於景祐三年或四年？史籍所載稍有不同，此處依據鄔賀：《宋朝經筵制度研究》所考，詳細可參看該論文，頁40～45。

掃編》:「（景祐）四年，置天章閣侍講，與趙希言、王崇道爲之，比直龍圖閣，預內朝起居，班在本官之上，遞執侍講於邇英、延義二閣，在崇政殿廡下。」〔註90〕

到了神宗朝，將仁宗時所設的翰林侍讀學士、翰林侍講學士的學士頭銜去掉，保留侍讀、侍講的職稱，定階爲正七品，崇政殿說書則爲從七品，算是宋代經筵官出現以來最低的品秩。至於邇英殿說書之名，見於二程弟子楊時於宋徽宗（1082～1135）宣和6年（1124）所授，靖康元年（1126）仍在任。〔註91〕又，徐度《卻掃編》亦載:「宣和間，又置邇英殿說書，命楊中立龍圖以著作郎爲之。近歲，初詔尹彥明，議所除官，將以爲邇英殿說書，而議或以爲祖宗時無有，乃改崇政殿云。」〔註92〕邇英殿說書是短時間出現的經筵講官，目前記載僅見於此。

二、講讀內容與職掌

經筵是一種特殊的教育制度，本質上雖有傳授帝王學習經史知識的意涵，但是又有別於一般的「啓蒙教育」，從教育學的角度來看，除了幼帝即位（如仁宗、哲宗）時，經筵講讀基本上不得不延續皇儲教育的系統，以完成帝王基礎教育爲主。一般而言，宋朝皇帝即位年齡大都在19歲以上，太祖、太宗、孝宗、光宗皆在34歲以後即位。在即位前，他們大都已經受到了良好的皇儲教育，具有一定的文化修養和政治才幹，但因爲年齡層次和個人興趣喜好，所關注的面向不同，他們要學習的內容不免有些差別。〔註93〕但是基本上是偏向於一種對於已知知識的掌握、加深、加廣的學習和討論，類似於現今所謂的「在職教育」。

眞宗早年爲皇太子時，即努力學習經典知識，對於皇室子弟的經典教育，亦非常重視:

〔註90〕（宋）徐度:《卻掃編》卷下，朱凱、姜漢椿點校:《全宋筆記》（鄭州市：大象出版社，2003年12月），第三編之十，頁174。

〔註91〕（宋）楊時:《龜山集》（《文淵閣四庫全書》電子版），卷2，〈奏狀·辭免邇英殿說書〉:「臣伏蒙聖恩，除臣充邇英殿說書者，聞命震驚，罔知所措。」卷3，〈表·謝除邇英殿說書〉:「臣某言伏蒙聖恩，除臣充邇英殿說書，尋具狀辭免，奉聖旨不允者。」

〔註92〕（宋）徐度:《卻掃編》，卷下，頁175。

〔註93〕朱瑞熙:〈宋朝經筵制度〉，頁25。

上謂王旦等曰：「朕在東宮，講《尚書》凡七遍，《論語》、《孝經》亦
皆數四。今宗室諸王所習，惟在經籍，昨奏講《尚書》第五卷，此甚
可喜也。」於是召寧王元偓等赴龍圖閣觀書目，上諭知曰：「宮中常
聽書習射，最勝他事。」元偓曰：「臣請侍講張穎説《尚書》，間日不
廢弓矢。」因陳典謨之意，上甚喜，乃詔每講日賜食，命入内副都知
張繼能主其事。尚慮元偓等輕待專經之士，又加訓督焉。〔註94〕

又，《續資治通鑑長編》載：「（邢）昺在東宮及内廷，侍上講說《孝經》、《禮
記》者二，《論語》十，《書》十三，《易》二，《詩》、《左氏春秋》各一。據
傳疏敷繹之外，多引時事爲喻，深被嘉獎。」〔註95〕可見眞宗講讀時，多偏
好儒家經典。

　　十四歲（天聖元年）登基的仁宗，通過前面兩代皇帝的努力，當時國家
已具備相當的文治成就。因此，不論是在眞宗晚年或是仁宗初期掌握實權的
皇太后與共同輔政的士大夫，無不關注於帝王學習經典以提升個人修養，並
進一步掌握治國的能力。仁宗十五歲（天聖二年）時，由講讀官馬宗元講解
《孝經》。十六歲（天聖三年）時，由侍講學士孫奭講說《禮記・曲禮》。十
七歲（天聖四年）時，由侍讀學士宋綬等讀《（舊）唐書》，此外，劉太后還
同時下令大臣「選前代文字可資孝養、補政治者，以備帝覽」，因此，選錄了
唐代謝偃（599～643）的〈惟皇誠德賦〉、《孝經》和《論語》的重要言論以
及唐太宗所撰的《帝範》三卷、唐玄宗臣僚所撰的《聖典》三卷、《君臣政理
論》三卷等，供仁宗學習之用。事實上，從乾興元年（1022）起，到仁宗親
政之前，在經筵學習經典已是仁宗最重要的日常活動之一：「（乾興元年十一
月）始御崇政殿西閣，詔翰林侍講學士孫奭、龍圖閣直學士兼侍講馮元講《論
語》，侍讀學士李維、晏殊與焉。初，詔雙日御經筵，自是，雖隻日亦詔侍臣
講讀。王曾以上新即位，宜近師儒，故令奭等入侍。」〔註96〕到了天聖元年
（1023）八月，仍有詔輔臣於崇政殿西廡觀馮元講《論語》的記載〔註97〕。
天聖二年（1024）二月，則有講讀《孝經》的紀錄。〔註98〕天聖三年（1025）

〔註94〕《續資治通鑑長編》第 6 冊，卷 72，〈大中祥符二年九月〉條，頁 1635。
〔註95〕《續資治通鑑長編》第 6 冊，卷 72，〈大中祥符三年六月辛未〉條，頁 1675。
〔註96〕《續資治通鑑長編》第 8 冊，卷 99，〈乾興元年十一月辛巳〉條，頁 2303。
〔註97〕《續資治通鑑長編》第 8 冊，卷 101，〈天聖元年八月戊寅〉條，頁 2334。
〔註98〕《續資治通鑑長編》第 8 冊，卷 102，〈天聖二年二月乙丑〉條：「乙丑，詔輔
　　　　臣於崇政殿西廡觀講《孝經》。」，頁 2350。

三月，孫奭始爲仁宗講說《禮記‧曲禮》〔註99〕。天聖六年（1028）三月，孫奭開始爲仁宗講授《尚書》。〔註100〕即使親政後，仁宗皇帝在經筵的學習上，仍舊延續之前的習慣，次第詔講過《左氏春秋》、《詩經》、《周易》、《尚書》、《周禮》，而前代史書則有《唐書》、《漢書》、《史記》等。本朝先帝的訓典，則有眞宗所撰的《正說》，以及《三朝寶訓》、《三朝經武聖略》、《祖宗聖政錄》等〔註101〕。可以看出仁宗如此大量且規律性地學習經史文獻，是眞宗朝以前所未有，也開闢了後代帝王講讀經史的開闊面貌，後代帝王經筵講讀的內容，除哲宗朝以後再加入的《帝學》一類以外，實已大抵成形。

歸納宋代經筵講讀的內容，雖然隨著個別皇帝的喜好有些差異，但是大抵是有著共同的類別，朱瑞熙先生將這些講讀的內容歸納爲四類〔註102〕：第一類是古代經典，如《周易》、《尚書》、《周禮》、《毛詩》、《春秋》、《孝經》、《左氏春秋》、《孟子》、《大學》、《論語》等。第二類是前朝史書和政書，如《前漢書》、《後漢書》、《舊唐書》、《資治通鑑》、《史記》等。第三類是本朝的史書和政書，如《正說》、《三朝寶訓》、《祖宗聖政錄》、《三朝經武聖略》等。第四類是有關專書，如《帝學》、《續帝學》等。這些經筵講讀的內容或用以充實皇帝的經、史文化知識，或傳授治國的理論、統治方法與統治經驗，或引導帝王進行自我修養的理論和方法。

經筵講官的職責原來是爲帝王講讀經史文獻知識，並沒有議論當朝政事的任務。而關於「侍講講經」、「侍讀讀史」，乃仁宗以後形成的定制，姜鵬先生在其論文中引《續資治通鑑長編》天聖四年的一條記載云：「詔輔臣於崇政殿西廡觀侍讀學士宋綬等讀《唐書》。綬兼勾當三班院，因請解所兼，專事勸講。皇太后命擇前代文字可資孝養、補政治者，以備帝覽，遂錄進唐謝偃的〈惟皇誡德賦〉，又錄《孝經》、《論語》要言，及唐太宗所撰《帝範》二卷、明皇朝臣僚所撰的《聖典》三卷、《君臣政理論》三卷上之。」〔註103〕並言：

> 由於相關史料缺乏，不確定這是不是第一次命侍讀學士讀史書，但

〔註99〕《續資治通鑑長編》第8冊，卷103，〈天聖三年三月己丑〉條，頁2378。
〔註100〕《續資治通鑑長編》第8冊，卷106，〈天聖六年三月壬寅〉條：「詔輔臣崇政殿西廡，觀侍講孫奭講《尚書》。」，頁2467。
〔註101〕參見姜鵬：《北宋經筵與宋學的興起》附錄：〈北宋經筵編年紀事〉。
〔註102〕以下分類與詳細說明的敘述，請參閱朱瑞熙：〈宋朝經筵制度〉，頁24～28。
〔註103〕姜鵬：《北宋經筵與宋學的興起》，頁42。

這是已知材料中最早的相關紀錄。此後經筵講讀活動中，侍講官專責講經，侍讀官則司讀史的職責分野，應該是從這段時期起逐漸形成的。〔註104〕

姜鵬先生以此資料言及「講經讀史」的區別，在其他文章並未見有論及者，確是目前所僅見。

至於講讀官藉講經讀史，使帝王「每見前代興廢，以為鑒戒」的職責之外，還會將講讀官視為其私人顧問，從經筵官處得知朝廷百官狀況與民間對於政府的施政反應，藉以對一些重要問題徵詢這些飽學之士的意見。同時，對經筵講官而言，他們也期望向皇帝宣講自己的思想理論和政治學說，反映朝廷和民間的各種情況，並提出解決的種種辦法。因此，在經筵上，實際講讀古代經史所用的時間越來越少，而議論當前政事所用的時間越來越多。經筵官除了能在經筵講讀時，允許隨事發表意見之外，由於經筵講讀的時間畢竟有限，經筵官難以盡抒己見，因此皇帝還允許在所進讀的書內，「或有所見，許讀畢，具箚子奏陳」，以及在講讀完畢後，允許另外奏事，即所謂經筵外奏事、留身奏事，來為皇帝獻策。〔註105〕

因此，真正影響重大的，是經筵官在講讀時的議論與留身奏事，即使品秩不高的崇政殿說書，因其身份特殊，享有清高的榮譽與親近皇帝的機會，得以親自向皇帝表達一己之所見，較之其他官位較高大臣，其影響力毫不遜色。而皇帝也藉此掌握了許多至重要的訊息和處置各種問題的方法，並藉以及時做出正確的決策。朱瑞熙先生所言，據現存資料，可知經筵官的議論和留身奏箚直接影響皇帝決策的，有以下一些方面：「第一，用人方面……第二，對外政策方面……第三，抑制外戚方面……第四，理財方針方面……第五，鈔法、會子政策方面……第六，救災政策方面……第七，邊防方面……。」此外，通過經筵，經筵官還在鹽課、茶引、牙契、商稅、田賦、徵收、度牒、學校、科舉等方面發表意見，有助於統治者採取相對應的對策。〔註106〕可知除了講經讀史之外，藉講讀之機會，向皇帝提供對政事的建言，可說是經筵講官發揮其影響力的最佳時機，也可說是其重大的附屬職責。相對的，除了皇帝隨機性的提問之外，經筵講官在編寫講義時，必定也藉機注入了自己預先設想的「目的」，伺機於講讀之時有所發揮，這也是本文所要呈現的一個研究面向。

〔註104〕姜鵬：《北宋經筵與宋學的興起》，頁42。
〔註105〕朱瑞熙：〈宋朝經筵制度〉，頁36～39。
〔註106〕朱瑞熙：〈宋朝經筵制度〉，頁40～45。

第三節　南宋經筵制度

靖康二年（1127 年），金人南下，攻陷汴梁（京）（今開封），擄走徽、欽二帝北去，史稱「靖康之變」，北宋滅亡。同年五月初一（1127 年 6 月 12 日），康王趙構（1127～1162，宋徽宗第九子）在南京應天府（金朝改爲歸德府，今河南商丘）正式即位，重建大宋王朝，是爲宋高宗，並改元建炎元年，開始了南宋朝廷。宋高宗即位初期，年輕力盛，有意抗金，收復河山，重用以李綱（1083～1140）、宗澤（1060～1128）爲首的主戰派，鎮守汴梁。初期曾多次大敗金兵，讓局面稍微穩定。後來改聽信主和派的建議，罷免了李綱、宗澤等人，南逃揚州，加上佞臣秦檜（1091～1155）主導和議，失去北伐的大好時機，導致後來僅能偏安一隅。

高宗於建炎元年（1127 年）五月即位，十二月即開始進行經筵講讀：

> 「朕朝日延見大臣，咨訪庶務，群臣進對，隨事盡言，退閱四方奏牘，少夕則批覽載籍，鑒觀前古。獨於講學，久未遑暇念，雖羽檄交馳，巡幸未定，亦不可廢。其以侍從四員充講讀官，萬機之暇，就內殿講讀。」先是，御史中丞王賓乞開講筵，上納其言，故有是旨。〔註107〕

上引所述爲建炎元年十二月，方高宗即位半年，內憂外患頻仍，但高宗仍積極開始進行經筵講讀，「雖羽檄交馳，巡幸未定，亦不可廢」。然初期開始只能勉強於「內殿」講說，並將講讀官定爲四員。接著於次年（1128）三月甲午，於揚州首開經筵，並詔周武仲、朱勝非（1082～1144）、王賓、楊時等進講，講讀的內容爲《資治通鑑》、《論語》：

> （建炎二年三月）甲午，詔經筵讀《資治通鑑》，遂以司馬光配饗哲宗廟庭。（注：光配饗，當求降旨日別書之，且附此）時上初御經筵，侍講王賓講《論語》首篇，至孝弟爲仁之本，因以二聖母后爲言，上感動涕泣，左右侍臣莫不墮淚。此據紹興十三年正月王普所奏附見。侍讀周武仲進讀《通鑑》，上掩卷問曰：「司馬光何故以紀綱爲禮？」武仲敷述其義甚詳，因爲〈通鑑解義〉以進，每至安危治亂之機，必旁搜遠紹，極其規諫焉。侍讀朱勝非嘗言：陛下每稱司馬光，度聖意有恨不同時之嘆，陛下亦知光之所以得名者乎？蓋神宗皇帝有以成就之也。……上首肯久之。〔註108〕

<hr/>

〔註107〕（宋）李心傳：《建炎以來繫年要錄》（臺北市：文海出版社，1980 年 2 月），卷 11，〈建炎元年十二月丙辰〉條，頁 507。

〔註108〕（宋）李心傳：《建炎以來繫年要錄》，卷 14，〈建炎二年三月甲午〉條，頁 530。

緊接著高宗又打破北宋以來經筵一年兩講的慣例，在四月時即詔講讀官，表示原訂端午講畢暫罷經筵一事，可勿罷：「建炎二年……四月七日詔講讀官，端午謝節料畢，罷講筵，至八月再開，可勿罷。上謂宰執曰：『朕以寡昧，遇茲艱難，政事之餘，與卿等款語，知學先王之道為有益，方且夙夜孜孜於經史。今若講筵暫輟，則朕誦讀既多，有疑無質，徒廢日力。』」〔註109〕此舉不僅可以看出高宗對於經筵講讀之重視，也是高宗刻意樹立勤學典範的形象，在靖康之恥後，有上追北宋先帝的志向。初期，宋高宗的經筵講學因躲避金兵的侵犯而屢屢中斷，直到紹興八年（1138）定都臨安之後，宋金對峙局面形成，才逐漸恢復北宋的經筵講學制度，並進一步發展。例如以諫官兼侍讀便是南宋時期所發展出來有別於北宋的經筵制度：「臺諫兼侍讀：自慶曆以來，臺丞多兼侍讀，諫長未有兼者。紹興十二年（1142）春，万俟卨以中丞、羅汝楫以諫議始兼侍讀，自後每除言路，必兼經筵矣。」〔註110〕又曰：「每除言路，必預經筵，檜死始罷。（寧宗）慶元後，臺丞、諫長暨副端、正言、司諫以上，無不預經筵者。」〔註111〕

南宋經筵制度基本上是在北宋的規模下發展起來，並加以調整改進，因此本節論述主要著眼在南北宋不同之處，惟有些制度並未在上一節敘述北宋時呈現，此因本文重點不在考據制度史，且前人論述已足供參考，因此於本節敘述時，會採南北宋簡要併呈的方式來呈現，以瞭解南宋經筵制度之概況。

一、南宋經筵官與晚講

南宋呂中曾言：「自古經筵之官，非天下第一流不在茲選，蓋精神氣貌之感發，威儀文詞之著，見於講磨，麗習之間，有薰染浸灌之益，此豈謏聞單見之士所能辦。」〔註112〕即入選經筵官者需為明經博學之士，為當世之名儒，官品雖有高低之不同，但學識人品皆為一時之選。南宋經筵官基本上亦遵循北宋之制，一般而言，由皇帝親自決定，但其他朝臣或經筵官亦可推薦，其職官設置較北宋單純，但選任來源則較北宋多元。

〔註109〕　《宋會要輯稿》，〈崇儒〉七之一，頁2289。
〔註110〕　《宋史》，卷162，〈職官二〉，〈臺諫兼侍讀〉條，頁3813。
〔註111〕　《宋史》，卷162，〈職官二〉，〈崇政殿說書〉條，頁3815。
〔註112〕　（宋）呂中：《宋大事記講義》（《文淵閣四庫全書》電子版），卷8〈慶曆四年著危竿論一篇分賜近臣〉條。

　　依照馬元元先生的研究〔註113〕，南宋經筵官主要包括侍讀、侍講、崇政殿說書三大類。南宋的「侍讀」即北宋的「翰林侍讀學士」。「翰林侍讀學士」之稱，在北宋幾經更易，宋太宗時稱「侍讀」，眞宗朝改稱「翰林侍讀學士」，神宗元豐改制時，廢而不置，但仍以爲兼官，哲宗元祐年間復「學士」之稱號，至元符年間又罷。南宋即承襲了哲宗朝的制度，以「侍讀」爲名。南宋的「侍講」即北宋的「翰林侍講學士」，初設於北宋眞宗朝。與「侍讀」一樣，在宋神宗元豐改制時廢而不置，僅以爲兼官。以本官之品秩而言，南宋的侍讀、侍講均爲正七品，但實際上北宋經筵官制度長期發展以來，侍讀讀史、侍講講經已成慣例，且侍講的地位一般略低於侍讀，其次有些官員在兼侍講、侍讀時，其自身的品階是高於正七品的。例如南宋紹熙四年（1194 年）京鐘（1138～1200）以權刑部尙書兼侍講〔註114〕。案「權刑部尙書」依《宋史·職官志》，乃宋哲宗元祐三年所立，以安排資格不夠的新進之士，執掌與刑部尙書同，爲正三品。〔註115〕又陳傅良（1141～1203）於紹熙五年八月，以中書舍人兼侍講，時爲宋寧宗（1168～1224）即位後七日〔註116〕。案「中書舍人」於宋前期爲正五品上，元豐改制後爲正四品。〔註117〕至於崇政殿說書，依前節所考，始設於北宋仁宗景祐元年（1034），其設立之初，「本以待庶官之資淺未應爲侍講者」〔註118〕，所謂「秩卑資淺」，所以其班秩低於侍讀、侍講。崇政殿說書的品秩爲從七品，其官員的選擇更爲寬廣，庶官、布衣（如程頤）皆有入選者。

　　在開講時間方面，宋代經筵主要有一年的春秋兩講以及開講時的單日雙日等二種類型。而和北宋不同的是，增加了「晚講」。立春秋兩講的目的，在於使經筵講學的活動避開寒冬與酷暑，選擇氣候較爲合宜的季節。《宋史·職官志二》記載：「歲春二月至端午日，秋八月至長至日，遇雙日入侍邇英閣，

〔註113〕馬元元：《南宋經筵制度及其歷史作用》（保定市：河北大學中國古代史專業碩士論文，2008 年 6 月），頁 15。以下經筵官設置主要參考馬氏所整理。

〔註114〕（宋）陳傅良：《止齋集》（《文淵閣四庫全書》電子版），卷 13〈外制·朝散大夫權刑部尙書京鐘兼侍講〉。

〔註115〕龔延明：《宋代官制辭典》（北京市：中華書局，1997 年 4 月），頁 228。

〔註116〕（宋）陳傅良：《止齋集》，〈附錄〉。

〔註117〕龔延明：《宋代官制辭典》，頁 172。

〔註118〕（宋）徐度：《卻掃編》（《文淵閣四庫全書》電子版）卷下：「崇政殿説書本以待庶官之資淺未應爲侍講者。」

輪官講讀。」〔註119〕范鎮（1007～1088）《東齋記事》亦記載仁宗時之經筵講讀安排，分別於端午與冬至日罷：「凡春以二月中至端午罷，秋以八月中至冬至罷，講讀官移門，上賜食。……仁宗當暑月不揮扇，鎮侍邇英閣，嘗見左右以拂子祛蚊蠅而已；冬不御爐，每御殿則於朵殿設爐以禦寒氣，寒甚則於殿之兩隅設之。醫者云體備中和之氣，則然矣。」〔註120〕可知當端午與冬至過後，因氣候已進酷暑嚴寒，實不適合講學也。此為一般之常態，但部分好學之皇帝，為了不中斷學習，仍會另外安排時間，請講官入宮講讀。如宋仁宗天聖四年七月壬申，雖大暑而暫罷講筵：「上嘗謂輔臣曰：『比以大暑罷講讀，適已召孫奭等說《書》，卿等公事退，可暫至經筵。』王曾曰：『陛下萬機之暇，留意經術，雖炎暑不輟，有以見聖學之高明也。』」〔註121〕

至於單雙日開講筵一事，仁宗朝以前都是逢雙日「一講一讀」，至仁宗即位後的乾興元年（1022 年）三月戊寅，即下詔曰：「雙日雖不視事，亦當宣召近臣入侍講讀，冀不廢學也。」〔註122〕同年十一月辛巳日：「始御崇政殿西閣，詔翰林侍講學士孫奭、龍圖閣直學士兼侍講馮元講《論語》，侍讀學士李維、晏殊與焉。初，詔雙日御經筵，自是，雖隻日亦召侍臣講讀。王曾以上新即位，宜近師儒，故令奭等入侍。」〔註123〕亦即在仁宗即位當年，因仁宗年幼，亟需延續東宮學習的課程，以待他日正式親政，於是經筵講讀由雙日實施變成每日開講。到了英宗、哲宗之時，又嘗試將經筵改成「雙日講讀」，如：「（英宗）嘉祐八年四月即位，十月輔臣請如乾興故事，雙日詔侍臣講讀。帝曰：『當俟祔廟畢，擇日開經筵。』十二月己巳，始御邇英閣，召侍讀、侍講講讀經史。」〔註124〕「（哲宗）元豐八年十二月辛酉，詔今月十五日開講筵，進讀《寶訓》，講讀官日赴資善堂，以雙日講讀，仍輪一員宿值，初講及更旬，宰相及執政並赴。」〔註125〕可知仁宗之後，北宋基本上又朝著恢復雙日講讀的制度。

〔註119〕　《宋史》，卷 162，〈職官二〉，〈臺諫兼侍讀〉條，頁 3813。

〔註120〕　（宋）范鎮：《東齋記事》，卷 1。

〔註121〕　（宋）李燾：《續資治通鑑長編》，卷 104，頁 2414。

〔註122〕　（宋）李燾：《續資治通鑑長編》，卷 98，頁 2277。

〔註123〕　（宋）李燾：《續資治通鑑長編》，卷 99，頁 2303。

〔註124〕　（宋）范祖禹：《帝學》（《文淵閣四庫全書》電子版），卷 7。

〔註125〕　（宋）楊仲良：《續資治通鑑長編紀事本末》（北京市：北京圖書館出版社影印《宛委別藏》本，2003 年 5 月），頁 2913。

　　南宋高宗之後，經筵講讀單雙日皆有，甚至休假日亦講，但基本上是朝著單日開講爲主。例如南宋高宗建炎二年（1128 年）三月「初御經筵」時，適逢雙日。紹興二年（1132 年）二月再次恢復講讀時，適逢單日。紹興三年（1133 年）九月，史載爲「雙日講讀」。紹興五年（1135 年）閏二月，再次開講時，又逢單日。可知高宗時期因戰亂之故，講筵時間並不穩定，故單雙日皆有。到了孝宗淳熙七年（1180 年）三月己卯：「上（孝宗）曰：『進讀《三朝寶訓》幾時終篇？』史浩、周必大等奏：『陛下日御前、後殿，大率日旰方罷朝，隻日又御講筵，過是恐勞聖躬。』上曰：『朕樂聞祖宗謨訓，日盡一卷，亦未爲多，雖雙日及休假亦當特坐。』自是每講讀，上必注目傾耳，或隨事咨詢，率漏下十刻而無倦。」〔註 126〕可知孝宗時經筵是定爲「隻日」，但由於孝宗勤敏好學，希望增加講讀時間，故單雙日皆講，甚至休假日亦不輟講讀。

　　較爲特別的是北宋時期經筵講讀爲「日講」，至南宋寧宗時爲了增加講讀的時間，加入了「晚講」的制度：「（紹熙）五年，寧宗欲增講官至十員，各專講兩日，一次五人上講，早二晚三，早講殿上，晚小衫坐講。嘉定二年十一月十六日，侍讀章穎等言，前此未有晚講、坐講，自陛下始行之，書之國史，爲法來世。每御殿惟諏經訪史，辭簡理到。」〔註 127〕寧宗不僅將講讀官員增加爲十人，並明確規定一次五人上講，早二講於殿上，晚三講著小衫，並賜坐講。經筵講讀不限定於白日，則講讀的時間變得更爲充裕。其次，爲了減低影響經筵講讀的因素，增加經筵講讀的效果，時任經筵講官的朱熹在爲寧宗講說〈大學〉時，上奏增加講讀的次數：「是日，命朱熹講〈大學〉，熹奏云：『臣伏見近制，每遇隻日，早晚進講。及至當日，忽值假故即行權罷。又按故事，將來大寒大暑，亦係罷講月分。陛下天性好學，晨夕孜孜，雖處深宮，必不暇逸。欲乞今後除朔望旬休及過宮日外，不以寒暑、雙隻、日月諸色假故，並令逐日早晚進講。內有朝殿日分，恐聖躬久坐不無少勞，卻乞權住當日早講一次。』從之。」〔註 128〕這個建議獲得寧宗的認同。可知「晚講」乃寧宗時所增加，是與北宋不同的制度。

〔註 126〕　（元）佚名：《宋史全文》（《文淵閣四庫全書》電子版），卷 26 下，〈淳熙七年三月己卯〉條。
〔註 127〕　（宋）王應麟：《玉海》（《文淵閣四庫全書》電子版），卷 26，〈紹熙晚講〉條。
〔註 128〕　（元）佚名：《宋史全文》，卷 28，〈紹熙五年十月乙未〉條。

二、「每除臺諫，必預經筵」的任官模式

　　「每除臺諫，必預經筵」是南宋經筵制度的特殊進路，在論及此一制度之形成時，首先必須對於宋代「臺」、「諫」官制有一瞭解，方能進而探究其與「經筵」結合的形成背景。「臺」為「御史臺」之簡稱，宋沿漢制，宋真宗天禧元年（1017）改置「言事御史」，臺諫合一，御史臺權漸重。仁宗時又明令宰輔不得薦舉臺官，中丞、御史臺缺員須由天子親擢，憲臺遂成為箝制相權與糾察百官的強有力機構。御史臺為皇帝耳目之官，掌糾察文武百官歪風邪氣、貪官污吏、肅正朝廷綱紀法規。有大事得在朝廷、皇帝面前辯論抗爭，小事則上奏彈劾；且許以風聞言事，不必有足夠證據。京師命官犯罪審訊，須報御史臺備案，並參與詔獄審理。御史臺與「中書」、「樞密院」鼎立，不相統屬，中書、樞密亦不敢與御史府抗威爭理。〔註129〕「諫」指「諫院」，北宋太宗雍熙初已見「諫院」之名，為諫官治事之所。宋仁宗明道元年（1032）七月，以門下省為諫院，或謂專門置局自此始。宋神宗元豐五年（1082）改制，罷諫院之名。南宋初，中書、門下後省諫官，仍以諫院為稱。高宗建炎三年（1129）三月六日後，諫院不隸兩省，專門置局於都堂近側。諫院職在「拾遺」、「補闕」。凡朝政闕失，大者，在朝廷進諫規正；小者，上實封論奏。即自宰相以下至百官，自中書門下（南宋為三省）至百司，任非其人，事有失當，都有責諫正。北宋前期置判院官、知諫院官、左右司諫、左右正言等。南宋之制，置左右諫議大夫、左右司諫、左右正言等。〔註130〕綜上之述，可說「臺」主管「監察」，「諫」主管「拾遺、補闕」，二者性質相近，皆有諫正糾察之責，在古代官制上，可說是維護政治清明的要員。

　　南宋建立政權後，政治形勢飄搖不定，金人一路追殺高宗、國內群雄割據、財政狀況岌岌可危，而之所以能在短短十幾年時間，使得政局基本穩定下來，立足東南半壁江山，與初期幾位宰相的功績是分不開的。尤其在面對建炎三年（1129 年）的「苗劉之變」後，帝王對武將更加不放心，加上北宋以來強大的士大夫政治意識的影響，文臣、宰相的權力集中，以致「權相治國」的態勢特別明顯。而權相為了便利於鞏固其地位，又回過頭來拉攏、提拔自己的人脈，形成「朋黨之勢」。自高宗初期的李綱、呂頤浩（1071～1139）、趙鼎（1085～1174），乃至秦檜與後來的韓侂胄（1152～1207）、史彌遠（1164

〔註129〕龔延明：《宋代官制辭典》，〈御史台門〉，頁377。
〔註130〕龔延明：《宋代官制辭典》，〈諫院門〉，頁387。

～1233）、丁大全（1191～1263）、賈似道（1213～1275）等宰相，縱貫南宋皇朝，大半時間都可說是「權相輩出」，而「臺諫」可說是其維護權力的重要方式之一，尤其是秦檜之後，對於臺諫的利用，可說是藉助了北宋後期的臺諫在黨爭中勢力逐漸強大的傳統。

　　再談到經筵。宋代魏了翁（1178～1237）曾談到宋代皇帝接近臣下，以獲得來自各方奏對訊息的方式，有以下幾種：「所謂宰輔宣召、侍從論思、經筵留身、翰院夜對、二史直前、百官轉對輪對、監司帥守見謝辭、三館封章、小臣特引、臣民扣匭、太學生伏闕、外臣附驛、京局發馬遞鋪，蓋無一日而不可對，無一人而不可言。」〔註131〕近人董文靜先生對這些溝通方式則說：「在這些奏對活動中，相對於『宰輔宣召』、『百官轉對輪對』、『監司帥守見謝辭』、『二史直前』等常規行政體制內的行政性奏對，『經筵留身』、『翰苑夜對』等處於行政體制之外的非行政性奏對，更多地帶有帝王私人色彩。與前代相比，宋代的奏對活動更為多元。經筵等非行政性奏對，在一定程度上能彌補行政性奏對的不足。這既使得君主可以防止資訊被某些人所壟斷，也使更多的臣僚獲得了與君主直接面談，進而參與議政的機會。」〔註132〕然而，更重要的是，當臺諫官員參與到經筵中來，其意義更是不同，除了有政治鬥爭層面的現實意義之外，更有制約皇權的意義。經筵作為皇帝和士大夫交流的場所，具有固定性和時間更為寬裕的特點，相對於落實在體制內的行政性的奏對，具有「師儒」身份的士大夫，可以「命坐賜茶」，可以在經筵這個場域中，關於具體事件，與皇帝有著更為充裕的來往回復的商談，也更容易把握皇帝的意向及引導一些政治事件和人事處理的方向。故而，經筵中的交流及奏對內容，對於限於身份無法參與到經筵奏對中的官員來說，是汲汲關心和希望第一時間瞭解的內容。〔註133〕這也是當時宰相之所以順勢將臺諫與經筵的人選合而為一，並安排自己人為經筵講官，藉以掌控皇權、制約皇權的原因所在。對此，董元靜先生的分析說得十分清楚：

　　　宰執對經筵奏對情況的瞭解，最為便捷的途徑，是與參預經筵人員

〔註131〕（宋）魏了翁：《鶴山先生大全集》（《文淵閣四庫全書》電子版），卷18，〈應詔封事〉。

〔註132〕董文靜：〈南宋臺諫「必預經筵」政治模式的形成——以董德元為線索的考察〉，《浙江學刊》2012年第5期，頁54。

〔註133〕董文靜：〈南宋臺諫「必預經筵」政治模式的形成——以董德元為線索的考察〉，頁55。

的聯繫。經筵官人選構成的多元，也爲宰執提供了瞭解經筵奏對詳情的便利：只要能與某一位經筵官保持密切聯繫，便可以通過他知道經筵的整個過程。例如，高宗曾與講官高閌在經筵中論及張九成，高閌薦之。後高宗在秦檜面前言及張九成之才德，秦檜懷疑是高閌所薦，遂「呼給事中兼侍講楊願詢其事」，證實之後，立即指使臺諫將高閌彈劾而去。由於經筵官能經常侍講君側，由臺諫官員擔任經筵講官，宰相便利用其職任之便達到交通臺諫和窺伺君主的雙重目的。因此，「每除言路，必與經筵，朝廷動息，臺諫常與之相表裡焉」……宰輔大臣可以通過操縱參預經筵人選來控制經筵中的言論，從而彌補自己不能親自參預經筵活動的缺憾，經筵官既可助援引人向皇帝進言，又可替其觀察皇帝的動向。由秦檜時期開始，「每除言路，必預經筵，而其子熺亦在焉。意欲搏擊者，輒令熺於經筵侍對時諭之；經筵退，彈文即上」。同時，由臺諫參預，還單純了經筵官的人選來源，相比於之前多管道、多層次的資訊來源，既可某種程度減少和隔絕皇帝通過其他系統官員獲得的資訊，更可「察人主之動息」。至寧宗前期，「臺丞、諫長暨副端、正言、司諫以上，無不預經筵」。〔註134〕

可說到了秦檜以後，「每除言路，必與經筵」的制度基本已經成熟，形成南宋經筵官體制的一大特點，同時也可以說是以宰相爲首的文官體制，對皇權的進一步掌控。對此，南宋理宗朝的呂中《大事記講義》已經有很精闢的分析：「人君起居動息之地，曰內朝、曰外朝、曰經筵三者而已。執政、侍從、台諫皆用私人，則有以彌縫於外朝矣。又陰結內侍及醫師王繼先，闖微旨於內朝矣。獨經筵之地，乃人主親近儒生之時。檜慮其有所浸潤，於是以熺兼侍讀，又以巫伋爲說書，除言路者必預經筵，以察人主之動息，講官之進說，而臣無復天子之臣矣。」〔註135〕

最後，再綜合一下兩宋經筵官的情況，宋太宗太平興國八年（983）以呂文仲爲「侍讀」、「翰林侍讀」，始有此稱。宋眞宗在咸平二年（999）正式設

〔註134〕董文靜：〈南宋臺諫「必預經筵」政治模式的形成——以董德元爲線索的考察〉，頁 55～56。

〔註135〕（宋）李心傳：《建炎以來繫年要錄》，卷156，〈紹興十七年四月辛丑〉條注引呂中《大事記》，頁 2529～2530。

有「翰林侍讀學士」、「翰林侍講學士」。宋仁宗景祐元年（1034）再設「崇政殿說書」。景祐四年（1037）再加「天章閣侍講」。宋神宗元豐改制後，去掉「學士」之號，設侍讀、侍講、崇政殿說書。哲宗元祐七年（1092）與元符元年（1098）分別恢復「學士」稱號後再撤之。宋室南遷之後，基本上沿用元符之制，變動不大。宋代經筵制度的建立，對於帝王的勤學自持，也產生了極正面的影響，甚至視爲「家法」以傳。宋儒林駉即言：

> 大抵自古不患學術之不正，而患心術不純。不患心術不純，而患外物之易誘。我祖宗不溺情於羅綺妖冶之色，不悦耳於淫聲豔辭之樂，不惑於刀鋸虧殘之習，不喜於脂韋巧佞之説，驗之以旦夜之氣，體之以清明之德，警之以《中庸》、《大學》之學，守之以暗室屋漏之誠。是理也，此正舜之業業，禹之汲汲，湯之日躋，文王不已之意也。《易》之乾乾，《詩》之於穆，《書》之精一，《記》之不息之旨也。昔程子在元祐講筵，專以正君心爲本（小字：元祐初，伊川爲崇政殿説書，首論正君心）。文公在淳熙經幄，首以誠敬爲勉（小字：朱晦翁淳熙在經筵爲侍，講論《中庸》、《大學》誠敬之旨），此正帝王之家法也。〔註136〕

故知宋代自仁宗朝經筵成爲定制以來，歷朝君王無不視經筵講學爲祖宗傳下之「家法」，此亦宋代文風鼎盛始自帝王之一端，昭然可見。

〔註136〕　（宋）林駉：《古今源流至論・前集》，卷5，〈聖學〉條。

第三章　宋代經筵《尚書》講義之內容與特點

　　由於《尚書》之內容具有鑒往知來之特殊性，受到歷代君王及聖賢儒者之重視，在經筵講讀時，不僅是必講的經典，就講讀之次數而言，也以《尚書》為最多。就宋代來說，太宗淳化五年（949）十一月幸國子監，召孫奭講〈說命〉三篇，帝感而言之，曰：「《尚書》主言治世之道，〈說命〉居最，文王得太公，高宗得傅說，皆賢相也。」〔註1〕眞宗咸平元年（998）正月，上召崔頤正（922～1000）講解《尚書・大禹謨》篇。咸平二年（999）七月，召崔偓佺（924～1002）講〈大禹謨〉篇。仁宗天聖四年（1026）十一月，召楊光輔講《尚書》，光輔曰：「堯、舜之事，遠而未易行，臣願講〈無逸〉一篇。」〔註2〕仁宗天聖九年（1031）三月，孫奭嘗畫〈無逸圖〉以進，皇帝於進講時，將其掛於講讀閣，作為賢君良臣之勉勵。仁宗景祐二年（1035）正月，置邇英、延義二閣，書〈無逸〉於屏，以為人君之警示。〔註3〕高宗紹興七年（1137）九月一日，內出〈無逸〉四軸付經筵所，遇講日安掛。皇帝亦自言常在夜間讀《尚書》。可見得《尚書》一經在經筵時所受到帝王之重視。

　　然而就今存的文獻加以查考，《尚書》經筵講義所存不多，除以專著刊行

〔註1〕　（宋）范祖禹：《帝學》，卷3。
〔註2〕　（宋）范祖禹：《帝學》，卷3。
〔註3〕　（宋）范祖禹：《帝學》，卷3。

之外，多半雜在講官之文集中，查考不易。以宋代而言，曾經擔任經筵講官的飽學之士頗夥，然流傳下來爲皇帝講解經史知識的經筵講義卻不多，今存宋代經筵《尚書》講義，專著僅史浩《尚書講義》二十卷，卷秩龐大，內容完整。其次則多爲單篇講義，以程珌（1164～1242）、徐鹿卿二人最多。程珌現存有〈堯典〉、〈舜典〉、〈大禹謨〉、〈皋陶謨〉、〈益稷〉、〈甘誓〉各一篇。徐鹿卿留有〈論五子之歌〉（二篇）、〈論湯誓〉、〈論禹貢〉（五篇）、〈論甘誓〉、〈論仲虺之誥〉（二篇）、〈論伊訓〉（二篇）、〈論咸有一德〉等十餘篇。此外劉克莊的〈商書講義〉存有〈論盤庚〉中、下兩篇。另有陳文蔚（1154～1239）〈庚寅四月二十一日講義〉、楊時〈經筵講義——尚書（四則）〉、徐經孫（1192～1273）〈崇政殿經筵尚書講義九月初一進講（三則）〉、〈（九月十一日九月十三日九月十七日）進講（尚書三則）〉、范祖禹〈尚書講義箚子〉二篇、文彥博（1006～1097）〈進尚書孝經解〉、〈聖學——進尚書二典儀箚子〉、〈勤政——無逸圖奏〉等。以上經筵《尚書》講義皆已收入林慶彰教授主編之《中國歷代經書帝王學叢書·宋代編（一）》中，另有范純仁〈進尚書解〉、〈進節尚書論語表〉、〈尚書解〉、楊時〈書義序〉、徐元杰（1194～1245）〈乙巳正月二十四日進講日記（晚講〈洪範〉、〈中庸〉）〉、胡寅（1098～1156）〈無逸傳〉、姚勉（1216～1262）〈講義一（論尚書經文）〉、劉一止（1078～1161）〈立政講義〉、〈說命下講義〉、陸游（1125～1209）〈跋無逸講義〉等，爲《中國歷代經書帝王學叢書·宋代編（一）》所未收〔註 4〕。比較特別的是，由於許多經筵講義已佚，卻留有進呈講義之奏摺，可略窺該講義之內容要旨者，如范祖禹〈尚書講義箚子〉二篇、文彥博〈進尚書孝經解〉、〈聖學——進尚書二典儀箚子〉、〈勤政——無逸圖奏〉等，本文亦將其列入經筵講義分析之列。本章即以目前所得之《尚書》講義爲主，對於其內容概要、講題、內涵、特色，作進一步之分析。

〔註 4〕 細目說明詳見本論文附錄一〈宋代經筵《尚書》講義目錄〉。另，范純仁〈尚書解〉一文係范氏依神宗所命，撰作進呈，其時當神宗末哲宗初，隨後范氏即於哲宗朝任侍講、侍讀，並編有經筵講義以上呈（亡佚，見〈進節尚書論語表〉可知），則或有參酌前編之《尚書解》，亦未可知，本文嘗試以廣義角度看之，可略窺其講義要旨之一二。關於此問題，筆者嘗撰有〈范純仁及其《尚書解》考略〉（《第三屆國際《尚書》學學術研討會論文集》，北京市：線裝書局，2015 年 4 月）一文，可參看。

第一節　宋代經筵《尚書》講義內容述要

　　就筆者目前所掌握的宋代經筵《尚書》講義之文本〔註5〕，共計有 15 家，54 篇，除了史浩《尚書講義》一部，卷秩較為龐大、完整，另立專章（見第四章）分析以外，其餘 14 家，53 篇《尚書》講義之體例與內容大要，於本節進行簡要之論述，以作為後續研究之基礎。又，部分學者之《尚書》講義已佚，僅能從現存的相關奏章進行瞭解，因此也列入分析的範圍，以利於對《尚書》講義的全面瞭解。最後，則述及「有目無文」的篇目，以見書目所載之概況。

一、文彥博（1006～1097）

　　1.〈進尚書孝經解（劄子）〉

　　2.〈又進尚書二典義劄子〉

　　3.〈勤政（疏）——進無逸圖奏〉

　　案：文彥博之《尚書》講義已佚，從現存〈進無逸圖奏〉可知文氏欲仿唐朝宋璟（663～737）、仁宗朝講官王洙（997～1057）所寫之〈無逸圖〉，以為帝王之聖覽，故寫錄四軸並一卷上呈。

　　〈進尚書孝經解（劄子）〉記載文氏嘗於進講後，節錄《尚書》中十篇之大義進呈，以備皇帝重複溫習，此十篇講義未見，然每篇之〈序〉文皆發明該篇之大旨，附於〈劄子〉之中，其大義如下：〈堯典〉以「克明峻德，以親九族」、「平章百姓，協和萬邦」、「分命羲和，典掌四時」、「使民務農，利用厚生」、「允釐百工，庶績咸熙」為後世帝王祖述之本。〈舜典〉則強調「舜有大功二十」，有重華協帝之德。〈大禹謨〉則云禹、稷、皋陶共事舜帝，君臣同寅，咸有一德，斯皆上下交儆，以成聖功。〈皋陶〉則提出「在知人，在安民」、「知人則哲，能官人；安民則惠，黎民懷之」，指出帝王之道：一在知人用人，一在安民。〈益稷〉之重點則在禹戒舜之詞，所謂「元首明哉，股肱良哉，庶事康哉」，若「元首叢脞」「股肱惰哉」則「萬事墮哉」，可為帝王深戒。〈伊訓〉則強調人君當「從諫弗咈」，有臣如伊尹之愛其君，忠於國，人君當尊禮其人，信受其訓。於〈洪範〉則強調貌、言、視、聽、思五事，以為人

〔註5〕經筵講義文本詳見論文附錄一，本節所引講義文字，為免繁瑣，概以《全宋文》為主，不另出注。

君言動，則左右史書之為法，不可不慎。〈無逸〉則首重「自今嗣主，其無淫于觀于逸，于遊于田」。談〈立政〉篇，則云「有天下國家所切者，任人得賢則治，非賢則亂」，又再一次強調用人之重。〈周官〉篇則強調「制治於未亂，保邦於未危」，制度與用人乃周公輔成王之二法，成王稽古建官，為治之本，後之帝王，所宜詳慎。以上十篇，乃文彥博所進〈尚書解〉之大要。

〈又進尚書二典義箚子〉，此文乃文氏於經筵講學之後，另就〈堯典〉、〈舜典〉二篇，「採掇事義數條，兼以訓傳；或理有切近治體，亦愚短之議附之」。〈堯典〉要於述羲和四人，各居其方，以布四時之令。文氏曰：「使久於其職，官修其方，民變時雍，庶績咸治。帝乃命舜歷試諸難。」〔註6〕述〈舜典〉之要亦云：「舜既紹堯熙帝之載，以謂治天下者必先任人，人有善惡，必須審知。」〔註7〕又云：「古之任官，必在於久，久則有功，可以考其績效。故先朝之法，省、寺、監官，並以三年唯一任，循古之美法也，義當遵守。如其籍才，不次任用，則難拘常制。」〔註8〕與〈堯典〉所述，前後相應。

二、范純仁（1027～1101）

1.〈進尚書解〉

2.〈進節尚書論語表〉

3.〈尚書解〉

案：〈進節尚書論語表〉乃范純仁初講《尚書》之時，就《尚書》、《論語》、《孝經》中擷取要語共一百段進呈，其云：「臣今唯取明白切於治道者，庶便於省覽。」〔註9〕惜此一百段之內容為何，已無從得知。

〈進尚書解〉乃范氏進呈〈尚書解〉之奏章，原並附於〈尚書解〉之前，述〈尚書解〉乃奉皇帝旨意，取《尚書》中自古君臣相飭戒之言關於治道者，錄為三十章，每章之後有解釋，或用孔氏之義，或與孔氏不同，要取理當義通。

現存〈尚書解〉計有〈堯典〉、〈舜典〉、〈大禹謨〉、〈皋陶謨〉、〈益稷〉、〈五子之歌〉、〈仲虺之誥〉、〈湯誥〉、〈伊訓〉、〈太甲中〉、〈太甲下〉、〈咸有一德〉、〈說命上〉、〈說命中〉、〈說命下〉、〈洪範〉、〈旅獒〉、〈無逸〉、〈君陳〉、

〔註6〕《全宋文》，卷651，第30冊，頁299。
〔註7〕《全宋文》，卷651，第30冊，頁300。
〔註8〕《全宋文》，卷651，第30冊，頁301。
〔註9〕《全宋文》，卷1545，第71冊，頁122。

〈冏命〉等十九篇。依奏章所言當爲三十章，惟此處僅得十九章，足見部分已亡佚。講義中每篇節錄部分《尚書》原文，或一段、或數段不等，篇後以「臣某曰」述前文之要旨。如〈仲虺之誥〉講義錄《尚書》經文：「惟王不邇聲色，不殖貨利。德懋懋官，功懋懋賞。用人惟己，改過不吝。克寬克仁，彰信兆民。」其下則云：「臣某曰：『夫聲色、貨利，人皆好之，惟聖人爲能無欲。用人無己，則心一而無疑間，故動有成功。夫以成湯之德，不以無過爲美，而以改過爲美；不以法令服民，而以寬仁彰信於民。則聖王所行，與夫申、韓雜家之說異矣。』」〔註10〕此處提出「聖人無欲」與「心一而無間」，已明顯帶有理學說經之色彩。其二提出聖人之德，不以「無過」爲善，過則勿憚改方是孔門修爲之道。其三，儒家治民不靠法令，與法家、雜家之說不同。又如〈伊訓〉講義錄《尚書》經文：「先王肇修人紀，從諫弗咈，先民時若。居上克明，爲下克忠，與人不求備，檢身若不及，以至于有萬邦，茲惟艱哉！敷求哲人，俾輔于爾後嗣。」其下則云：「臣某曰：『夫從諫弗咈，而古人是若，則君道明矣。與人不求備，則能任人之長；檢身若不及，則喜聞己之短。任人之長，則人盡其才；聞己之短，則己將無過。夫爲人上，使己無過，而人盡其才，天下安有不治。』」〔註11〕此處提出君主若能任人之長，聞己之短，則人盡其才，己身無過，天下安有不治哉！

三、范祖禹（1041～1098）

1. 〈乞留無逸孝經圖箚子〉
2. 〈進經書要言箚子〉（《尚書》、《孝經》、《論語》）
3. 〈進尚書說命講義箚子〉
4. 〈進無逸講義箚子二月八日〉
5. 〈進無逸講義箚子十月二十八日〉

案：祖禹之《尚書》講義今不存，據其上奏箚子〈乞留無逸孝經圖箚子〉、〈進無逸講義箚子二月八日〉與〈進無逸講義箚子十月二十八日〉三則，僅得范祖禹嘗進講〈無逸〉篇，並於講畢後編成〈無逸〉講義一冊進呈，並乞依仁宗朝舊制，置〈無逸圖〉於邇英閣，與〈孝經圖〉、〈書序圖〉三圖並列，以彰皇帝欽明稽古，仰尊先烈之意。

〔註10〕　《全宋文》，卷 1554，第 71 冊，頁 289。
〔註11〕　《全宋文》，卷 1554，第 71 冊，頁 290。

　　〈進經書要言箚子〉，據范氏箚子所言，乃其邇英閣進講後，「節略《尚書》、《孝經》、《論語》切要之語、訓誡之言，得二百一十九事，以備宸嚴。」〔註12〕並望皇帝仿舜、禹之戒，湯、武之銘，藉習筆札之便，書之以置座右，動有箴規，所以正心修身，自彊於德。

　　〈進尚書說命講義箚子〉，據范氏箚子所言，乃進講《尚書·說命》後所編成，為《說命講義》三冊進呈。范氏自云：「竊以為君治天下，欽天稽古，修身務學，任賢立政，至言要道，備在此書，誠能法之，可為堯舜。昔（宋）太宗皇帝嘗曰：『《尚書》主言治世之道，〈說命〉最備。』」〔註13〕惜上述范祖禹之《尚書》講義俱皆不存。

四、楊時（1053～1135）

1.〈經筵講義——尚書（四則）〉
2.〈尚書經筵講義（四則）〉
3.〈書義序〉

　　案：〈經筵講義——尚書（四則）〉與〈尚書經筵講義（四則）〉實同，乃《欽定四庫全書·龜山集》與《全宋文》標目之不同。全篇講義共分四節，分別為：〈吉人為善節〉、〈播棄犁老節〉、〈惟天惠民節〉、〈惟受罪浮於桀節〉。除首節出於〈咸有一德〉，餘出自〈太誓中〉。楊氏於每節標題下，不分經文與講官之說為二，逐載該節所講之大義，如〈吉人為善節〉下即云：「『德惟一，動罔不吉；德二三，動罔不凶。』所謂吉人者，以其德惟一也；所謂凶人者，以其德二三也。蓋誠則一，不誠則矯揉妄作，故二三，此吉凶所由分也。舜雞鳴而起，禹思日孜孜，寸陰是惜，為善惟日不足也。」其後又云：「夫世之亂亡之君，非盡無欲善之心，而天下卒至於不治者，以其見善不明，而所謂善者，未必善故也。」〔註14〕最後歸結到「古之欲明明德於天下者，必先於致知，致知所以明善也。欲致其知，非學不能，故傅說告其君曰『念終始典於學』以此」。〔註15〕〈播棄犁老節〉主述犁老宜親，罪人宜遠之義。〈惟天惠民節〉主述元后繼天而為之子，當承天之志而生養萬民，否則即是自絕

〔註12〕　《全宋文》，卷2129，第98冊，頁54。
〔註13〕　《全宋文》，卷2129，第98冊，頁59。
〔註14〕　《全宋文》，卷2686，第124冊，頁277。
〔註15〕　《全宋文》，卷2686，第124冊，頁277。

於天。〈惟受罪浮於桀紂〉之要義則在於：「人君昵比小人，則讒諛日進，而法家拂士，眾所共嫉也，分而爲用。則其禍必至於相滅。願治之君，可不戒之哉！」〔註16〕

〈書義序〉則旨在述《尚書》五十八篇之要義，總歸之於「中」。楊時云：「今其存者五十有九篇，予一言以蔽之，曰：中而已矣。……夫所謂中者，豈執一之謂哉，所貴乎時中也。時中者，當其可之謂也。堯授舜，舜授禹，受而不爲泰；湯放桀，武王伐紂，取而不爲貪。以至爲臣而放其君，非簒也，爲弟而誅其兄，非逆也。《書》之所載大倫大要不越是數者，以其事觀之，豈不異哉？聖人安爲之而不疑者，蓋當其可也。」〔註17〕楊時爲二程之弟子，北宋洛學大家，其以「時中」說《尚書》，蓋亦得理學入《尚書》之開端，爲宋人解《尚書》之特色。

五、劉一止（1078～1161）

1.〈立政講義〉

2.〈說命下講義〉

案：〈立政講義〉乃就〈立政〉全篇發揮大義，未分經文與說解。全篇緊扣官人之道而言，所謂「政之所由立也無他道焉，得人而已」〔註18〕，得人之道，「審擇而已。審擇之要，必自近始。王左右之臣，其近者也」〔註19〕。故「常伯、常任、準人、綴衣、虎賁」，「是五者，宜王之所由審擇」〔註20〕。而國之「強弱也，治亂也，興亡也，其因則人，而其成則天，得天在乎得民，得民在乎得賢」〔註21〕。劉氏將國家之興亡盛衰繫乎賢才之得，故云：「三代之政，皆以得人爲本。」〔註22〕其後又戒之以「克用常人」然後內足以相國家而成文武之業，外足以詰戎兵而陟夏禹之迹也。所謂「常人」，劉氏云：「〈都人士〉謂有常以齊其民。〈常武〉言有常以立武事。《語》（《論語》）曰：『人而無恆，不可以作巫醫。』〈緇衣〉曰：『人而無常，不可以爲卜筮。』……

〔註16〕　《全宋文》，卷2686，第124冊，頁279。
〔註17〕　《全宋文》，卷2684，第124冊，頁250。
〔註18〕　《全宋文》，卷3276，第152冊，頁217。
〔註19〕　《全宋文》，卷3276，第152冊，頁217。
〔註20〕　《全宋文》，卷3276，第152冊，頁217。
〔註21〕　《全宋文》，卷3276，第152冊，頁218。
〔註22〕　《全宋文》，卷3276，第152冊，頁218。

曰吉人，曰常人，其揆一也。……〈皋陶謨〉曰：『彰厥有常，吉哉。』則知吉士未始不有常德，而常德所以爲吉士焉耳。」〔註23〕最後以「其勿以憸人」、「時則勿有間之」，言憸人不容有也，做爲全篇之結，劉氏云：「蓋君子小人並立於朝廷之上，而小人以其類至矣。此無他，君子之道剛，小人之道柔，君子未嘗謀小人，小人必謀君子也。……此所以不容有也。」〔註24〕

〈說命下講義〉則申述傳說爲高宗論學之事。劉一止言傳說爲高宗論學之序有四：其一、高宗以師道命傳說自說，其二、傳說以學告高宗，其三、高宗之說所以教而更命之，其四、傳說知高宗所以命而終成之。並言高宗「其所以有望於傳說者，蓋困而知學焉。」〔註25〕劉氏論本篇之要旨，主要有：一、學之道莫先於求多聞，求多聞所以學古也。不通於古則處經事而不得其正，歷變事而不知其權。二、事不可以不師古；苟師古，不可以不務學；苟務學，不可以不隆師。古之賢君所以能大過人者，無踰此三言者矣。三、由得師以務學，由務學以師古，以至於建立無愧乎先王，此高宗之所以爲賢君者也。

六、胡寅（1098〜1156）

〈無逸傳〉

案：胡寅〈無逸傳〉講義之體例，蓋就〈無逸傳〉全篇，採分段訓釋之方式，將全篇分爲二十二段，每段經文之下以「臣聞」、「臣謂」就該段經文進行字詞訓釋與大義之闡述，字詞之訓釋以簡要明白爲主，如〈無逸〉云：「周公曰：『嗚呼，君子所其無逸。』」胡寅於其下曰：「臣謂：嗚呼者，嘆美之言也。君子者，聖賢之通稱也。禹、湯、文、武、成王、周公，皆謹於禮，孔子稱之曰『此六君子者』，則聖人亦可謂之君子也。南宮适尙德而不尙力，孔子稱之曰『君子哉若人』，則賢人亦可謂之君子也。所者，猶居處也。居子之安處其身者，惟無逸乎！」〔註26〕在字詞訓釋上，頗得淺易明白之效。又如〈無逸〉「相小人，厥父母勤勞稼穡，厥子乃不知稼穡之艱難，乃逸，乃諺。既誕，否則侮厥父母曰：『昔之人無聞知。』」一段，胡寅云：「臣聞：相，視也。小人之家，其父母竭力劬身以事稼穡，既致溫厚，其子享已成之產，謂固然也。華衣美食，輕費妄用，一無所愛，豈知父母積累之勤哉，唯逸而已

〔註23〕《全宋文》，卷3276，第152冊，頁219。
〔註24〕《全宋文》，卷3276，第152冊，頁219。
〔註25〕《全宋文》，卷3276，第152冊，頁220。
〔註26〕《全宋文》，卷4177，第190冊，頁2。

矣。其甚者，則又戲謔誕言，以侮慢其父母，曰：『古老之人窮寠寒陋，何所聞知乎？』」〔註27〕皆可見胡寅訓釋之簡要也。

又胡寅解〈無逸〉之另一特色，即是善於「援例以喻」，時帶有「感應」之色彩。全篇二十二段，幾乎段段釋義皆引例爲證。如「我聞曰：昔在殷王中宗，嚴恭寅畏，天命自度，治民祗懼，不敢荒寧。肆中宗之享國七十有五年」一段，胡氏於其下引證言：

> 魯隱公八年三月，大雨震電。庚辰，大雨雪。隱公不戒而兆鍾巫之難。晉惠公時，沙鹿崩，惠公不戒而有韓原之獲。魯成公十六年，雨木冰，成公不戒而有苕丘之執。此孔子之明訓也。……古人應天以實、不以文之說明矣。以實者誠心畏懼，改過從善也。以文者徒以言語，而心不存焉。心不存則其氣不專，故無感應之驗。誠心畏懼，則其氣與天地合，與神明通，未有不應者也。孝慈皇帝始生之年，日蝕四月旦；寧德皇后始立之月，月有食之既，其禍爲如何？崇寧二年彗星出，其長竟天；宣和元年，一日無故大水至京城，皆大變異，不聞消弭之方，其禍爲如何？靖康元年八月，有星孛于東北，芒怒赫然，其行甚速，見者震懼。猶耿南仲以爲敵國將滅之象，使孝慈不戒，其禍爲如何？天不可誣也。〔註28〕

胡氏全篇以此種方式解經之例甚夥，皆縱橫古今之例以論，或援古以例今，或說今以應古，詞達理暢，兼帶有漢儒陰陽災異之色彩，可謂胡氏〈無逸傳〉講義之特色。

七、史浩（1106～1194）

《尚書講義》二十卷

略，見第四章。

八、陸游（1125～1209）

〈跋無逸講義〉

案：此爲陸放翁於哲宗元祐五年二月壬寅，於邇英閣進講〈無逸〉篇畢，詔詳錄所講以進之〈跋〉文。原〈無逸〉講義已佚。

〔註27〕《全宋文》，卷4177，第190冊，頁3～4。
〔註28〕《全宋文》，卷4177，第190冊，頁5～6。

九、陳文蔚（1154～1239）

〈庚寅四月二十一日講義〉

案：〈庚寅四月二十一日講義〉乃陳文蔚進講〈說命下〉之講義。全篇主要論述《商書・說命下》「惟學，遜志務時敏，厥修乃來。允懷於茲，道積於厥躬。惟斅學半，念終始典於學，厥德修罔覺」一段。其體例以簡明論述經文大義為主，如篇首引經文「惟學，遜志務時敏……厥德修罔覺」之後，即云：「大抵為學必先遜志，遜志則卑謙以求益，降心以玩理，既無自高之志，且無自足之心，一或反是，則不肯下氣以資益於人，亦將輕視道理，而不肯潛玩細索，深入其中，所見率膚淺矣。……遜志必濟之以時敏。二者相須，若首尾然，不可缺一。」〔註29〕以淺近之說明，陳述遜志與時敏二者，必須相濟相成，兼此二者，「厥修乃來」。

其次，在解說文字上，亦是簡要淺近，文從字順，陳氏云：「允懷於茲：允，信也；懷，常在念也；茲，指遜敏二者而言。信能念此二者，則道積於厥躬。……惟斅學半：斅者，教也；學者，非特成己，又將成物。為學之時，讀書窮理，探微索隱，固有所得，教人之日，因其問難辨析，磨礱切磋，有溫故知新之益，又有所得。雖是教人，亦半是學，所謂『教學相長』者是也。」〔註30〕此種解說經典之方式，不牽引資料以為說，與一般注經方式不同，可說是經筵講義解經的特色之一。

十、程珌（1164～1242）

1. 〈尚書序講義〉
2. 〈堯典講義〉
3. 〈舜典講義〉
4. 〈大禹謨講義〉
5. 〈皋陶謨講義〉
6. 〈益稷講義〉
7. 〈禹貢講義〉
8. 〈甘誓講義〉

〔註29〕《全宋文》，卷6607，第290冊，頁380。
〔註30〕《全宋文》，卷6607，第290冊，頁380。

　　案：程珌《尚書》講義，計有〈尚書序〉、〈堯典〉、〈舜典〉、〈大禹謨〉、〈皋陶謨〉、〈益稷〉、〈禹貢〉、〈甘誓〉等八篇，皆集中在〈虞夏書〉。全篇之體例不分經文與解說，概以陳大義之方式爲之，於篇首後，逐陳述該編之大旨，並加以歸類，除《尚書》之其他篇章之外，間或有引他書如《孟子》、《帝系》、《易·繫辭》、《東坡書傳》、《爾雅》、《國語》之言以爲證者。如〈尚書序講義〉首述《尚書》今古文流傳之大要，至唐孔穎達《尚書正義》而止，並歸結到《尚書》之要乃爲「致君濟民」之用，其餘不足觀也。程氏云：「學者誠能知天道人治立於帝堯，故聖人以〈堯典〉爲始；悔過用賢，治道根本，故聖人以〈秦誓〉爲終。以其大綱大領者，推爲致君濟民之用，則古文訓詁傳授如區區前所陳者，皆筌蹄芻狗也。觀《書》者必有考於斯。」〔註31〕可知程氏講義必以論述《尚書》之大綱大領，「推爲致君濟民之用」爲主，章句釋義，非其所重者。

　　如〈堯典講義〉，程氏將〈堯典〉一篇之要點析爲六大綱目：

> 次一曰「放勳，欽、明、文、思、安安，允恭克讓，光被四表」，此堯所以開萬世進德之法也。次二曰「親睦九族」、「平章百姓」、「協和萬邦」，此堯所以開萬世、立人治之端也。次三曰「乃命羲和，欽若昊天」，分命仲叔，使司四時，此堯所以開萬世、明天道之本也。次四曰「疇咨若時登庸」、「疇咨若予采」、「咨！四岳，湯湯洪水方割」、「有能俾乂」，此堯所以開萬世用賢之法也。次五曰「咨！四岳。朕在位七十載，汝能庸命，巽朕位」，……此堯所以開萬世揖遜之法也。次六曰「釐降二女于嬀汭，嬪于虞」，此堯所以開萬世王姬下嫁之法也。〔註32〕

程氏將堯之紀綱三才、恢張萬化、立人治、明天道，以爲天下後世法程之要，析爲六目，誠與其〈尚書序講義〉所陳「章句釋義，非其所重者」相符。程氏自云：「學者窮經，要須先觀一篇終始大概，則篇中章句自可迎刃而解。此愚所以略其章句而首敘一篇之大旨也。」所言甚是。

十一、劉克莊（1187～1269）

　　1.〈商書講義（盤庚中）〉

　　2.〈商書講義（盤庚下）〉

〔註31〕《全宋文》，卷6789，第298冊，頁53。
〔註32〕《全宋文》，卷6789，第298冊，頁53～54。

案：劉克莊的〈商書講義〉，蔣秋華先生曾撰有〈劉克莊〈商書講義〉析論〉〔註33〕一文。據蔣先生所考，現存〈商書講義〉有〈盤庚中〉、〈盤庚下〉二篇，〈盤庚中〉為劉克莊首次擔任經筵講官進講的篇章，〈盤庚下〉講義應該是他預先寫好，來不及為理宗進講，便已遭到御史章琰的彈劾而去職離京。至於〈盤庚〉上篇，則推論劉氏應撰有該篇，只是今日失傳。〔註34〕

〈商書講義〉之體例採「先引經文，後解說」的方式，於摘引經文片段之後，施以簡要的文字訓釋，部分地方則以「臣按」、「臣謂」、「臣以為」、「臣聞」進一步展開較為深入的闡釋。如經文「古我前后，罔不惟民之承。保后胥戚，鮮以不浮于天時」一段，劉氏釋曰：「承，順也，言我先王順從民欲，民亦保我先王而與之同其休戚。浮，行也，言君既恤民之憂，民亦行君之令，君與民皆行天時。」〔註35〕在文字的訓釋與經義闡發上，皆十分簡明扼要。

劉克莊在進行講說時，會援引一些宋朝前人的說法，如解說「乃話民之弗率，誕告用亶其有眾」一段時，劉克莊云：「話，善言也。蘇氏曰：『民之弗率，不以政令齊之，而以話言曉之，仁也。』亶，誠也，以誠意大告于眾。」〔註36〕此處所謂蘇氏曰，蓋引蘇軾《東坡書傳》之說法，《東坡書傳》曰：「民之弗率，不以政令齊之，而以話言曉之，此盤庚之仁也。」〔註37〕蔣秋華先生云：「蘇氏的解說，劉克莊共援引三處，……幾乎是完全抄錄其文，而且毫無非議。」〔註38〕蔣先生並云：「宋代學者之作，為劉克莊引用的，除蘇軾之外，還有呂祖謙。……此處節引呂祖謙的《書說》，也是採用其說以助釋義……引用《尚書正義》和呂氏《書說》兩家不同的說法，比較之後，他採信呂說。……劉克莊〈商書講義〉兩次引用呂祖謙的注解，與參用蘇軾相同，都是贊同他們的說法。」〔註39〕

此外，劉克莊〈商書講義〉中，也頗多利用宋朝事蹟來闡發經義之處，如解釋〈盤庚中〉經文「予念我先神后之勞爾先」至「迪高后，丕乃崇降勿祥」等數段，並總結之曰：

〔註33〕 見蔣秋華：〈劉克莊〈商書講義〉析論〉，《嘉大中文學報》第 2 期（2009 年 9 月），頁 97～120。

〔註34〕 蔣秋華：〈劉克莊〈商書講義〉析論〉，頁 100～101。

〔註35〕 《全宋文》，卷 7592，第 330 冊，頁 111。

〔註36〕 《全宋文》，卷 7592，第 330 冊，頁 110。

〔註37〕 蘇軾《書傳》（《文淵閣四庫全書（電子版）》，卷 8。

〔註38〕 蔣秋華：〈劉克莊〈商書講義〉析論〉，頁 105。

〔註39〕 蔣秋華：〈劉克莊〈商書講義〉析論〉，頁 105～107。

臣按：……《正義》曰：「……欲其從君順祖，陳忠孝之義以督勵之。」
其說甚正。臣深味此章，竊以爲物本天，人本祖，君民之分雖異，
其情一也。遷國大事，念昔先王與汝先人經營創造之難，今我與汝
跋履道路之勤，大而生生之業，微而貝玉之類，悉爲區畫。通君民
爲一家，合上下爲一心，想聞其語者，油然動其烝烝悽愴之心，洋
洋乎如在其上，如在其左右矣。我仁宗嘗語王素曰：「朕眞宗子，卿
王旦子。」深得此意。〔註40〕

蔣秋華先生對此段分析云：「劉克莊……謂人與物皆有所本，盤庚對大臣說明
其盡心規劃遷國之事，無論大事小事，均已顧及。又舉出先王與大臣之先祖，
曾辛苦經營創造殷邦，試圖打動臣民之心。此處除詳析經文之外，劉克莊又
引仁宗對王素之言以爲譬喻。……仁宗爲眞宗子，王素爲王旦子，王旦、王
素父子分別仕於眞宗、仁宗父子之朝，且而且都受到重用，所以仁宗謂『有
世契』。劉克莊引用此一故事，謂先王與先大臣之關係，如同王旦與眞宗朝之
相處；而盤庚與大臣之關係，則如仁宗與王素。他巧妙的借用本朝事例，以
詮釋〈盤庚〉經文，取闢適當，可使理宗易於瞭解。」〔註41〕所論極是。

十二、徐元杰（1194～1245）

〈乙巳正月二十四日進講日記（晚講〈洪範〉、〈中庸〉）〉
　　案：本篇爲徐元杰僅存之進講《尚書》之記錄，時間在宋理宗淳祐五年
正月二十四日，依日記所載，可知已有「晚講」之制度，又依日記推論，當
時晚講之篇章應爲《尚書·洪範》。全篇之要旨在於「修己任人」，徐元杰云：
「今日先務，只是修己任人是第一事，不可苟也。」〔註42〕當日晚講後，皇
帝嘗以人事之除授，詢問徐元杰之意見，徐元杰以〈洪範〉七稽疑之說回覆
皇帝所詢，其曰：

合人望者固多，然亦間有不滿人意者。臣以時考之，便覺天象陰晦。
臣願陛下繼今以往，須以天之心爲心，只是至公無私，不可信左右
之言。……蓋自〈洪範〉觀之，七稽疑一疇，先謀之於心而後考之
卜筮，參之卿士，又必合庶民之從而後謂之大同。此今日所當深察

〔註40〕　《全宋文》，卷7592，第330冊，頁114～115。
〔註41〕　蔣秋華：〈劉克莊〈商書講義〉析論〉，頁113。
〔註42〕　《全宋文》，卷7757，第336冊，頁327。

者。蓋聖化方新，每事不可不副人望，才拂人望，便拂天心。臣每
奏丙丁陽九之會近在目前，此君臣上下極力交修人事以應天戒，庶
幾銷變於無形。〔註43〕

此處可見徐元杰以〈洪範〉稽疑之說，為理宗論述任人之要，必謀之於心、
參之卿士、合庶民之從，如不孚人望，即違天心，不可不慎。

其次，徐氏並明引《中庸》之說來進一步闡釋「修己」之要義，其云：

臣有十二字為陛下獻。奏云：「咨訪廣，識認真，發用審，把握定。……
此即《中庸》博學、審問、慎思、明辨、篤行之大意。……自今須
廣咨訪，每事要識認真，隨所發用，不可不審。庶無悔吝，不招外
侮。然又要常體至公無私之道，把握教定。」〔註44〕

可見得徐元杰以《中庸》說《尚書》，將兩者合而為一，以《中庸》修己之道，
作為〈洪範〉稽疑之基礎，總歸為「修己以任人」之要義。

十三、徐鹿卿（1189～1250）

1. 〈八月戊寅進講尚書讀九朝通略通鑑綱目〉
2. 〈十二月戊辰進講——論五子之歌〉
3. 〈癸未進講——論湯誓〉
4. 〈己未進講——論禹貢雍州一段〉
5. 〈冬十月壬戌進講——論禹貢導山四條〉
6. 〈乙丑進講——論禹貢導水九條〉
7. 〈乙酉進講——論禹貢九州攸同〉
8. 〈十一月乙未進講——講禹貢錫土姓至告厥成功〉
9. 〈癸卯進講——論甘誓〉
10. 〈戊申進講——論五子之歌〉
11. 〈甲寅進講——論仲虺之誥〉
12. 〈甲子進講——論仲虺後段〉
13. 〈戊辰進講——論伊訓前段〉
14. 〈癸未進講——論伊訓後段〉
15. 〈戊寅進講——論咸有一德前段〉

〔註43〕《全宋文》，卷7757，第336冊，頁326～327。
〔註44〕《全宋文》，卷7757，第336冊，頁327。

16. 〈辛酉進講〉

17. 〈癸巳進講〉

　　案：徐鹿卿現存經筵《尚書》講義共十七篇，主要分布在〈五子之歌〉、〈湯誓〉、〈禹貢〉、〈甘誓〉、〈仲虺之誥〉、〈伊訓〉、〈咸有一德〉等篇章。陳恆嵩先生曾撰有〈徐鹿卿及其《尚書》講義研究〉〔註45〕一文加以分析。講義體例不分經文與說解，於進講篇題下載所論之章節片段，然後以「臣聞」、「臣觀」、「臣按」、「臣謹按」等，陳述該篇經文之大義，部分篇章則附載進講後向皇帝所上奏的內容，頗似「經筵留身」所上奏，而所奏或再次以史為例，反覆陳義，或與時局、時事有關。如〈戊辰進講——論伊訓前段〉篇後即載：

> 講畢，奏云：「善始固難，克終尤難。《詩》云：『靡不有初，鮮克有終。』如漢武帝、唐玄宗、晉武帝之流，初年非不可觀，一念之差，貽害天下，貽笑千古。惟本朝仁宗、高宗、孝宗在位最久，終始一心，度越前代。陛下春秋鼎盛，加之世道艱屯，丙午、丁未，人多疑為厄運。臣願陛下日新又新，日謹一日，上畏天命，下畏民碞，則治平之懿，當與三聖齊休而儷美矣。」〔註46〕

此處徐鹿卿於進講後上奏，引《詩》與漢武帝、唐玄宗、晉武帝之故事與宋朝仁宗、高宗、孝宗對舉，並以丙午、丁未當時所發生之事為例，希望理宗莫以世道艱困而喪志，當日新又新，善始克終，與三聖齊休而儷美。

　　其次，徐鹿卿在經筵講讀時，常將全篇主旨重心，用最精簡的文字抉發表彰，以便於皇帝清楚掌握全篇要義所在。如〈十二月戊辰進講——論五子之歌〉云：

> 臣觀此歌五章文義首尾相續，一章、二章雖止於詠述皇祖之訓，而太康之失不可掩矣。三章、四章若曰累朝都邑之盛如此，前人典章治具之懿如此，今以不守先訓之故，皆不能保，是誰之罪歟？五章則敘其顛沛無依之狀，若其過在己而無所自容者，一何溫厚感惻之深耶？因是論之，三聖相承，先後一意，曰「可畏非民」，曰「非眾罔與守邦」，曰「四海困窮，天祿永終」，而「欽哉」一語，乃其傳

〔註45〕 陳恆嵩：〈徐鹿卿及其《尚書》講義研究〉，《嘉大中文學報》第 2 期（2009 年 9 月），頁 33～54。

〔註46〕 《全宋文》，卷 7673，第 333 冊，頁 227。

> 心之密旨，禹之所以訓子孫，即堯之所以告舜，舜之所以告禹者。
> 〔註 47〕

徐鹿卿在簡要說明闡述〈五子之歌〉五章歌辭的大義之後，即摘出「可畏非民」、「非眾罔與守邦」、「四海困窮，天祿永終」三句之意蘊，爲堯、舜、禹三聖相承一意，而以「欽哉」一語爲三聖傳心之密旨。君王若能時時刻刻心存「敬心」，則「治亂之端，於是分焉」。〔註 48〕再如〈甲子進講——論仲虺後段〉云：

> 臣觀此篇前五節，皆釋湯自慊之心，後三節皆勉湯當爲之事。蓋人主一心，萬事之根本也，此心如明鏡、如止水，則虛靈澄湛，軒豁恢廣，以之運量酬酢，無事不可爲。一有繫累，則芥蒂凝滯，如鏡之塵，如水之波，安能有所立哉？……至於一篇之要旨則全在德日新之一辭。蓋是德運而不息，則其用而不窮。……盤銘曰：「德日新，日日新，又日新。」此湯因所得於虺而推廣之也。能自得師者王，諒哉！後之明主，其可不以湯爲師？〔註 49〕

徐鹿卿將全篇分爲前五節與後三節，前五節乃「釋湯自慊之心」，後五節爲「勉湯當爲之事」，以最簡要的文字對全篇加以概括，並以爲「人主一心，乃萬事之根本」，此心當如明鏡，如止水，以之運量酬酢，則無事不可爲，「至於一篇之要旨，則全在德日新之一辭」。善於摘錄經文要義、歸納重點，乃徐鹿卿經筵《尚書》講義的一大特點。

十四、徐經孫（1192～1273）

1.〈崇政殿經筵尚書講義九月初一進講（三則）〉
2.〈九月初十日進講〉
3.〈九月十一日進講（二則）〉
4.〈九月十三日進講〉
5.〈九月十九日進講〉

案：徐經孫現存經筵《尚書》講義，計有五篇，分別是九月初一至九月十九所進講的內容，而章節皆分布在〈堯典〉一篇之中。講義之體例，採經

〔註47〕《全宋文》，卷7673，第333冊，頁216。
〔註48〕陳恆嵩：〈徐鹿卿及其《尚書》講義研究〉，頁46～47。
〔註49〕《全宋文》，卷7673，第333冊，頁226。

文、解說分開之方式，先引《尚書》經文一段，其下再進行解說，而解說之要點則在於經文大義之論述發揮，極少一般字詞的訓釋。今綜其內容大義之要旨爲以下數端：

一、堯之總命羲和，有以見合天人爲一致，必以「欽」、「敬」之意行之，以「心法」爲「治法」，帝王勿以步占之常而忘帝堯欽敬之意。

二、帝王之治，莫大於得人；帝王之德，莫大於知人。如堯之知人，方能得人。惟官人之能，則何憂乎驩兜？何畏乎巧言令色孔壬。

三、以堯之清明，一咨登庸而得朱，再咨予采而得共工，三咨治水而得鯀，九德咸事，群龍並用之時，豈應有此？自後世言之，掩覆之可也，而史氏錄爲古法，孔子定之以爲篇首者，蓋所以見天下未嘗無小人，小人未嘗無朋比，而皆不足以累帝堯知人之明，則堯之盡君道者，又可見於此矣。

四、〈堯典〉一篇，始敘堯治，終述舜禪，而其於修身治國平天下之序，爲此一說。《大學》言治國平天下，必以修身齊家爲首。《孟子》推天下國家之本，亦以在家在身言之。堯平時用功之序如此，故於舜之孝欽兩盡而知其身之修，於舜之克諧釐降而知其家之齊，於是而授以天下，可不謂天下得人乎？

十五、姚勉（1216～1262）

〈講義一（論《尚書》經文）〉

案：姚勉〈講義一〉，篇題小注云：「東宮侍講及沂邸教授時。」〔註50〕蓋度宗爲太子東宮時，姚勉爲侍講所撰之講義。查講義之內容，是也，今亦錄於此。〈講義〉雖僅一篇，但內容則涵蓋〈堯典〉、〈舜典〉、〈大禹謨〉三篇，亦略述及〈書序〉有而已亡逸之三篇：〈汨作〉、〈九共〉（九篇）、〈藁飫〉，云：「蓋逸書名，書既不存，義不可強通。」〔註51〕

全篇體例與其他《尚書》講義相較，略有不同，基本上仍採經文與解說分開處理的方式，所不同者，於〈舜典〉篇首之處有序文一段，就全篇之要旨加以總陳：「此以下載舜之事也。帝以年老，欲遜位於四岳，四岳不可，則使之明明揚側陋。迨夫眾與帝言以舜爲可，帝亦謂以聞此人，但又不自足，

〔註50〕《全宋文》，卷8136，第352冊，頁24。
〔註51〕《全宋文》，卷8136，第352冊，頁33。

而詢之四岳，四岳舉其盡難能之孝者以告之。……而帝猶以爲未也，則以二女女之。……知其可以受天下，而以天下受之矣。」〔註52〕其次，除每段經文後所發揮之大義外，於經文之中每以小注雜之，頗似一般經注訓釋之體，蓋此乃因爲太子侍講所需，較皇帝侍講有所不同也，然注解亦頗爲簡明，如〈堯典〉之一段，姚勉云：

> 帝曰：「疇誰也。咨若順也。時登庸？用也。」放齊曰：「胤嗣也。子朱丹朱也。啓開也。明。」帝曰：「吁！嘆辭。囂多言也。訟，好爭也。可乎？」

> 堯欲求賢，加之上位。放齊小人，乃謂嗣子丹朱爲開明，以應其求。帝則嘆其囂訟，而不以爲可也。丹朱非蠢然無知者，但以其聰明用於囂訟耳。丹朱，堯之子也。人莫知其子之惡，堯則知其不肖而不私之，此聖心之大公也。〔註53〕

姚勉〈講義〉之撰述方式，大抵類此。其三，姚勉於〈堯典〉「乃若羲和，欽若昊天曆象日月星辰」以下，於日月星辰之運行，釋之頗詳，此或爲與皇帝《尚書》講義之撰述方向不同之一例。其云：

> 天之日月，即時之日月也。周天三百六十五度四分度之一，日行一日，遲天一度，而歲一周天。月行一日，遲天十三度十九分，日之七而月一周天。星，二十八宿也，東方角、亢、氐、房、心、尾、箕，北方斗、牛、女、虛、危、室、壁，西方奎、婁、胃、昴、畢、觜、參，南方井、鬼、柳、星、張、翼、軫。四時迭見。辰，十二辰也，子爲玄枵，丑爲星紀，寅爲析木，卯爲大火，辰爲壽星，巳爲鶉尾，午爲鶉火，未爲鶉首，申爲實沈，酉爲大梁，戌爲降婁，亥爲娵訾。日月一月會于一辰，星辰皆一歲而徧。天時者，天道之自然也，天時既定，然後敬授之民，使因天時以修人事。〔註54〕

又如：

> 「日中星鳥」者，二月之時，日夜平分適中，而星則南方朱鳥七宿之中星曰星者，見于南也。方歲之春，二十八宿皆安四方之定位，故南方七宿見于南。曰中星者，以星火、星虛、星昴推之。聖人南面，故驗星於南。「日永

〔註52〕《全宋文》，卷8136，第352冊，頁28～29。
〔註53〕《全宋文》，卷8136，第352冊，頁27。
〔註54〕《全宋文》，卷8136，第352冊，頁25。

星火」者，五月之時，日去北極近而晷長，星則東方蒼龍七宿之中星曰房者，見於南也。天左旋，故東方七宿次南方七宿而見。「宵中星虛」者，八月之時，亦日夜平分，星則北方玄武七宿之中星曰虛者，見於南也。春屬陽，故言日中。秋屬陰，故言宵中。其實則一。「日短星昴」，十一月之時，日去北極遠而晷短，而星則西方白虎七宿之中星曰昴者，見于南也。四時舉仲以推孟季，列宿舉中以驗餘星，此固史官之紀述有法，亦見盛帝之世，每事皆用中道也。〔註55〕

觀此講說的內容與方式，頗似初學者經注之體，可見於東宮講讀與繼位為帝之後，則其講說之內容與方式，確實有所不同。雖有相合之處，然所重或有不同也。

有目無文

一、（宋）王雱（1044～1076）

《新經書義》十三卷

案：《宋史‧藝文志》載王安石《新經書義》十三卷，蓋以《新經書義》為安石所撰，而據《郡齋讀書志‧卷一‧書類》：「《新經尚書義》十三卷，右皇朝王雱撰，雱，安石之子也，熙寧六年，命呂惠卿兼修撰國子監經義，王雱兼同修撰，王安石提舉，而雱董是經，頒於學官，用以取士，或少違異，輒不中程，由是獨行於世者六十年。」〔註56〕又《直齋書錄解題‧卷二‧書類》：「《書義》十三卷，侍講臨川王雱元澤撰。其父安石序之曰：『熙寧三年，臣安石以尚書入侍，遂與政。而子雱實嗣講事，有旨為之說以進。八年，下其說太學頒焉。』雱蓋述其父之學，王氏《三經義》，此其一也。初，熙寧六年，命知制誥呂惠卿充修撰經義，以安石提舉修定。又以安石子雱、惠卿弟升卿為修撰官。八年，安石復入相，新傳乃成，雱蓋主是經者也。王氏學獨行於世者六十年，科舉之士熟於此乃合程度。」〔註57〕知安石所撰《新經書義》當即為《三經新義‧尚書義》之一，乃其子雱任侍講時述其父之學所撰而成，而雱之原本已不存。

〔註55〕《全宋文》卷8136，第352冊，頁25～26。
〔註56〕（宋）晁公武：《郡齋讀書志》（《文淵閣四庫全書》（電子版）），卷一。
〔註57〕（宋）陳振孫：《直齋書錄解題》（《文淵閣四庫全書》（電子版）），卷二。

二、（宋）司馬康（1050～1090）等

〈無逸講義〉一卷

案：《宋史‧藝文志‧經部‧書類》原作司馬光等〈無逸講義〉一卷，〈校勘記〉云：「『康』原作『光』。按：《郡齋志》卷一、《玉海》卷三七引《中興館閣書目》都作『康』；《中興館閣書目》並說：『元祐五年二月壬寅，講〈無逸〉終篇，侍講司馬康、吳安詩、范祖禹等錄爲〈講義〉一卷。』『光』當爲『康』之誤，據改。」〔註58〕又，《郡齋讀書志‧卷一‧書類》載：「顏、吳、范、司馬〈無逸說命解〉三卷，右皇朝吳安詩、范祖禹、司馬康，元祐中侍講筵，顏復說書崇政殿，日所進講說也。」〔註59〕依《玉海》卷三七引《中興館閣書目》所云推知，當爲〈無逸講義〉一卷，〈說命解〉爲二卷，而非〈無逸說命解〉三卷。

三、（宋）吳安詩（哲宗元祐間人）等

〈說命解〉二卷說

案：《宋史‧藝文志‧經部‧書類》載：吳安詩等〈無逸說命解〉二卷。參前篇對司馬康〈無逸講義〉之考析，則知當爲〈說命解〉二卷。

第二節　宋代經筵《尚書》講義之講題

北宋的經筵自完備期的仁宗朝，歷英、神、哲等三朝，擔任經筵官而可考者，約有 149 人之多〔註60〕，自太宗朝至哲宗朝與經筵相關的史料記載，可考者約有 851 條，其中與《尚書》經筵相關之記載僅有 19 條〔註61〕。茲條列如下：

〔註58〕　《宋史‧藝文志‧經部‧書類‧校勘記》，頁 1387。
〔註59〕　（宋）晁公武：《郡齋讀書志》，卷 1。
〔註60〕　見姜鵬：《北宋經筵與宋學的興起》，頁 18、21、50，總計 149 人。
〔註61〕　見姜鵬：《北宋經筵與宋學的興起》附錄〈北宋經筵編年紀事（至哲宗朝）〉，姜氏原編年資料並無編號，筆者逐條加以編號後統計，共計有 851 條。其中記載與《尚書》經筵相關者，僅 19 條。

〈表1〉真、仁、神、哲四朝《尚書》經筵表

編號	時間	史料
1	眞宗咸平元年（998）正月丁丑	蔡州學究劉可名上言諸經板本多誤，上令擇官詳校，因訪群臣通經義者，李至以崔頤正對。因召頤正於後苑，講《尚書・大禹謨》，賜五品服。他日，謂輔臣曰：「頤正講誦甚精，卿等更於班中選經明行修之士一二人，具以名聞。」自是，日令頤正赴御書院待對。講《尚書》至十卷。（《續資治通鑑長編》卷43）
2	眞宗咸平二年（999）七月甲辰	幸國子監，召學官崔偓佺講〈大禹謨〉。（《宋史》卷6〈眞宗本紀一〉）
3	眞宗大中祥符二年（1009）九月	上謂王旦等曰：「朕在東宮，講《尚書》凡七遍，《論語》、《孝經》亦皆數四。今宗室諸王所習，惟在經籍，昨奏講《尚書》第五卷，此甚可喜也。」於是召寧王元偓等赴龍圖閣觀書目，上諭之曰：「宮中常聽書習射，最勝他事。」元偓曰：「臣請侍講張穎說《尚書》，間日不廢弓矢。」因陳典謨之意，上甚喜，乃詔每講日賜食。命入內副都知張繼能主其事。尚慮元偓等輕待專經之士，又加訓督焉。（《續資治通鑑長編》卷72）
4	眞宗大中祥符四年（1011）正月庚辰	賜諸王府侍講、國子博士張穎器幣，穎講《尚書》終篇故也。（《續資治通鑑長編》卷75）
5	天聖四年（1026）七月壬申	國子監闕學官。詔諸路轉運司所部幕職，令錄京朝官有通經術、長於講說者，以名聞。上嘗謂輔臣曰：「比以大暑罷講讀，適已召孫奭等說《書》，卿等公事退，可暫至經筵。」（《續資治通鑑長編》卷104）
6	天聖四年（1026）十一月甲寅	先是，孫奭、馮元共薦大理寺丞楊安國爲國子監直講。於是，並召安國父奉禮郎、兗州州學講書光輔入見。上令說《尚書》。光輔曰：「堯、舜之事，遠而未易行，臣願講〈無逸〉一篇。」時年七十矣，而論說明暢。上欲留爲學官，光輔固辭。（《續資治通鑑長編》卷104）
7	天聖五年（1027）九月癸卯	召輔臣至崇政殿西廡，觀孫奭講《書》，各賜織成御飛白字圖。（《續資治通鑑長編》卷105）
8	天聖六年（1028）三月壬寅	召輔臣崇政殿西廡，觀侍講孫奭講《尚書》。（《續資治通鑑長編》卷106）
9	仁宗寶元二年（1039）十月丙寅	上御邇英閣，觀講《左氏春秋》及讀《正說》終。上曰：「《春秋》所述前世治亂之事，敢不監戒。《正說》先帝訓言，敢不遵奉。」丁度等拜伏而言曰：「陛下德音若此，誠天下之福也。」上復問度〈洪範〉、〈酒誥〉二篇大義，度悉以對，因詔度講《周易》、李淑讀《三朝寶訓》，丁度、李仲容讀所編《經史規鑒事蹟》。（《續資治通鑑長編》卷124）
10	仁宗慶曆七年（1047）三月乙未	工部侍郎、平章事賈昌朝罷爲武勝軍節度使、同平章事、判大名府，兼北京留守司、河北安撫使；樞密副使、右諫議大夫吳育爲給事中，歸班。時方閔雨，昌朝引漢災異冊免三公故事，上表乞罷。而御史中丞高若訥在經筵，帝問以旱故，若訥因言陰陽不和，責在宰相，〈洪範〉：「大臣不肅，則雨不時若。」帝用其言，即罷昌朝等，尋復命育知許州。（《續資治通鑑長編》卷160）
11	仁宗皇祐四年（1052）十二月甲午	先是，邇英閣講《尚書・無逸》。帝曰：「朕深知享國之君宜戒逸豫。」楊安國言舊有〈無逸圖〉，請列於屏間。帝曰：「朕不欲坐席背聖人之言，當別書置之左方。」因命丁度取《孝經》之〈天子〉、〈孝治〉、〈聖治〉、〈廣要道〉四章對爲右圖。乃令王洙書〈無逸〉，知制誥蔡襄書〈孝經〉，又命翰林學士承旨王拱臣爲二圖序，而襄書之。至是，洙，襄皆以所書來上。（《續資治通鑑長編》卷172）

12	仁宗皇祐五年（1053）四月丁丑	邇英閣講《書·冏命》：「侍御僕從，罔非正人。」楊安國對問。（《續資治通鑑長編》卷 174）
13	英宗治平三年（1066）六月壬子	改清居殿曰欽明，召集賢殿王廣淵書〈洪範〉於屏。因訪廣淵先儒論〈洪範〉得失，廣淵對以張景所得最深。遂進景論七篇。明日，復召對延和殿，謂廣淵曰：「景所說過先儒遠矣。以三德爲馭臣之柄，尤爲善論。朕遇臣下常務謙柔，聽納之間，則自以明斷。此屏置之坐右，豈特〈無逸〉之戒。」（《續資治通鑑長編》卷 208）
14	神宗熙寧元年（1068）十月壬寅	詔講筵權罷《禮記》，自今講《尚書》。先是，王安石講《禮記》，數難《記》者之非是，上以爲然，曰：「《禮記》既不當法言，擇其有補者講之，如何？」安石對曰：「陛下欲聞法言，宜改他經。」故有是詔。是日，上因留王安石坐，曰：「且欲得卿議論。」上曰：「唐太宗必得魏鄭公，劉備必得諸葛亮，然後可以有爲。魏鄭公、諸葛亮誠不世出之人也。」安石對曰：「陛下誠能爲堯、舜，則必有皋、夔、稷，契；陛下誠能爲高宗，則必有傅說。魏鄭公、諸葛亮皆有道者所羞，何足道哉。」（《續資治通鑑長編拾補》卷 3 下）
15	神宗熙寧二年（1069）十一月壬午	御邇英閣，呂惠卿講〈咸有一德〉：「咎單遂訓伊尹相湯，立典型以傳後世。及其歿也，咎單懼沃丁廢而不用。於是訓其事以告之。與曹參遵蕭何之法，其文則似是，其實則非也。先王之法，有一歲一變者，則〈月令〉『季冬節國以待來歲之宣』，而《周禮》『正月始和，布於象魏』是也。有數歲一變者，則堯、舜『五載修五禮』，《周禮》『十二載修法則』是也。有一世一變者，則『刑罰世輕世重』是也。有數十世而變者，別夏貢、商助、周徹，夏校、商序、周庠之類是也。有雖百世不變者，尊尊親親貴貴長長，尊賢使能，是也。臣前日見司馬光以爲漢惠、文、景三帝皆守蕭何之法而治，武帝改其法而亂，宣帝守其法而治，元帝改其法而亂。臣按：何雖約法三章，其後乃以爲九章，則何已不能自守其法矣。惠帝除挾書律、三族令，文帝除誹謗、妖言，除秘祝法，皆蕭何法之所有，而惠與文除之，景帝又從而因之，則非守蕭何之法而治也。光之措意，蓋不徒然，必以國家近日多更張舊政而規諷；又以臣置三司條例，看詳中書條例，故有此論也。臣願陛下深察其言，苟光言是，當從之；若光言爲非，則陛下亦當播告之，修不匿厥旨，召光詰問，使議論歸一。」（《續資治通鑑長編紀事本末》卷 53）
16	哲宗元祐四年（1089）二月壬戌	御邇英閣，召講讀官講《尚書》，讀《寶訓》。司馬康講〈洪範〉。（《續資治通鑑長編》卷 421）
17	哲宗元祐五年（1090）二月壬寅	邇英閣講畢〈無逸篇〉，詔詳錄所講義以進，令後具講義，次日別進。（《續資治通鑑長編》卷 438）
18	哲宗元祐五年（1090）十月庚申	講《書》終篇，賜御筵於東宮，宰臣，執政、講官、記注官預。（《續資治通鑑長編》卷 449）
19	哲宗元祐六年（1091）十月庚午	朝獻景靈宮，退幸國子監，詣至聖文宣王殿，行釋奠禮，一獻再拜。幸太學，御敦化堂，召宰相、執政官、親王，從臣賜坐，禮部、太常寺、本監官承務郎以上侍立，承務郎以下，三學生坐於東西廡，侍講吳安詩執經，國子祭酒豐稷講《尚書·無逸》終篇。復命宰臣以下至三學生坐，賜茶。國子監進書籍凡十七部軸，上命留《論語》、《孟子》各一部。遂幸昭烈武成王廟，酌獻肅揖，禮畢還內。是日，賜豐稷三品服，本監官、學官等賜帛有差。先是，范百祿轉對，請視學，故有是舉。（《續資治通鑑長編》卷 467）

　　上述資料之《尚書》經筵記載，雖僅鳳毛麟角，與現今流傳下來之經筵〈尚書講義〉兩相對照，亦不甚相符，可知經筵中講讀《尚書》之史料記載，缺漏甚多，上述講官現今皆無講義流傳。目前就筆者所知，現存可見之宋代經筵《尚書》講義之文獻，與上述史料所載之《尚書》篇章加以統計，可略知經筵講官對於《尚書》經筵所偏好之講題爲何，茲列表如下：

〈表2〉經筵《尚書》講題表

編　號	篇　名	次　數	編　號	篇　名	次　數	編　號	篇　名	次　數
1	堯典	10	21	說命上	4	41	洛誥	
2	舜典	5	22	說命中	2	42	多士	
3	大禹謨	6	23	說命下	4	43	無逸	14
4	皋陶謨	4	24	高宗肜日		44	君奭	
5	益稷	4	25	西伯戡黎		45	蔡仲之命	
6	禹貢	5	26	微子		46	多方	
7	甘誓	2	27	泰誓上	1	47	立政	3
8	五子之歌	3	28	泰誓中	2	48	周官	2
9	胤征		29	泰誓下		49	君陳	1
10	湯誓	1	30	牧誓		50	顧命	
11	仲虺之誥	3	31	武成		51	康王之誥	
12	湯誥	1	32	洪範	8	52	畢命	
13	伊訓	4	33	旅獒	1	53	君牙	
14	太甲上		34	金縢		54	冏命	2
15	太甲中	1	35	大誥		55	呂刑	
16	太甲下	1	36	微子之命		56	文侯之命	
17	咸有一德	3	37	康誥		57	費誓	
18	盤庚上		38	酒誥	1	58	秦誓	
19	盤庚中	1	39	梓材				
20	盤庚下	1	40	召誥				

從上述統計表列可知，現今所見宋代經筵《尚書》講義之篇章，依出現次數之高低分別爲〈無逸〉14次，〈堯典〉10次，〈洪範〉8次，〈大禹謨〉6次，〈禹貢〉、〈舜典〉各5次，〈皋陶謨〉、〈益稷〉、〈伊訓〉、〈說命上〉、〈說命下〉各4次，〈五子之歌〉、〈仲虺之誥〉、〈咸有一德〉、〈立政〉各3次，〈甘誓〉、〈說命中〉、〈泰誓中〉、〈周官〉、〈冏命〉各爲2次，〈湯誓〉、〈湯誥〉、〈太甲

中〉、〈太甲下〉〈盤庚中〉、〈盤庚下〉、〈泰誓上〉、〈旅獒〉、〈酒誥〉則各爲 1
次，餘則闕如。

以上述統計資料所得，列計 5 次以上者爲〈無逸〉14 次，〈堯典〉10 次，
〈洪範〉8 次，〈大禹謨〉6 次，〈禹貢〉5 次，〈舜典〉5 次。亦即上述篇章爲
眾多講官所最常講說者，其中除〈無逸〉、〈洪範〉爲〈周書〉之範疇外，〈堯
典〉、〈禹貢〉、〈大禹謨〉、〈舜典〉皆爲〈虞夏書〉之範疇。就篇章意涵而言，
〈無逸〉全篇主要敘述周公還政於成王後，因擔心成王貪圖享樂，荒廢政事，
因此作本篇以告誡成王不可逸樂。周公首述：「君子所，其無逸。」是全篇之
綱領，強調君王「無逸」必須「先知稼穡之艱難」與「小人之依」，這種帶有
「以民爲本」的思想傳承千年，時至今日，仍是居上位的行政官員的施政指
導原則。全文例舉商代享國較長的中宗、高宗、祖甲與周代之太王、文王，
治民祗懼，不敢荒寧，爰知小人之依，能保惠於庶民，因此享國長久。如「不
永念厥辟，不寬綽厥心，亂罰無罪，殺無辜，怨有同，是叢於厥身」，這樣的
帝王，「罔或克壽，或十年、八年，或五年、六年，或四年、三年」，「嗣王其
監於茲」。可知歷來講官之所以偏好此篇，當與勉勵帝王勤勞政事，以民爲念
的想法有關，因此每於新帝上位之後，必有講官講授本篇，或繪圖以進，供
帝王隨時觀覽，記念在心。要之，圖文並呈，以求其效，此一想法實不難理
解。如文彥博〈進無逸圖奏〉即嘗以唐玄宗時宰相進〈無逸〉一篇，並爲圖
以獻一事，向哲宗進獻此圖，以爲龜鑑。文氏云：

> 臣伏觀周公作〈無逸〉，以戒成王，後代聖君，皆奉爲至戒，以成治
> 化，以克永世。臣又觀唐史，見宰相崔植對穆宗云：「玄宗初得姚崇、
> 宋璟爲宰相，二人者夙夜孜孜，致君以道。璟嘗手寫《尚書·無逸》
> 一篇，爲圖以獻。玄宗置之內殿，出入觀省，記念在心，每歎古人
> 至言，後代莫及，故任賢戒欲，心歸沖漠。開元之末，因〈無逸圖〉
> 朽壞，始以山水圖代之。自後既無座右箴規，又信奸臣用事。天寶
> 之末，稍倦於勤，王道於斯缺矣。今陛下虛心求治，伏望以〈無逸〉
> 爲元龜。……臣又觀邇英北壁有仁祖朝講官王洙所寫〈無逸圖〉。臣
> 慮禁中或未有此圖，輒敢寫錄四軸並一卷上進，望於殿內張掛，置
> 於几案，以便聖覽。臣愚不勝區區之至。〔註62〕

〔註62〕（宋）文彥博：〈進無逸圖奏〉，《全宋文》，卷650，頁279。

又文彥博〈進尚書孝經解劄子・無逸〉即明言其進講《尚書・無逸》之全篇
要義：

> 此篇周公以戒成王曰：「君子所其無逸，先知稼牆之艱難。」「文王不敢
> 盤于遊田，以庶邦惟正之供。」「自今嗣王，其無淫于觀于逸、于遊于田。」
> 故成王服其訓戒，乃爲令主。至唐開元中，作〈無逸圖〉置於禁中，出入省
> 覽，以爲龜鑑。臣亦嘗錄此篇，爲圖以進，以助聖覽，伏望曲留睿意。〔註63〕

此文乃文氏進〈無逸圖〉後，再就邇英閣進講《尚書》三十二篇中，采
其切於資益聖治，宜於重複溫故者十篇以進〔註64〕，〈無逸〉爲其中一篇，簡
短數語，要旨明矣。

〈洪範〉一篇，謂治國之大法。相傳禹得〈洛書〉，歷代寶之，至商代，
傳於箕子。箕子乃商紂王之親，紂王淫逸，箕子諫之不聽，佯狂爲奴。武王
克殷，訪於箕子，問治國之常道，箕子爲武王述之，史官錄之，名曰〈洪範〉。
其文要旨在敘述人主九種治國之大法，所謂五行、五事、八政、五紀、皇極、
三德、稽疑、庶徵、五福六極，計九疇也。歷來爲治《尚書》者必讀之篇章，
亦爲經筵之所重。然各經筵講官在進講時或有所偏重，如范存仁《尚書解》
於〈洪範〉一篇，即著重於「皇極」之解說。范氏以「大中之道」解「皇極」，
並引《孟子》「中也養不中」之說輔之，主張「人君之心當如止水，不做好惡
偏黨」，「人君又當修德，使正人好於我家」，范氏云：

> 臣某曰：人君立大中之道，則政化平均。民不窮天，而俗皆好善，是
> 錫五福於天下也。上無偏政，則人無朋比，而咸趨大中。雖有不合於
> 中，但未入於咎惡，皆可容而納於中道。故《孟子》曰「中也養不中」，
> 此之謂矣。夫有才有爲之士，患在行不羞進；行不羞進，則挾才爲奸，
> 足以亂國。進其行則其才可用，足以興邦。人君又當修德，使正人好
> 於我家，然後人陶善化，而下無罪辜。人君之心，當如止水，不作好
> 惡偏黨，其邪正自辨，而天下不治者，未之有也。〔註65〕

此處范氏以「大中」解「皇極」，似與《中庸》之說接近，強調「上無偏政，
則人無朋比，而咸趨大中」、「雖有不合於中，但未入於咎惡，皆可容而納於

〔註63〕　（宋）文彥博：〈進尚書孝經解劄子・無逸〉，《全宋文》，卷651，頁296。
〔註64〕　（宋）文彥博：〈進尚書孝經解劄子〉，《全宋文》，卷651，頁293～294。原
　　　　　文曰：「臣以叨侍經筵，輒於《尚書》三十二篇，采其切於資益聖治，宜於重
　　　　　複溫故者，凡十篇錄進。……所冀便於乙夜之觀。」
〔註65〕　（宋）范存仁：《尚書解・洪範》，《全宋文》，卷1554，頁295。

中道」，又云「人君之心，當如止水，不作好惡偏黨，其邪正自辨」，與程頤（1033～1107）說《大學》「格物致知」之理路相近，強調「心」與「內感」，亦帶有理學之色彩。又如范存仁解〈益稷〉「安汝止，惟幾惟康，其弼直」一段云：「臣某曰：『夫止者所以制動也。人君不先自安所止，則好惡無節矣。』」〔註66〕與《大學》「知止而後有定，定而後能靜」的「定靜安慮得」之說相彷彿。其三，解〈仲虺之誥〉云：「夫聲色、貨利，人皆好之，惟聖人為能無欲。」此「無欲」之說與朱熹（1130～1200）所言亦近矣。

至於〈堯典〉、〈禹貢〉、〈大禹謨〉、〈舜典〉等，乃上古堯、舜、禹三聖之嘉謨善言，凡三聖之修德自持、任用百官、制訂刑罰、勤勞民事等治國事蹟與方法，無不備載於此，足堪後世帝王之典範，《尚書》置〈虞夏書〉為起始諸篇，經筵講官對帝王講《尚書》，亦多擇此數篇以開其端，以見三聖治國之心法。

第三節　宋代經筵《尚書》講義之解經方式

中國古代的帝王教育（經筵）與一般讀書人的教育，其最大的不同就在於學習目的的差異，近代學者稷若曾說：「歷代國君典學，目的主要有兩個：一在啟沃聖智聖德，侷限於汲取歷代統治經驗，提高國君理政的素質。二在崇學重教，禮敬師尊，昭示文治，以傳統倫理道德綱常迪化臣民。」〔註67〕宋代以前的儒者治經重注疏，宋儒則以新義說經，經學走向義理化，堅持行王道、仁政及教化，特別強調天下治亂繫於人君，故君主必須從經典中探求治國理民之道。〔註68〕因此，為皇帝講學，其內容必與一般的經學注疏不同，不在於一字一句的注疏講解。范存仁亦嘗云：「國之本在君，君之本在心，人君之學在正心誠意，以仁為體，使邪僻浮薄之說無自而入，然後發號施令，為社稷宗廟之福。豈務章通句解，以資口舌之辯哉。」〔註69〕而作為記載替皇帝講學的內容資料——「經筵講義」，其體例、內容也必定跟一般經學注疏不一樣。

〔註66〕（宋）范存仁：《尚書解·益稷》，《全宋文》，卷1554，頁287。
〔註67〕稷若：〈清前中期皇帝典學述論〉，《故宮博物院院刊》1998年第2期，頁62。
〔註68〕王德毅：〈宋代的帝王學〉，林慶彰主編《中國歷代經書帝王學叢書·宋代篇（一）》，頁21。
〔註69〕（宋）朱熹：《三朝名臣言行錄》（《四部叢刊》電子版），卷11之1，〈范忠宣公言行錄〉。

　　以目前可見之宋代經筵《尚書》講義來看（其篇章如本論文附錄一），大體而言，最常見的行文基本體例：其一，多先引一段《尚書》原文，其後再以「臣案」、「臣謂」、「臣聞」、「臣觀」、「臣曰」、「臣某曰」、「臣以為」等形式，進一步陳述經書的要義。例如徐鹿卿於〈八月戊寅進講尚書讀九朝通略通鑑綱目〉講義言：

　　　　〈禹貢〉梁州一段，云：臣聞帝王之學與經生學士異，非區區從事
　　　　於章句訓詁而已。讀〈禹貢〉一書，當知古人所以為民除患者如此
　　　　其勞，疆理天下者如此其廣，立法取民者如此其審。尊所聞，行所
　　　　知，不至於古不止也。〔註70〕

徐鹿卿講義記載所講說之內容「〈禹貢〉梁州一段」後，即以「臣聞」起始，對皇帝發表自己的解經看法。此處所載，正好提及帝王讀經與經生讀經，二者目的之差異。又如〈十二月戊辰進講〉講義論〈五子之歌〉：

　　　　臣觀〔註71〕此歌五章文義首尾相續。一章、二章雖止於詠述皇祖
　　　　之訓，而太康之失不可掩矣。三章、四章若曰累朝都邑之盛如此，
　　　　前人典章治具之懿如此，今以不守先訓之故，皆不能保，是誰之罪
　　　　歟？五章則敘其顛沛無依之狀，若其過在己而無所自容者，一何溫
　　　　厚感惻之深耶？因是論之，三聖相承，先後一意，曰「可畏非民」，
　　　　曰「非眾罔與守邦」，曰「四海困窮，天祿永終」，而「欽哉」一語，
　　　　乃其傳心之密旨，禹之所以訓子孫，即堯之所以告舜，舜之所以告
　　　　禹者也。〔註72〕

此處徐鹿卿以「臣觀」云云，以述其進講之大義，統言〈五子之歌〉通篇要義之所在，首尾相貫，五子述大禹之戒以作歌。較為特別者，徐鹿卿部分講義之末載有「手記云」，為講經後「讀史」之起迄進度記載，並有「奏曰」云云，記錄講官講經讀史之後，對皇帝所「上奏」的談話內容，此一內容與形式，為目前所見之經筵講義中所僅有，未見於其他講官之經筵講義，可謂經筵講官藉機議論朝政的「直接證據」，彌足珍貴。此上奏內容皆延續「讀史」內容而來，並藉機向皇帝提出建言。如〈癸未進講〉載：

〔註70〕　（宋）徐鹿卿：〈八月戊寅進講尚書讀九朝通略通鑑綱目〉，《全宋文》，卷7673，
　　　　　頁215。
〔註71〕　案：此處「臣觀」之前尚有「卷子論〈五子之歌〉，『其一曰』至『雖悔可追』，
　　　　　云」數言，似非經筵講章之語，惟《清正存稿》與《全宋文》所載皆同，今
　　　　　參酌講章體例，自「臣觀」以下錄之，略其前文所載。
〔註72〕　（宋）徐鹿卿：〈十二月戊辰進講〉，《全宋文》，卷7673，頁216。

手記云：讀《通略》開寶二年六月至十月，至段思恭知靈州，奏曰：古人皆以事業進身，自科舉法行，寒士舍此，無以自進，自成童而上，即弊心力於場屋不切之文，遂至臨事輒敗。馮繼業守邊，自謂非己不可。太祖一用段思恭，果能稱職，自此邊將豈復敢肆其驕哉。今邊方為繼業者多矣，惟陛下稍革科舉之弊，以事功責天下士，亦何患無思恭哉？〔註73〕

此處可見徐鹿卿於「讀史」之後，藉宋太祖時「段思恭」雖門蔭以至顯官，非科舉出身之文士，但果敢而有幹才，太祖重用「段思恭」以矯「馮繼業」驕縱自大，難以為恃之患〔註74〕，向皇帝表達希望「稍革科舉之弊，以事功責天下士」的想法，唯有如此，方能一掃宋代當時積弱難振的頹勢。

再者，如范純仁《尚書解・堯典》講義之解經方式，與徐鹿卿講義大抵相同：

堯曰：「咨四岳，湯湯洪水方割，蕩蕩懷山襄陵，浩浩滔天，下民其咨……九載績用弗成。」

臣某曰：堯知鯀方命圮族，而終以四岳之言而用之，至於九載，然後殛之，可以見聖人不以己之智識出倫過人而違眾獨用也。又不以一鯀不職而遽易三考黜陟之法也。蓋人以久，則可責其成功，若歲月不久而中易，不唯大功不成，而黜者亦得以為辭。然非堯德之大，孰能容之？故曰「唯天為大，唯堯則之」也。〔註75〕

〔註73〕（宋）徐鹿卿：〈癸未進講〉，《全宋文》，卷7673，頁218。

〔註74〕案：《宋史・馮繼業傳》：「馮繼業，字嗣宗，大名人。父暉，朔方節度，封衛王。繼業幼敏慧，有度量，以父任補朔方軍節院使，隨父歷邠、孟，及再領朔方，皆補牙職。周廣順初，暉疾，繼業圖殺其兄繼勳。暉卒，遂代其父為朔方軍留後。以郊祀恩，加靈州大都督府長史，遷朔方節度、靈環觀察、處置、度支、溫池榷稅等使。恭帝時，繼業既殺兄代父領鎮，頗驕恣，時出兵劫略羌夷，羌夷不附，又撫士卒少恩，繼業慮其為變，以太祖居鎮日常得給事，乃豫徙其孥闕下。」謂繼業「殺其兄繼勳」、「頗驕恣」。（《宋史》，卷253，〈列傳〉第12）又《宋史・段思恭傳》：「段思恭，澤州晉城人。（太祖）建隆二年……會馮繼業自靈州舉宗來朝，帝以思恭代知州事，仍語之曰：『馮繼業言靈州非衛、霍名將鎮撫之不可，汝其往哉！』思恭曰：『臣奉詔而往，必能治之。』帝壯之，賜窄衣、金帶、錢二百萬，仍以途涉諸部，令別齎金帛以遺之。思恭下車，矯繼業之失，綏撫夷落，訪求民病，悉條奏免之。……思恭以門資歷顯官，不知書，無學術；然踐更吏事，所至亦著勤績。」（《宋史》，卷270，〈列傳〉第29）

〔註75〕（宋）范存仁：《尚書解・堯典》，《全宋文》，卷1554，頁283～284。

范純仁此處以堯之德大能容爲言，諫君王用人需「三考黜陟」，不以己之知識出倫過人而違眾獨用，輕易良法。此與徐鹿卿講義皆以「臣觀」、「臣以爲」陳述講官對此章節的看法，其基本形式相同。范存仁《尙書解》所載三十篇講義之解經方式皆如是。再如徐經孫〈九月十一進講〉講義：

> 「帝曰疇咨若予采」止「靜言庸違，象恭滔天」。

> 此一章欲求賢者論其事，而驩兜薦非其人。

> 臣聞帝王之治，莫大於得人；帝王之德，莫大於知人。當堯之時，黎民雍而萬邦和，百工釐而庶績熙。一人端拱於黃屋法官之邊，若可以無事矣，而帝王之心則未然也。方且歷訪在廷，若時登庸有咨，若予采有咨，群龍並用，未始自足，而一賢在野，惟恐或失，何其急於得人也！及觀放齊以朱薦，帝則知其嚚訟不可用；驩兜以共工薦，帝則知其靜言不可用。薦揚之辭方出於口，而吁疑之頃如見其肝，又何其明於知人也。……天下雖大，枉直莫欺；共、兜巨姦，斥絕久矣。然豈無好辯而喜勝者，靜言庸違者，尚當有以審察而分別之邪？禹曰：「知人則哲，惟帝其難。」臣敢陳帝堯知人之道，以爲責難之恭。〔註76〕

徐經孫經筵講義之解經方式與前述徐鹿卿、范存仁亦同，稍不同者，先述「大意」：「此一章欲求賢者論其事，而驩兜薦非其人。」其下再細言講官之講述內容。

其二，有經筵講畢後，逐錄講說大義以進者，因此解經方式更爲簡要。如文彥博〈進尙書孝經解箚子〉講義言：「臣以叨侍經筵，輒於《尙書》三十二篇，采其切於資益聖治，宜於重複溫故者，凡十篇錄進。篇別有後序，所以發明本篇之大旨，所冀便於乙夜之觀。」〈箚子〉內載十篇之要旨，如〈堯典〉下言：

> 堯之聖德，蕩蕩難名，而此篇極簡要，亦仲尼舉宏綱、撮機要之理。如篇之所載者，「克明峻德，以親九族」，「平章百姓，協和萬邦」，「分命羲和，典掌四時」，「使民務農，利用厚生」，「允釐百工，庶績咸熙」，斯皆後世聖帝明王所宜祖述而模範之，臨文而三復之，故摘目以敘之。〔註77〕

〔註76〕　（宋）徐經孫：〈九月十一進講〉，《全宋文》，卷7692，頁139～140。
〔註77〕　（宋）文彥博：〈進尙書孝經解箚子〉，《全宋文》，卷651，頁294。

〈舜典〉下言：

> 虞舜之德，重華協帝，故列於二〈典〉。後世作者，雖三王之盛，不
> 可及已。篇之所載，命禹座司空，而下至於四岳十二牧，官得其人，
> 庶績咸治；流放共工、驩兜，竄三苗，殛鯀四凶人，而天下咸服。
> 故曰「舜有大功二十」，茲所以重華協帝。〔註78〕

以上亦是經筵《尚書》講義解經一種方式，舉全篇之大要以說，其目的在供
帝王溫故之用。另有楊時之〈尚書經筵講義〉，雖未明言爲皇帝溫故之用，然
就其講義之內容形式以觀，「吉人爲善節」（〈咸有一德〉之一節）、「播棄犁老
節」（〈泰誓中〉之一節）、「惟天惠民節」（〈泰誓中〉之一節）、「惟受罪浮于
桀節」（〈泰誓中〉之一節）共四則，每則就《尚書》單篇中某一段文字進行
簡要之論述，亦屬於陳大義之形式，如〈吉人爲善節〉下云：

> 「德惟一，動往不吉；德二三，動罔不凶。」所謂吉人者，以其德
> 惟一也；所謂凶人者，以其德二三也。蓋誠則一，不誠則矯誣妄作，
> 故二三，此吉凶所由分也。舜雞鳴而起，禹思日孜孜，寸陰是惜，
> 爲善惟日不足也。丹朱惟慢遊是好，傲虐是作，罔晝夜，額額爲不
> 善，惟日不足也。舜爲法於天下，可傳於後世，孔子於禹無間然，
> 人君所當法者，舜、禹而已。夫世之亂亡之君，非盡無欲善之心，
> 而天下卒至於不治者，以其見善不明，而所謂善者，未必善故也。
> 古之欲明明德於天下者，必先於致知，致知所以明善也。欲致其知，
> 非學不能。故傅説之告其君曰「念終始典于學」以此。〔註79〕

楊時引〈咸有一德〉「德惟一，動往不吉；德二三，動罔不凶」之語，並以兩
百餘言論述人君當學以致知，致知則明善，明善則其德惟一，此人君法於舜、
禹者，所謂「吉人」是也。將〈大學〉八目用以解《尚書》之經文。又〈惟
天惠民節〉言：

> 「惟天地萬物父母，惟人萬物之靈。亶聰明，作元后，元后作民父
> 母。」夫盈天地之間皆物也，而人居一焉，人者物之靈而已。天地
> 子萬物，其生養之具皆天之所以惠民也。元后繼天而爲之子，其聰
> 明足以教民，民之父母也。其子民也，授之常產，使寒而衣，饑而
> 食，蓋天而惠民者也。夏王弗克若天，流毒下國，則自絕於天矣，

〔註78〕 （宋）文彥博：〈進尚書孝經解劄子〉，《全宋文》，卷651，頁293～294。
〔註79〕 （宋）楊時：《尚書經筵講義·吉人爲善節》，《全宋文》，卷2688，頁277。

　　天所以佑命成湯，降黜夏命也。然湯放桀，封其後於杞，非勤絕之，

　　降黜而已。〔註80〕

此節引〈泰誓中〉「惟天地萬物父母，惟人萬物之靈。亶聰明，作元后，元后
作民父母」一節，發而為言，以帝王既為天之子，當繼天而惠民，夏桀之所
以失天命者，以其「自絕於天」，湯繼夏命，以其教民惠民也。其核心思想緊
扣天子當「繼天而惠民」。至於〈播棄犁老節〉之敘述，則未明引經文，其下
逕以「犁老宜親而播棄之，罪人宜遠而昵比之，冒色而至於淫，沈湎而至於
溺，……」〔註81〕為說，亦百餘言而已。可知楊時講義之解經方式與內容如
此，簡要而明白是其特色。

　　其三，部分經筵講義於《尚書》原文引文之後，雖涉及字句之解說，然
簡明扼要，不涉長篇之章句訓詁，逕載講官解經之要義，如劉克莊〈商書講
義〉：

　　「盤庚作，惟涉河以民遷。」（《商書・盤庚中》原文）

　　作，起也。論民以必遷之意。（劉克莊曰）

　　「乃話民之弗率，誕告用亶其有眾。」（《商書・盤庚中》原文）

　　話，善言也。蘇氏曰：「民之弗率，不以政令齊之而以話言曉之，仁
　　也。」亶，誠也，以誠意大告於眾。〔註82〕（劉克莊曰）

又如陳文蔚〈庚寅四月二十一日講義〉：

　　〈商書・說命〉之篇曰：「惟學，遜志務時敏，厥修乃來。允懷於茲，
　　道積於厥躬。惟斆學半，念終始典於學，厥德修罔覺。」大抵為學
　　必先遜志……又需時敏……。允懷於茲：允，信也；懷，常在念也；
　　茲，指遜敏二者而言。信能念此二者，則「道積於厥躬」，蓋所得越
　　多，不止「厥修乃來」而已。惟斆學半，斆者，教也；學者，非特
　　成己，又將成物。……「罔覺」云者，初無計效課得之心，功深力
　　到，不期至而自至耳。〔註83〕

〔註80〕　（宋）楊時：《尚書經筵講義・惟天惠民節》，《全宋文》，卷2688，頁278。
〔註81〕　（宋）楊時：《尚書經筵講義・播棄梨老節》，《全宋文》，卷2688，頁278。
〔註82〕　（宋）劉克莊：《商書講義・盤庚中》，《全宋文》，卷7592，頁110。按：此
　　　　　處劉克莊引「蘇氏曰」，據蔣秋華教授所考乃引蘇軾《東坡書傳》之語，詳見
　　　　　氏著：〈劉克莊商書講義析論〉，《嘉大中文學報》第2期（2009年9月），頁
　　　　　104～105。
〔註83〕　（宋）陳文蔚：〈庚寅四月二十一日講義〉，《全宋文》，卷6607，頁380。

此種解經方式亦爲經筵講義體例之典型，與一般經典注疏之體例不同，沒有爲了解釋「字」、「詞」、「句」的意義，而牽引眾多資料以爲註解，言簡意賅，文從義順，其重點在於述聖人經典之要義，以爲解經之要旨。

其四，經筵《尚書》講義之解經方式，有「以經解經」之方式者。蓋經者皆聖人之言，其義有可以互通，互爲印證者，故講官解經時，往往引爲互證之言。而所引之經，有同一經不同篇章與不同經典二種類型。如范存仁於《尚書解・大禹謨》講義「禹言於舜曰：『后克難厥后，臣克艱厥臣，政乃乂，黎民敏德』」下云：

> 臣某曰：孔子曰：「爲君難，爲臣不易。如知爲君之難也，不幾乎一言而興邦乎？」又〈君牙〉曰：「思其艱以圖其易，民乃寧。」故雖舜、禹在上，而不敢忽天下之務，復相戒以艱難，信乎君臣之不易也。〔註84〕

此處范存仁引《論語・子路》魯定公問孔子「一言以興邦，一言以以喪邦」之對話，以證《尚書・大禹謨》「后克難厥后，臣克艱厥臣」之義。其下復引《尚書・君牙》篇之語爲證。前者以國君的角度出發，後者從臣子的角度出發，上下「相戒以艱難，信乎君臣之不易也」。此引二經爲證之例。

又如胡寅〈無逸傳〉講義中，於「自朝至于日中昃，不遑暇食，用咸和萬民」一段，下云：

> 臣謂人過時而不食，則飢寒之患立至。文王獨何所急，而自朝至于日中昃，猶不暇食哉？蓋其心以天下爲一家，以百姓爲一體，言有不便於民，事有不益於治者，切心思慮而改行之……禹曰：「啓呱呱而泣，予弗子。」伊尹曰：「先王昧爽丕顯，坐以待旦。」孟子曰：「周公有不合者，仰而思之，夜以繼日。」孔子曰：「吾嘗終日不食，終夜不寢。」大聖人憂世猶若是，況不及聖人者，當如何哉？……冉子退朝，孔子曰：「何晏也？」對曰：「有政。」子曰：「其事也！如有政，雖不吾以，吾其與聞之！」蓋譏其勤勞於事，而不知爲政也。政與事相似而不同，人君能識政事之異，親政而不親事，則知所勤矣。〔註85〕

〔註84〕　（宋）范存仁：《尚書解・大禹謨》，《全宋文》，卷1554，頁284。
〔註85〕　（宋）胡寅：〈無逸傳〉，《全宋文》，卷4177，第190冊，頁11。

此處胡寅共引《尚書‧皋陶謨》、《尚書‧太甲上》、《孟子‧離婁下》、《論語‧衛靈公》、《論語‧子路》等，前四者說明禹、孔、孟等大聖人憂世之深，以民情和悅無有怨怒爲執政之要，復以《論語‧子路》子曰政、事之別，致人君能識政事之異，「於所當勤而勤之，則事立而功倍；於所不當勤而勤之，徒弊精神，勞體膚而無益也」。

綜上所述，雖留存至今的經筵《尚書》講義爲數甚少，但就目前所能掌握的講義以析之，大體而言，最常見的解經基本體例：其一，多先引一段《尚書》原文，其後再以「臣案」、「臣謂」、「臣聞」、「臣觀」、「臣曰」、「臣某曰」、「臣以爲」等形式，進一步陳述經書的要義。其次，有經筵講畢後，逐錄講說大義以進者，其目的在於供皇帝乙夜之觀，重複溫故，因此每則僅就《尚書》單篇中某一段文字進行簡要之大義論述。其三，部分經筵講義於《尚書》原文引文之後，雖涉及字句之解說，然簡明扼要，不涉長篇之章句訓詁，其重點在於述聖人經典之要義，以爲解經之要旨。其四，經筵《尚書》講義之解經方式，有「以經解經」之體例者。此四者之體例雖略有不同，然就其大者而觀之，皆在於發揮義理，不主訓詁。如同徐鹿卿所言：「臣聞人主之學與經生學士異，執經入侍者，必有發明正理，開啓上心，然後可以無愧所學。訓詁云乎哉！誦說云乎哉！」〔註86〕

第四節　宋代經筵《尚書》講義之特點

在中國經學史上，宋代經學是經學發展史上的一大變局，其中的影響因素很多，對於後世學術的發展，影響也很大。皮錫瑞之《經學歷史》稱此時期爲「經學變古時代」，用「變古」來形容宋代的經學發展，其原因主要來自佛教與道教發展的影響，以及檢討漢唐以來經學的缺失，藉以重新發掘經書的精義。而其發展的面貌，則主要呈現在「疑經改經的風氣」與「說經義理化的傾向」。「疑經改經的風氣」反映了宋人對前代經學的檢討批判，屬於破壞性；「說經義理化的傾向」則是宋代新經學的特質，屬於建設性。有些經學家指出宋人治經好出新意，上述二者即是新意的主要內涵。〔註87〕

以判定經書真僞與價值的論爭，在漢代的今古文之爭已顯露其端，然今古文之爭牽連到利祿之途與師法家法的傳承，關係到仕宦之路與學脈正統與

〔註86〕（宋）徐鹿卿：《辛酉進講》，《全宋文》，卷7673，頁230。
〔註87〕葉國良：〈宋代的經學〉，葉國良等：《經學通論》，頁570。

否。但宋代興起的疑經改經，基本上與漢代並不相同，而是建立在經書與經說真偽的追求上，以此態度去重新審視漢唐所傳下的經書、經說，是否真能傳達聖人之道，遂引發了疑經改經的情況。而疑經改經的情況，也會連帶影響到解經的方式與內容，造成宋人的「新義」出現。其次，自漢唐傳下的注疏，多以分析章句、解說名物制度爲主，與西漢當時的今文經學所著重的經世思想也大異其趣，注疏之學繁瑣艱深、枯燥乏味，到了宋代已不能滿足學者的需求，在探求經典所蘊含的聖人之道的過程下，加上疑經改經的交互影響，遂發展出「說經義理化的傾向」，此種情況成就了宋代新經學的發展。

在此學風的發展下，擔任經筵講官的學者不可能不受到一些影響。然由於科舉制度的影響，此種說經義理化的傾向在保守的北宋初年還不被允許，到了中晚期風氣才逐漸開放。經學史上常引兩個例子來說明，其一是《續資治通鑑長編》的記載：

> 甲寅，上御崇政殿親試禮部奏名舉人，得進士李迪以下二百四十六人。……先是，迪與賈邊皆有聲場屋，及禮部奏名，而兩人皆不與，考官取其文觀之，迪賦落韻，邊論「當仁不讓於師」，以師爲眾，與注疏異；特奏令就御試。參知政事王旦議：「落韻者，失於不詳審耳；舍注疏而立異論，輒不可許，恐士子從今放蕩無所准的。」遂取迪而黜邊。當時朝論，大率如此。〔註88〕

此一記載屢爲學者所引述，以爲宋初經學風尚的證據。其二，此一風尚之改變，則往往以爲始於仁宗慶曆朝之後：

> 國史云：慶曆以前，學者尚文辭，多守章句注疏之學，至劉原父爲《七經小傳》，始異諸儒之說，王荊公修經義，蓋本於原父云。〔註89〕

至仁宗朝以後，說經義理化的取向越發明顯，這種情形也表現在經筵講義之中。到了南宋理宗朝，朱子之學大盛，〈大學〉、《論語》、《孟子》、〈中庸〉的地位逐漸與五經並駕齊驅，甚至超越五經。因此，經筵講義中往往常見引《四書》以解經者，《尚書講義》亦不例外。

經筵講義特質之形成，一方面由於講官來自於學識優秀的學者，另一方面又受限於聽講者是帝王，而非一般學生，加上來自於宋代學風的影響，因此經筵講義便產生了不同於一般經學著作的特點，茲將其特點分析如下：

〔註88〕　（宋）李燾：《續資治通鑑長編》，卷59，頁1321～1322。
〔註89〕　（宋）吳曾：《能改齋漫錄》（北京市：中華書局，1960年11月），卷2，頁28。

一、講讀內容著重治國之道，不主章句訓詁

　　一般人對於經書的研讀不外乎從訓詁與義理兩方面著手，首重在明白經典的文字意義與名物制度的含意所在，因此漢唐以來的解經著作，多側重於經典的注疏。清代經學家戴震（1723～1777）即云：

> 至若經之難明，尚有若干事：誦〈堯典〉數行，至「乃命羲和」，不知恒星七政所以運行，則掩卷不能卒業。誦〈周南〉、〈召南〉，自〈關雎〉而往，不知古音，徒強行以協韻，則齟齬失讀。誦古《禮經》，先〈士冠禮〉，不知古者宮室、衣服等制，則迷於其方，莫辨其用。不知古今地名沿革，則〈禹貢〉、〈職方〉失其處所。不知少廣旁要，則〈考工〉之器不能因文而推其制。不知鳥獸蟲魚草木之狀類名號，則比興之意乖。〔註90〕

這是典型的訓詁明則義理明的一派主張，在清代乾嘉時期尤為盛行。認為聖人的義理，往往就存在典章制度之中，因此經書的名物典章制度關係極大，必須將其考證明白，方能正確瞭解經書義理之所在。所以戴震又說：

> 詁訓明則古經明，古經明則賢人聖人之理義明，而我心之所同然者乃因之而明。賢人聖人之理義非他，存乎典章制度者是也。〔註91〕

這便是戴震教人以識字為讀書之始，以窮經為識義理之途，所謂「由字以通其詞，由詞以通其道，必有漸」。〔註92〕近代學者胡樸安（1878～1946）在其《古書校讀法》中，也提及此種看法：「吾人讀古書，於名物之考證，小至草木鳥獸之名稱，大至兵農禮樂之制度。其稱名也，當知雅俗古今之不同；其制度也，當知因革變遷之時異。」這些都是屬於一般經生習經的基本要求。至於帝王習經，雖對名物制度也必須了解，但是其目的不在於深入考究，餖飣考據，而是著眼於經書大義之瞭解、深入涵泳，求其經世致用之效。對此，北宋的范祖禹即談到：

> 人君讀書學堯、舜之道，務知其大指，必可舉而可措之天下之民，此之謂學也。非若人臣析章句、考異同、專記誦、講應對而已。〔註93〕

〔註90〕（清）戴震：〈與是仲明論學書〉，《東原文集》，收入《戴震全書》（合肥市：黃山書社，1995年10月），第6冊，頁369。

〔註91〕（清）戴震：〈題惠定宇先生授經圖〉，《戴氏雜錄》，收入《戴震全書》，第6冊，頁505。

〔註92〕（清）戴震：〈與是仲明論學書〉，《東原文集》，收入《戴震全書》，第6冊，頁369。

〔註93〕（宋）范祖禹：《帝學》，卷3。

此處范祖禹即明確說道，人君讀書之目的是爲了學堯、舜之道，知其大旨，並施之於民，非若一般學子在於分析章句、考名物制度之異同與記誦應對之事。對此，徐鹿卿更進一步說：

> 臣聞帝王之學與經生學士異，非區區從事於章句訓詁而已。讀〈禹貢〉一書，當知古人所以爲民除患者如此其勞，彊理天下者如此其廣，立法取民者如此其審，尊所聞，行所知，不至於古不止。〔註94〕

此處所謂「古」，乃〈禹貢〉一文所載古帝王所以爲民除患、彊理天下，一心一意爲百姓謀幸福之精神。徐鹿卿認爲，經生讀書之基礎在於從事章句訓詁，從「字義」以明「經義」，考明經典內容，抉發聖賢義理，並藉由科舉制度以進取仕途，達到實現助君王治理天下之目的。而帝王生長於富貴之家，權勢名位本就具足，勤讀經籍、博覽子史之書，刻苦惕勵，目的不在於參加科舉考試以獲取功名。帝王之學與經生、學士兩者讀書的取向截然不同，目的自然有所差異。君王讀書只要求能夠知典籍之大指，將道理實際運用在治理國家，統治天下百姓即可，根本不必要勞精費心在經生學士所側重的「析章句、考異同、專記誦、講應對」上面。〔註95〕此種帝王家但令通曉經義、古今治亂的說法，自宋太祖開始即有如此之主張：

> 太祖問王宮侍講曰：「秦王學業何如？」曰：「近日所作文詞甚好。」
> 上曰：「帝王家兒不必要會文章，但令通曉經義、古今治亂，他日免爲舞文弄法吏欺罔耳。」〔註96〕

可知自宋太祖始，即清楚指出帝王讀書的根本目的在於從經義中獲取治國方略，從古今治亂中吸取經驗教訓。相較於儒士讀書，帝王讀書更具目的性和取向，亦即明白前代興亡起廢之跡，治亂安危之道，消除政權中不穩定的因素，建立一個君臣百姓各安其位的國家。

二、講讀重在發揮經典要義，成就君德

《尚書》所載自堯、舜以下，欲萬世之帝王以堯、舜爲法，且不獨帝王也，儒者亦當以堯、舜爲法。孔子祖述堯、舜之道，孟子言人性本善之說，

〔註94〕（宋）徐鹿卿：〈八月戊寅進講尚書讀九朝通略通鑑綱目〉，《全宋文》，卷7673，頁215。

〔註95〕陳恆嵩：〈徐鹿卿及其《尚書》經筵講義研究〉，《嘉大中文學報》第2期（2009年9月），頁43～44。

〔註96〕（宋）曾慥：《類說》（《文淵閣四庫全書》（電子版）），卷19。

言必稱堯、舜，又曰人皆可以爲堯、舜，可知爲人者皆當以堯、舜爲法。至於堯、舜以下，則禹、皋陶、湯、伊尹等，其德皆有可法者，故《書》篇屢言及其德之美而可法者，或明言、或隱括，欲後世之君王以此修養其德，「以德治國」，發揮「上行下效」的領導典範效用。文彥博〈進尚書孝經解箚子〉云：「臣伏以皇帝陛下間日御邇英閣，令講官講《尚書》，又閣之南壁張〈孝經圖〉，出入觀覽，有以見陛下祖述堯、舜，憲章文、武，以至德要道，孝治天下。」〔註97〕即談到「德」與「道」乃堯、舜以來歷代帝王治國之首要，「帝王之制，坦然明白。……所以聖德日新，比隆堯、舜」。〔註98〕范存仁亦云：「非堯德之大，孰能容之？故曰：『唯天爲大，唯堯則之。』」〔註99〕可知帝王之培養，「德」必居先。而對於君德之培養，程頤之論最爲精闢：

> 是古人之意，人主蹉步不可離正人也。蓋所以涵養氣質，薰陶德性，故能習與智長，化與心成。後世不復知此，以爲人主就學，所以涉書史，覽古今也。不知涉書史，覽古今，乃一端爾。若止於如是，則能文宮人可以備勸講，知書內侍可以充輔導，何用置官設職，精求賢德哉？大抵人主受天之命，稟賦自殊。歷考前史，帝王才質，鮮不過人。然而完德有道之君至少，其故何哉？皆輔養不得其道，而位勢使之然也。〔註100〕

因此程頤主張經筵輔導對於啓沃聖德，至爲重要，非僅「涉書史、覽古今」而已，否則僅需能文宮人、知書內侍便已足堪勸講輔導之任，何需學養豐富，品德清要的經筵官來任經筵講讀之選？歷觀前代之所以「完德有道之君至少」，其原因在於經筵輔導不得其法，加上對象爲君主，君臣之勢不同，多所顧忌，因此難收其效。故程頤受命擔任崇政殿說書之時，即先上三道〈論經筵箚子〉與二道〈上太皇太后書〉，對於經筵講讀一職表達自己不同於當時的一些看法。〔註101〕也因爲程頤對於成就君德的重視，方有所謂「臣以爲，天下重任，惟宰相與經筵。天下治亂系宰相，君德成就責經筵。由此言之，安

〔註97〕 （宋）文彥博：〈進尚書孝經解箚子〉，《全宋文》，卷651，頁293。

〔註98〕 （宋）文彥博：〈進尚書孝經解箚子〉，《全宋文》，卷651，頁293。

〔註99〕 （宋）范存仁：《尚書解·堯典》，《全宋文》，卷1554，頁284。

〔註100〕 （宋）程頤：〈上太皇太后書〉，《全宋文》，卷1751，頁229。

〔註101〕 就《全宋文》所收文章檢閱，程頤關於論經筵事之文章計有〈乞再上殿論經筵事箚子〉、〈論經筵第一箚子〉、〈論經筵第二箚子〉、〈論經筵第三箚子〉、〈辭免崇政殿說書表〉、〈再辭免崇政殿說書狀〉、〈乞六參日上殿箚子〉、〈上太皇太后書〉、〈又上太皇太后疏〉、〈乞就寬涼處講讀奏狀〉、〈又上太皇太后書〉。

得不以為重」〔註102〕的說法。

《尚書》講義對於君德之說亦夥，楊時《尚書經筵講義‧吉人為善節》即云：

> 所謂吉人者，以其德惟一也；所謂凶人者，以其德二三也。蓋誠則
> 一，不誠則矯誣妄作，故二三，此吉凶所由分也。舜雞鳴而起，禹
> 思日孜孜，寸陰是惜，為善為日不足也。……夫世之亂亡之君，非
> 盡無欲善之心，而天下卒至於不治者，以其見善不明，而所謂善者，
> 未必善故也。古之欲明明德於天下者，必先於致知，致知所以明善
> 也。欲致其知，非學不能，故傅說之告其君曰「念終始典於學」以
> 此。〔註103〕

此處所謂之「德」，即吉人為善之心，為善之心誠則「一」，帝王能「一」其
為善為民之心，則天下必治，不誠則不一，不一則不明，而致知所以明善也，
故帝王必學而致知，致知而明善，明善則其德惟一。楊時任侍講之時，約北
宋末至南宋初，受其師程頤之影響，已引〈大學〉之說以解經，其說強調「誠」
與「致知」，此處強調帝王當自「致知」、「為善」而始，以為善之德，求天下
之治。

程珌於〈舜典講義〉論舜之德以為帝王之典範曰：

> 然則堯之屬意於舜也久矣，而豈在師錫之後哉！然猶以諸難試之，
> 所以暴舜之德於天下，使人人見之，人人知之，而後天下可以無一
> 人之異議。……凡天下之所謂難者悉以授舜，舜亦以身任之。……
> 凡堯之有所待而未及為者，舜悉為之；堯之已為而未備者，舜悉備
> 之。刑賞既立，禮樂既彰，然後益信堯為天下得人矣。〔註104〕

堯、舜乃歷代帝王之法則，程珌敘〈舜典〉以為所重無他，可以「歷試諸難」
一語斷之，明舜之德，能以身擔天下之大任，舉賢授能，任用百官，勤勞民
事而鞠躬盡瘁，足為人君之表率。後代帝王當效其德以為天下之典範。

清代夏之容云：

> 經筵之設，所以發揮道要，感格君心，非德望夙著之醇儒，不足堪

〔註102〕（宋）程頤：〈〈論經筵第三劄子〉，《全宋文》，卷1751，頁225～226。
〔註103〕（宋）楊時：《尚書經筵講義‧吉人為善節》，《全宋文》卷2686，第124冊，
　　　　頁277。
〔註104〕程珌：〈舜典講義〉，《全宋文》，卷6789，頁55。

其職，至所敷陳，不徒訓詁章句，凡列代治亂興亡，堯、舜、禹、湯之所以得，桀、紂、幽、厲之所以失，皆宜隨事進規，罔避忌諱，庶弼成君德，臻國家於久安長治之盛。〔註105〕

亦即經筵之設，其主要目的在於感格君心、弼成君德，亦在於達到國家的長治久安。《尚書》講義堪為此一目的與施行之明證。

三、講讀時批評時政，藉機建言

經筵制度發展之始，經筵講官主要的職責是進入宮廷為皇帝講解經史典籍，並沒有議論當朝政事的權利。但是既為皇帝親近之選，接觸日久，皇帝總會藉機詢問講官對當前政務的看法，同時，講官也會利用機會向皇帝提出建言或是要求某些賞賜。關於此一制度的發展，宋史學者朱瑞熙就清楚說道：

> 經筵官的職責原來祇是替皇帝講讀經史和政書，並沒有議論當朝政事的任務，更不需要替皇帝出謀獻策。但是，對於皇帝而言，他們首先希望通過經筵講讀「每見前代興廢，以為鑒戒」。但是並不以此為滿足，他們還希望從經筵官瞭解朝廷和民間的一些情況，並且在某些重要問題的處理上徵詢這些飽學之士的意見，真正發揮這些皇帝私人顧問的作用。對於經筵官而言，他們期望向皇帝宣講自己的思想理論和政治學說，反映朝廷和民間的情況，提出解決的種種辦法。因此，在經筵上，講讀古代經史所用的時間越來越少，議論當前政事所用的時間越來越多。此外，經筵官還能在經筵外奏事、留身奏事等，為皇帝獻計獻策。〔註106〕

由於皇帝長年長在深宮之中，對於外面社會環境的見聞十分有限，因此希望從講官這邊去瞭解朝廷和民間的實際狀況，講官也希望藉助進講的時機，在解說經文的同時，對時政提出一些批評與建言。徐鹿卿的經筵《尚書》講義除記載所進講之《尚書》篇章內容之外，還清楚地記載其對當前時務所發表的直接看法。如〈十一月乙未進講〉講解〈禹貢〉「錫土姓」至「告厥成功」一段：

> 臣聞聖人一身，天地民物之宗主也。一事之未理，一害之未除，一

〔註105〕（清）夏之容：〈上鄂相國論經筵書〉，《半舫齋古文八卷》（北京市：北京出版社，《四庫未收書輯刊》第9輯，影印清乾隆刻本，2000年1月），卷4，頁13上～13下。

〔註106〕朱瑞熙：〈宋朝經筵制度〉，《中華文史論叢》第55輯，頁36。

物之未遂,皆聖人責也。……陛下聖德高明,不下大禹,然臨御二
十二年,視禹告成之時,不翅過倍,而國本未建,邊境繹騷,財計
空虛,人民離散,盜賊竊發,幾無一事卓然植立者,是必有其故也。
讀聖人之書,當以聖人為法。臣願陛下謹思之,勉圖之。〔註107〕

解說此段之時,徐鹿卿藉解經之便,大膽地對皇帝明示其登基二十二年來的
缺失,其用詞十分顯露,令人不禁捏把冷汗。不論是以淳祐三年「崇政殿說
書」的身份,抑或淳祐四年「侍講」的身份〔註108〕,這樣明示的說法都足見
身為經筵講官對於南宋國勢與時局的憂心與急切。〈講義〉中有「手記」載徐
鹿卿進讀《通鑑綱目》「晉安帝隆安三年」時,「燕主盛遣將軍李旱討燕遼西
太守李朗,旱既行,急召而復遣之。郎聞旱還,謂有內變,不復設備」〔註109〕
一事,上奏云:「急召復遣,此乃兵機,所以疑李郎也。既中其計,故至於敗。」
又讀至:「帝即位以來,內外乖異,石頭以南,皆為荊江所據,以西皆豫州所
專,京口及江北皆廣陵相高雅之及劉牢之所制。朝政所行,三吳而已。及恩
作亂,八郡皆為恩所有。」復藉機上奏云:

> 此一節臣願陛下反覆玩繹。因再讀一過,奏云:「陛下試觀今日大勢,
> 得無有類此者乎?尾大不掉,已有其象,不審陛下與二三大臣曾圖
> 慮及此否?」〔註110〕

除講經之時對皇帝明白表示自己對國政的憂心,期勉皇帝要勵精圖治之外,
緊接著再利用讀史之機會,將歷史與當前時局做一「類比」、「對照」,欲藉此
對皇帝提出「殷鑒不遠」的「忠告」。又如〈戊辰進講〉講解〈伊訓〉前一段
云:「臣聞人主之繼述,莫嚴於初。成湯所以貽謀創始者,其德至矣。由之則
治,違之則亂。太甲即位之始,乃宗廟神靈之所顧歆,群臣萬民之所觀聽,

〔註107〕 (宋)徐鹿卿:〈十一月乙未進講〉,《全宋文》,卷7673,頁222。
〔註108〕 見《宋史‧徐鹿卿列傳》載:「淳祐三年……兼崇政殿說書。逾年,……兼侍
講。」卷424〈列傳〉第183,頁12650。
〔註109〕 案,(宋)朱熹:《御批資治通鑑綱目》(《文淵閣四庫全書》電子版),卷23
「九月燕遼西太守李朗謀叛其主盛討誅之」條,其下載:「燕遼西太守李朗,
在郡十年,威行境內,燕主盛疑之,累徵不赴,朗亦以家在龍城,未敢顯叛,
陰召魏兵,許以郡降,事覺,盛滅朗族,遣將軍李旱討之,旱既行,急召而
復遣之。聞其家被誅,擁二千餘戶以自固,及聞旱還,謂有內變,不復設備,
留其子守令支,自迎魏師于北平,旱襲,克令支,追朗斬之。」
〔註110〕 (宋)徐鹿卿:〈十一月乙未進講〉,《全宋文》,卷7673,頁222。前所引上
奏文字皆見此。

能嗣厥德在此時，不能嗣厥德亦此時。欲占他日之治亂，惟觀太甲知能嗣與不能耳。……伊尹曰：『今王嗣厥德，罔不在初。』臣請繼之曰：今王全厥德，罔不在終。」徐鹿卿於講說完畢，緊接著上奏，並引《詩經・大雅・蕩》之語以爲自己所言「罔不在終」的註腳：

> 善始固難，克終尤難。《詩》云：「靡不有初，鮮克有終。」如漢武
> 帝、唐玄宗、晉武帝之流，初年非不可觀，一念少差，貽害天下，
> 貽笑千古。惟本朝仁宗、高宗、孝宗在位最久，終始一心，度越前
> 代。陛下春秋鼎盛，加之世道艱屯，丙午、丁未，人多疑爲厄運。
> 臣願陛下日新又新，日謹一日，上畏天命，下畏民嵒，則治平之懿，
> 當與三聖齊休而儷美矣。〔註111〕

此段上奏所論，引漢武帝、唐玄宗、晉武帝之善始而不克其終，與本朝宋仁宗、高宗、孝宗之勵精圖治、終始一心，以爲對照，期勉理宗「有爲者亦若是」，當自我惕勵，日新又新，日謹一日，則享國日久，治平之懿自然與先聖齊休而媲美。可知南宋之後，經筵講官藉進講之時機，近水樓臺，利用時機議論朝政，冀望君王採納，並改善施政缺失，實是常有之事。至於利用進講之時向皇上提出賞賜要求的，亦見於史籍記載，經筵講義之中則不多見，如徐鹿卿〈戊申進講〉後曾上奏云：

> 臣生長寒士，誤蒙陛下許侍經幄。恭睹陛下多能天縱，肆筆成書，
> 昭回之光，下飾萬物。凡臣子祈恩望賜者，無不滿意而去。臣於誦
> 說諸臣，最爲末至，本不當冒昧有請。然臣有目眚，度不能久侍陛
> 下。失今不言，恐如入寶山，空手回也。伏念臣一塵四世，僅庇風
> 雨，有閣曰味書，有堂曰遺安。欲望睿慈，賜臣二扁，使得藉手歸
> 見松菊，實拜天地之賜。冒犯天威，臣下情無任惶懼之至。〔註112〕

按：經筵官在每次講讀一部書結束時，依照「故事」，首先必「遷轉一官」，其次有些經筵官在讀完一書或在講席多年，由皇帝特賜三品或五品服。第三，在講完一書或其他情況下，分贈經筵官禮物，如金硯、水瓶、香、茶等。第四，賜給「御宴」。第五，賜給皇帝的墨寶。〔註113〕徐鹿卿此處則主動向皇上開口，請求賜給書齋二扁。這說明皇帝對於經筵官往往榮寵有加。

〔註111〕（宋）徐鹿卿：〈戊辰進講〉，《全宋文》，卷7673，頁227。
〔註112〕（宋）徐鹿卿：〈戊申進講〉，《全宋文》，卷7673，頁224。
〔註113〕參見朱瑞熙：〈宋朝經筵制度〉，《中華文史論叢》第55輯，頁31～32。

四、以理學解經之傾向形成

本論文在第四章第二節分析史浩《尚書講義》的理學特點時，即談到：在朱子合〈大學〉、〈中庸〉、《論語》、《孟子》爲《四書》之前，宋代學者在重新詮釋儒家經典時，早已特別重視《易經》、〈中庸〉、〈大學〉等著作，這是因爲此一類型的儒家經典，具有可爲宋儒所用的哲學特性，有助於宋儒建構儒家哲學的論述體系，特別在形上學與功夫論方面。例如北宋中晚期以後的宋代學術，對於「道」、「理」、「一」、「中」、「敬」、「誠」等哲學概念之解釋，已深入對儒家經典的解釋當中。尤其是程頤、朱熹，強調爲學重「功夫」：循序漸進，下學而上達，格物致知，持敬窮理，這種學術特點自程、朱以來逐漸躍居學術主流，至理宗朝甚至成爲官方學術之主。因此，在當時以義理解經的學術氛圍底下，對於各經的解釋，便自然會形成帶有哲學意涵的特點。如史浩在〈堯典〉篇題的解題即說到：

> 天命之謂性，率性之謂道，修道之謂教。夫天命之性，堯全德而具，未嘗失也。故其所行，自欽明文思，格於上下，率性之道也。自克明俊德至黎民於變時雍，修道之教也。聖人之論，歷萬世而不可易者，以前聖後聖其歸一揆爾。〈堯典〉，篇目也，典者，常也，經也。經常者，萬世不刊之典也。〔註114〕

可知史浩此處明顯引〈中庸〉「天命之謂性，率性之謂道，修道之謂教」之說來闡釋《尚書》經文「欽明文思安安，允恭克讓，格於上下」，史浩以爲〈書序〉所云「聰明」乃天賦堯之性，堯全德而具，「欽明」乃「率性而行」，「固其性之自然而非矯飾也」。「欽明文思安安」則云「出於本性之自然，率而行之，安其所安，無一毫作爲，故曰安安」，既出本性之自然，則推本性之光明可與天地合流，既與天地合流，則民物之休戚，天地之變化，皆吾性之動而已。因此史浩於篇題下云：「自欽明文思，格於上下，率性之道也。自克明俊德至黎民於變時雍，修道之教也。聖人之論，歷萬世而不可易者，以前聖後聖其歸一揆爾。」〔註115〕觀上可知，史浩以〈中庸〉「天命之謂性，率性之謂道，修道之謂教」，對〈堯典〉首章讚揚堯之聖德，做了一番新的解釋，對於帝堯德行之發揮與詮釋，頗有別於前朝經注之見解。

〔註114〕（宋）史浩：《尚書講義》，收於林慶彰主編：《中國歷代經書帝王學・宋代篇（一）》（臺北市：新文豐出版公司，2012 年 12 月），頁 190。

〔註115〕（宋）史浩：《尚書講義》，頁 190。

　　然在史浩之前，范存仁《尚書解》於〈洪範〉一篇「皇極」之解說即帶有理學之義理特點。范氏以「大中之道」解「皇極」，並引《孟子》「中也養不中」之說輔之，主張「人君之心當如止水，不做好惡偏黨」，此「中庸之道」與「心如止水」之說，明顯地與宋代強調《中庸》與《大學》的理學解經特點相同。又其解〈仲虺之誥〉云：「夫聲色、貨利，人皆好之，惟聖人為能無欲。」〔註116〕此「無欲」之說亦與朱熹所言之說近矣，或可說是朱熹理學之先。

　　再觀胡寅〈無逸傳〉講義解說「嚴恭寅畏天命，祗懼，不敢荒寧」一段時，以「氣」解說古者天人感應之說，勸帝王上天可畏，人事可勉，此古帝王所以兢兢業業，當加意而圖之，以祈天永命，享國長久。胡氏曰：

> 蓋通天下一氣耳，大而為天地，細而為昆蟲，明而為日月，幽而為鬼神，皆圉乎一氣，而人則氣之最秀者也。殺一孝婦，何與於陰陽，而天為之旱。烹一虐吏，何與於陰陽，而天為之雨。必深考其故，則知天不可忽，而古人應天以實不以文之說明矣。以實者誠心畏懼，改過從善也。以文者徒以言語，而心不存焉。心不存則其氣不專，故無感應之驗。誠心畏懼，則其氣與天地合，與神明通，未有不應者也。孝慈皇帝始生之年，日食四月旦；寧德皇后始立之月，月有食之既，其禍為如何？崇寧二年彗星出，其長竟天；宣和元年，一日無故大水至京城。皆大變異，不聞消弭之方，其禍為如何？靖康元年八月，有星孛於東北，芒怒赫然，其行甚速，見者震懼。猶耿南仲以為敵國將滅之象，使孝慈不戒，其禍為如何？天不可誣也。〔註117〕

胡氏以「氣」解「天人感應」之說，先說天地萬物「皆圉乎一氣，而人則氣之最秀者也」，因此天人可以感應。其下再說「古人應天以實不以文」、「以實者誠心畏懼……則其氣與天地合，與神明通，未有不應者也」，並舉當朝之例作為證明。宋代理學中對於「氣」字多有論述，不論是張橫渠（載）（1020～1077）的「氣一元論」，認為世界的「本源」是「氣」而非「理」，或是程、朱理學所謂的「理氣二分」之說，對於「氣」的看法，自宇宙論、人性論、功夫論，莫不各有所說。而胡氏此處所說之「氣」，張載、程、朱所論之「氣」

〔註116〕　（宋）范存仁：《尚書解・仲虺之誥》，《全宋文》，卷1554，頁289。

〔註117〕　（宋）胡寅：〈無逸傳〉，《全宋文》，卷4177，頁5。

雖不相同〔註118〕，但是以「氣」解經之說，強調義理發揮以爲自己解說經典的基礎，正是宋人解經方式的學風特點。

五、著重先內聖後外王的修爲

在宋人注重《大學》、《中庸》，將其提升至與五經同等地位之時，其解說經典時，往往援之以入，特別是《大學》中的三綱領、八條目、六步驟之說，更是講官用以作爲強調帝王道德修爲之基礎。在不細分宋人學說之差異，以較爲概觀式的角度來論，宋人所謂「三綱領」即「明明德」、「親民」、「止於至善」三者，以「明明德」而言，「明德」意指任何人都稟受於天，至清明而不受污染的本性，它能夠與天地相溝通。「明明德」則是要彰明此與生具有的德性，使之自覺。人之行善避惡，並非社會規範所外加的義務，而是內在本然的基礎。因此道德的修養與實踐的價值是由內而發的，強調「自內而外」、「先內再外」的進路。「親民」是在明曉自身本性的善德之後，進而幫助其他人，使他們同樣能夠達到與自己一樣，回歸本然清明德性的境界。因此，「明明德」之後，就須「親民」，親者新也，日新又新，使自己無時無刻不在往善的路途上前進。以「止於至善」爲修爲方向與最終目標。

在宋人眼光，凡人之所以爲人，異於禽獸而具有道德之自覺，必自「明明德」以求，帝王既是天子，代天統治下民，亦必從自身修養開始，以堯、舜、禹、湯等先聖先賢爲法，爲天下臣民之典範。而其進一步的落實，則有待「格物」、「致知」、「誠意」、「正心」、「修身」、「齊家」、「治國」、「平天下」這「八條目」。《大學》云：「古之欲明明德於天下者，先治其國；欲治其國者，先齊其家；欲齊其家者，先修其身；欲修其身者，先正其心；欲正其心者，先誠其意；欲誠其意者，先致其知；致知在格物。物格而後知至，知至而後意誠，意誠而後心正，心正而後身修，身修而後家齊，家齊而後國治，國治

〔註118〕關於宋儒張載、二程、朱子等理學家論「氣」之說，參見張麗珠：《中國哲學史三十講》第21～23章。又，胡寅此處以「氣」結合「天人感應」之說，似可上溯至董仲舒之「天人感應」。張麗珠先生曾云：「董仲舒學說雖然寓有神學色彩，但那一方面是反映時風，另一方面則也寓有藉神權以宰制君權的用意，其目的終在德教與王道理想也。是故此一階段的儒學特色，就在於以儒學結合了陰陽家陰陽五行的面目，並通過異質同構之比附關係，將儒學王道理想和天道自然的運行規律加以結合，而達到「天人合一」的緊密聯繫（見張麗珠：《中國哲學史三十講》，頁 197）。胡氏此處論「氣」，與當時宋儒所論又不相同，基於王道理想所需，似更近於董仲舒之說。

而後天下平。」格物、致知被認爲是「爲學修德」之首要，一般認爲它是對事物的研究與獲得眞理的一個基礎。誠意指的是在修養自身的過程中，能夠做到意念誠實，發於心之自然，從「愼獨」上下功夫，嚴格要求自己，修養德性。正心則是不爲物慾所蔽，保持心靈的澄靜，則心之本體，物不能動而無不正。心得其正，則公正誠明，不涉偏私，無所偏倚。故意誠而後心正。修身則是指不斷提高自己的品德修養，以帝王而言，惟有自身的品德端正，無偏見，無邪念，一切施政以民爲念，才能爲人民所擁護。修身既是格物、致知、誠意、正心功夫的「中點」，又恰是齊家、治國、平天下的「出發點」。心正而後身修，身修而後家齊。它是齊家、治國、平天下之根本。《大學》云：「其家不可教，而能教人者，無之。」又說：「一家仁，一國興仁；一家讓，一國興讓。」《大學》把家齊與國治順理成章地聯繫到一起，充分體現了儒家政治倫理化的一貫特點，依格物、致知、誠意、正心、修身、齊家、治國、平天下的進路，體現了「先內聖、後外王」的修爲次序。

　　本文第四章第三節論及史浩《尚書講義》時，嘗舉出史浩講義特點之一爲「著重先內聖後外王的修爲」，以現存宋代《尚書》講義來看，雖未有篇篇講義完全以《大學》、《中庸》之觀點來解說，但是大底而言，都呈現出先內聖後外王的傾向。史浩《尚書講義》解〈皋陶謨〉「皋陶曰：都！愼厥身，修思永。惇敍九族，庶明勵翼，邇可遠在茲」一段，明引《大學》之說以論：「皋陶之學，《大學》之道也，故其所言首於愼厥身修，而修身本於思永。思者，正心誠意。永者，不息則久也。蓋以修身本於正心誠意，故能行遠也。禹贊皋陶邁種德者，修身以正心誠意爲本。如木之有根，植根之固而能久於其道也。自思永而推之，則修身而可以齊家矣，故曰厚敍九族。家齊則可以治國平天下矣，故曰庶明勵翼。言眾庶明吾修道之教，勉而勵翼也。翼者，中也，如鳥之有翼，所以輔中也。……而皋陶亦以謂邇可遠在茲，謂陟遐必自邇也，蓋自正心誠意而至於治國平天下，斯民皆協於中。皋陶邁種德之功，其要又在於思永也。」〔註119〕史浩以「正心誠意」來解「思」，以「不息則久」來解「永」，則「修思永」意即：「不息地」以「正心誠意」來「修身」，「自思永而推之，則修身而可以齊家矣」。史氏由「正心誠意修身」推及「治國平天下」，以「修身而可以齊家」來解「惇敍九族」之義，以「家齊則可以治國平天下」來解「庶明勵翼」，以「自正心誠意而至於治國平天下」來解「邇可遠在茲」，

─────────────

〔註119〕　（宋）史浩：《尚書講義》，頁213。

將此段《尚書》經文以「大學之道」重新進行闡釋，而重點就在於「思永」，亦即側重先內聖的傾向。

又如徐鹿卿〈甲子進講〉論〈仲虺〉後段，言人君當一心修德，日新又新，此萬事之根本：

> 蓋人主一心，萬事之根本也。此心如明鏡，如止水，則虛靈澄湛，軒豁恢廣，以之運量酬酢，無事不可爲。一有繫累，則芥蒂凝滯，如鏡之塵，如水之波，安能有所立哉。……始既不謹，終無可觀，此正虺之所深懼。……至於一篇之要旨，則全在「德日新」之一辭。
>
> 蓋是德運而不息，則其用久而不窮。〔註120〕

徐氏此言帝王一心，當如明鏡、如止水，與《大學》所論正心誠意之說，有殊途而同歸之意，觀其用辭如「明鏡」、「止水」、「虛靈」、「澄湛」等，尤帶有佛家修持之意涵，此或受釋家之影響。蓋《大學》之正心乃指心要端正而不存邪念；誠意，則云意必眞誠而不自欺。宋儒在理學解經的思路下，強調《大學》之說，認爲帝王只要意眞誠、心純正，自我道德完善，就能實現家齊、國治、天下平的道德理想，上至帝王，下至黔首，依此心而修德，「德運而不息，則其用久而不窮」。若帝王之此「心」「一有繫累，則芥蒂凝滯，如鏡之塵，如水之波，安能有所立哉！……始既不謹，終無可觀」。此正仲虺勉商湯、懼商湯之意也。故知內聖之修爲必在外王之先，此儒家《大學》之道，亦帝王成治之道也。

再觀徐經孫〈崇政殿經筵《尚書》講義・九月十九日進講〉述〈堯典〉「帝曰咨四岳，朕在位七十載……嬪于虞，帝曰欽哉」一段，明引《大學》、《孟子》之文來解說：

> 臣聞脩身乃齊家之本，家齊乃國治之基。父堯子舜，古今盛事，而求其所以相授受者，乃不過脩身、齊家得之。……今岳之薦舜也，不稽其濬哲，不稱其文明，不稱其溫恭允塞……。至於堯之試舜也，則又未試以五典，未試以百揆，未試以賓門納麓……。嗚呼！《大學》言治國平天下，必以脩身齊家爲首。《孟子》推天下國家之本，亦以在家在身言之。蓋未有身不脩而能齊其家者，未有家既齊而國不可治，天下不可平也。〈堯典〉一篇，始敘堯治，終述舜禪，而其

〔註120〕　（宋）徐鹿卿：〈甲子進講〉，《全宋文》，卷7673，頁226。

於脩身治國平天下之序，惟此一說。蓋克明峻德，堯之天下不難平矣。嗚呼！堯平時用功之序如此，故於舜之孝欽兩盡而知其身之脩，於舜之克諧釐降而知其家之齊，於是而授以天下，可不謂天下得人乎？……後之欲治國平天下者，盍於是究心焉？〔註121〕

徐經孫於本段開頭便引《大學》先脩身後齊家之說，主張「脩身乃齊家之本，家齊乃國治之基」，堯、舜之所以得帝王之位，要皆得於能脩身、齊家之故也，脩身齊家眞乃治國平天下之本。其後明言「《大學》言治國平天下，必以脩身齊家爲首。《孟子》推天下國家之本，亦以在家在身言之」，其目的在強調「內先修德」方能外求國治、天下平，此一「先後順序」，理甚明也。故結論云：「後之欲治國平天下者，盍於是究心焉？」

又如徐元杰曾在對理宗進講時，理宗詢問徐元杰當時人事任用之問題，云：「近日除受如何？」徐元杰以「天象晦暗」隱喻「間有不滿人意者」，希望理宗「須以天之心爲心，只是至公無私。然卻要與大臣參訂公論，不可信左右之言」，並以〈洪範〉「稽疑」一疇爲喻，要理宗「先謀之於心，而後考之卜筮，參之卿士，又必合庶民之從而後謂之大同」。〔註122〕其後話鋒一轉，要理宗先「修己」以「任人」，回到《大學》所說的身修而後家齊，家齊而後國治的進路來，其云：

> 臣每奏丙丁陽九之會近在目前，此君臣上下極力交修人事以應天戒，庶幾銷變於未形。上曰：「是當於未形圖之。」又奏云：「今日先務，只是修己任人是第一事，不可苟也。」上曰：「人己要交修實德。」奏云：「就此而論，先修己之實德，則可感人。」〔註123〕

徐元杰建議理宗凡事參考〈洪範〉「稽疑」之法，考之卜筮、參之卿士、合之庶民，其後又回到帝王本身，要理宗「先修己實德」，如此君臣方能交修人事以應天戒。而其下文，徐元杰又緊扣以《中庸》之說，曰：「此即《中庸》博學、審問、慎思、明辨、篤行之大意。」〔註124〕

〔註121〕　（宋）徐經孫：〈崇政殿經筵《尚書》講義・九月十九日進講〉，《全宋文》，卷7692，頁142。

〔註122〕　（宋）徐元杰：〈乙巳正月二十四日進講日記〉，《全宋文》，卷7757，頁326～327。

〔註123〕　（宋）徐元杰：〈乙巳正月二十四日進講日記〉，《全宋文》，卷7757，頁327。

〔註124〕　（宋）徐元杰：〈乙巳正月二十四日進講日記〉，《全宋文》，卷7757，頁327。

　　以上所論，即宋代經筵《尚書》講義之特點，要言之計有五端：一、講讀內容著重治國之道，不主章句訓詁；二、講讀重在發揮經典要義，成就君德；三、講讀時批評時政，藉機建言；四、以理學解經之傾向形成；五、著重先內聖後外王的修為。案：《大學》雖有格物致知誠意正心脩身齊家治國平天下之說，然於格物致知甚少著墨，宋儒依《大學》、《中庸》爲說，理應知此理而進一步爲之補充論述，如朱熹嘗爲《大學章句・格物致知補傳》即是，惜今存經筵《尚書》講義未見講官於此多加論述。

第四章　史浩《尚書講義》析論

　　宋代經筵制度所進講的內容，主要為儒家《周易》、《尚書》、《毛詩》等經書，其次為《史記》、《漢書》、《後漢書》、《資治通鑑》等史書，再次則宋代當朝所編的政書，如《三朝寶訓》、《祖宗聖政錄》、《五朝寶訓》等書。這些進講的內容會於事前編成〈講義〉進呈，或於進講之後，另外重新整理重點，供皇帝閱覽或溫習之用。至於經筵講讀的方式，主要採行講、問、答，也就是先由經筵主講官講解，隨後皇帝提問質疑，再由主講經筵官回答。宋代的經筵講讀，基本上並不是一種純粹地「教師講」、「學生聽」的「單向式」講授，而是比較強調一種「師生互動」，皇帝聽講時，必須對講官的解說有所回應，如果皇帝在聽經筵講讀時，每每沉默不語，沒有任何互動回響，講官事後就會提出異議，其著名的例子如：宋英宗御邇英閣經筵聽講，然未曾發言，有所詢問，侍講司馬光遂於治平二年（1065）十月上疏曰：

> 臣聞《易》曰：「君子學以聚之，問以辨之。」《論語》曰：「疑思。」《中庸》曰：「有弗問，問之弗知，弗措也；有弗辨，辨之弗明，弗措也。」以此言之，學非問辨，無由發明。今陛下若皆默而識之，不加詢訪，雖為臣等疏淺之幸，竊恐無以宣暢經旨，禆助聖性，望陛下自今講筵或有臣等講解未盡之處，乞賜詰問。或慮一時記憶不能詳備者，許令退歸討論，次日別具劄子敷奏，庶幾可以輔稽古之志，成日新之益。〔註1〕

〔註 1〕　（宋）范祖禹：《帝學》，卷 7，頁 5 下～6 上。

司馬光上疏，希望英宗對於講官之講解，能仔細聆聽，有所回應，皇帝「若皆默而識之」，則講官「恐無以宣暢經旨，裨助聖性」也。可以看出身爲講官的司馬光對於經筵教育的重視，希望能眞正發揮學習的成效。

　　就筆者目前所能掌握之資料，今存《尚書》經筵講義，卷秩最爲龐大、內容較爲完整者，僅史浩《尚書講義》二十卷，其餘多爲散見各處文集中之單篇講義。此一大作，雖不足代表宋代經筵《尚書講義》之全部，但是對於吾人瞭解現存《尚書講義》的內容，無疑地是最完整的一部文本資料，因此，有必要設立專章，對此部卷秩相對完整的《尚書講義》做進一步的分析，再搭配其餘單篇講義，當可比較清楚的瞭解宋代經筵《尚書講義》之樣貌。史浩《尚書講義》一書，本其擔任經筵講官之講義而成，觀其〈擬進講筵《尚書》終篇錫宴詩〉〔註2〕可知。《宋史・藝文志》載爲二十二卷，朱彝尊《經義考》云「未見」〔註3〕，則原書久已亡佚。今傳本乃四庫館臣自《永樂大典》各韻部中輯出，依經文考訂排次，釐爲二十卷，然已非完秩。經考，現存《尚書講義》一書爲「注疏」體式，每篇經文中以分段形式注解經文，間或抒發議論，以闡述經世思想。其中〈伊訓〉、〈梓材〉、〈泰誓〉三篇講義全失，又〈禹貢〉、〈湯誥〉、〈盤庚中〉、〈說命下〉、〈洪範〉、〈君奭〉、〈蔡仲之命〉、〈君奭序〉、〈洛誥序〉、〈顧命序〉等篇皆有闕文；〈皋陶謨〉、〈高宗肜日〉、〈西伯戡黎〉、〈旅獒〉、〈大誥〉、〈微子之命〉、〈康誥〉、〈酒誥〉、〈多方〉、〈立政〉、〈顧命〉、〈康王之誥〉、〈畢命〉、〈君牙〉、〈冏命〉、〈文侯之命〉、〈費誓〉等篇全文不分段落章節，可知確非原書樣貌無疑。王應麟（1223～1296）《玉海》云：「淳熙十六年（1189）正月二十三日，太傅史浩進《講義》二十二卷，藏秘府。」〔註4〕可知史浩《尚書講義》之完成，最遲當在孝宗淳熙十六年（1189）

〔註2〕 見史浩：〈擬進講筵《尚書》終篇錫宴詩〉，收於氏著：《鄮峰眞隱漫錄》（《文淵閣四庫全書》電子版），卷3。原詩其一：「煌煌典誥炳丹青，聖主於今集大成。已究商周眞灝噩，固知堯禹本聰明。神馳帝樂翔雲海，恩逐天香到酒舠。下拜龍威瞻咫尺，群臣始覺倍光生。」其二：「蚤朝論道沃宸聰，更許經生侍九重。萬卷精微歸一覽，小儒糟粕受三冬。明兼舜目超唐漢，宴錫需雲法祖宗。愧乏涓塵禪海嶽，今辰亦得奉春容。」

〔註3〕 （清）朱彝尊撰，林慶彰、蔣秋華、楊晉龍、馮曉庭主編：《經義考新校》（上海市：上海古籍出版社，2011年1月），冊4，頁1513。

〔註4〕 見王應麟：《玉海》，卷37。又《經義考》載《中興書目》所錄亦同（見《經義考新校》，頁1514）。

以前，蔡根祥先生之論斷亦同〔註5〕。史浩《尚書講義》除蔡根祥先生在其《宋代尚書學案》〔註6〕有概略論述之外，筆者亦曾於 2013 年底發表〈宋代經書帝王學以義理解經特點初探——以史浩《尚書講義》爲文本〉〔註7〕一文加以分析，其後復有陳良中先生所撰〈史浩尚書講義思想研究〉〔註8〕一文。本章擬以上述三文之析論爲基礎，就史浩其人與《尚書講義》作進一步之分析，以呈現其內容特色。

第一節　史浩其人及其學術背景

　　史浩，字直翁，自號眞隱居士，明州鄞縣（現浙江省寧波市鄞州區）人。南宋大臣，曾任孝宗朝宰相、詞人，著有《尚書講義》（存）、《周官講義》、《論語口義》、《鄮峰眞隱漫錄》（存）。〔註9〕

　　史浩生於北宋徽宗崇寧五年（1106），南宋高宗紹興十五年（1145）登進士第，歷任餘姚縣尉、溫州教授，爲張九成（1092～1159）所器重，秩滿之後除太學正，復升任國子博士。高宗時，由於受到重視，納其立太子之言，除秘書省校書郎，並拔擢爲普安王（後爲孝宗）的東宮教師，紹興三十年（1160）普安王爲皇子，進封爲建王，史浩亦升爲建王府教授兼直講。紹興三十一年（1161），遷宗正少卿。三十二年（1162）立建王爲皇太子，除史浩爲起居郎兼太子右庶子。紹興三十二年（1162）六月丙子孝宗受禪，遂以中書舍人遷翰林學士、知制誥。紹興三十二年（1162）八月己巳，除參知政事。

　　孝宗隆興元年（1163）正月，拜尚書右僕射同中書門下平章事兼樞密使，

〔註5〕 蔡先生云：「其書奏進於淳熙十六年，在史氏卒前五年，告老之後六年，是所著講義爲史浩老成之定論。」見氏著：《宋代尚書學案》（潘美月、杜潔祥主編：《古典文獻研究輯刊》第三編，臺北市：花木蘭文化出版社，2006 年 9 月），頁 316。本書原爲蔡氏 1994 年之博士論文：《宋代尚書學案》（臺北市：國立臺灣師範大學國文研究所博士論文，1994 年 6 月），2006 年重新以專著出版。

〔註6〕 見蔡根祥：《宋代尚書學案》第三編第三章第二節。

〔註7〕 何銘鴻：〈宋代經書帝王學以義理解經特點初探——以史浩《尚書講義》爲文本〉，刊於《北市大語文學報》第 12 期（2014 年 12 月）。

〔註8〕 陳良中：〈史浩尚書講義思想研究〉，《歷史文獻研究》2014 年第 1 期（總第 33 輯），頁 34～48。

〔註9〕 本節敍述與引用文字，主要參考〈史浩列傳〉，（元）脫脫等：《宋史》，第 4 冊，卷 396，頁 3236～3237。及樓鑰：《攻媿集》（《文淵閣四庫全書》電子版），卷 93〈純誠厚德元老之碑〉，不另出注。

未幾罷政。首言趙鼎（1085～1147）、李光（1078～1159）之無罪，岳飛（1103～1142）之久冤，宜復其官爵，祿其子孫。官至右丞相，再封魏國公。宋光宗（1147～1200）紹熙五年（1194）卒，諡「文惠」，後追封爲越王，改諡「忠定」。

史浩少年家貧，顯貴後成立「鄉曲義田」。孝宗乾道四年（1168）知紹興府之時，「始捐己帑，置良田，歲取其贏，給助鄉里賢士大夫之後貧無以喪葬嫁遣者，附以學而以義名之」。於是鄉人繪史浩、沈煥（1139～1191）及汪大猷（1120～1200）三人畫像於莊所，以爲感念。其子史彌遠（1164～1233），孫史嵩之（1189～1257）均爲南宋大臣，有「一門三丞相，四世二封王，五尙書，七十二進士」之美稱。

史浩爲人任官，以「寬」、「仁」著稱，知人任事，不爲私利，尤善於爲國舉材。〈本傳〉嘗云：「浩長於識人，薦江、浙之士十五人，如薛叔似、楊簡、陸九淵、石宗昭、陳謙、葉適、袁燮、趙靜之、張子智，後皆擢用。又得金安節、王大寶、周必大等三十五人，各書所長以聞，並爲時用。」〔註10〕史浩爲政幾十年之間，先後引薦過許多才幹之士，包括張浚（1097～1164）、王十朋（1112～1171）、朱熹、楊簡、陸游、葉適（1150～1223）等近五十人，被舉薦者或不願領情，如張浚的兒子張栻（1133～1180）；或不知引薦者爲誰，直到史浩去世後方知情者，如葉適；或被推薦後反惡語相加者，如王十朋；或以爲史浩引薦有籠絡人心之意，如朱熹。這些受薦者雖詆毀史浩，然史浩仍不斷向孝宗推薦。有一次，史浩推薦鄭之茂進職，孝宗知道鄭之茂嘗詆毀史浩，因此問史浩說：「卿豈以德報怨耶？」史浩回答說：「臣不知有怨，若以怨而德報之，是有心也。」又如莫濟曾多次詆毀史浩，史浩仍向孝宗推薦，讓他掌內制。孝宗說：「濟非議卿者？」史浩回答：「臣不敢以私害公。」於是莫濟被任命爲中書舍人兼直學士院。曾被史浩推薦進用，越級進封爲魏國公的張浚，也曾因爲用兵山東之事與史浩對立，恨不得置史浩於死地，後來兵敗自劾，史浩不計前嫌，反而爲他上表說情。孝宗純熙五年（1179），因王十朋上疏而被貶官的史浩再次被拔擢爲右丞相。孝宗說：「自葉衡罷，虛席以待卿久矣。」史浩上奏云：「承恩再相，唯盡公道，庶無朋黨之弊。」皇上回答：「宰相豈當有黨，人主亦不當以朋黨名臣下。朕但取賢者用之，否則去之。」史浩坦言眞誠，因此在出任右丞相後，急於進賢如初，錄用賢士，故三請朱

〔註10〕　（元）脫脫等：《宋史·史浩列傳》，卷396，頁3236。

熹，重用楊簡、陸九淵等十五名江浙名士，士林爲之一振。

有一次，趙雄（1129～1194）舉薦劉光祖（1142～1222）試館職，光祖於朝堂答策，論科場取士之道。皇上看了之後，親自加批於其後說：「用人之弊，人君乏知人之哲，宰相不能擇人。國朝以來，過於忠厚，宰相而誤國，大將而敗軍，未嘗誅戮。要在人君必審擇相，相必當爲官擇人，懋賞立乎前，誅戮設乎後，人才不出，吾不信也。」手詔既出，中外大聳。皇上派曾覿（1109～1180）拿去給史浩看，史浩看後上奏說：「唐、虞之世，四凶極惡，止於流竄，三考之法，不過黜陟，未嘗有誅戮之科。誅戮大臣，秦、漢法也。太祖治國以仁，待臣下以禮，列聖傳心，迨仁宗而德化隆洽，本朝之治，與三代同風，此祖宗家法也。聖訓則曰『過於忠厚』。夫爲國而底于忠厚，豈有所謂過哉？臣恐議者以陛下自欲行刻薄之政，歸過祖宗，不可不審也」。可見史浩爲政寬仁，並敢於糾正皇上「過於忠厚，宰相而誤國，大將而敗軍」的不正確看法。

對於史浩整體的功過評價，喬東山先生有一個比較平允的論斷：

> 孝宗即位初年。這是史浩最有作爲、也是最受時人和後世爭議的時期。這期間，他協助孝宗平反冤獄，積極向朝廷引薦人才，爲將來恢復出謀劃策，並堅決反對即將貿然進行的隆興北伐，這些都值得稱道，顯示了他務實的政治作風和遠見灼識。但他也在此期間犯了一些錯誤。由於不懂軍事，導致了宋軍的德順之敗，給國家和民族造成了損失。另外，由於與張浚等主張立即進行北伐的政見不同，對他們的一些活動沒有很好地配合，甚至進行了阻撓和破壞，其出發點雖是反對冒險的北伐，但畢竟不利於國家。三是任地方官和第二次在朝爲宰相時期。在地方官任上，他抓捕大盜、整治湖田、便民賦稅、設置義莊、爲先賢立祠、創貢院、革除陋俗、拯救溺嬰，爲百姓做了一些實實在在的好事；第二次爲相時期，因爲年事已高，沒有多大作爲，但他抓緊向朝廷薦舉人才，「爲南宋培國脈」，最後由於向孝宗直言進諫，導致了罷相。綜觀史浩一生政治上的所作所爲，有功績也有過錯，從總體上看，其功績大於過錯，他是一個值得肯定的歷史人物。〔註11〕

〔註11〕喬東山：《南宋名臣史浩研究》（保定市：河北大學歷史系中國古代史專業碩士論文，2012 年 6 月），頁 I。

至於史浩之學術背景，史無明載，茲檢閱《全宋文》、史《志》等相關論著資料加以耙梳統整，略述如下：

　　南宋高宗紹興十五年（1145）登進士第，翻檢史籍資料之記載，史浩於中進士之前，未有曾入鄉學、太學之記載，惟《寶慶四明志》記載：「叔父木，優於學，浩以爲師，朝夕質問疑義，反復切到。讀書一經目，終身不忘，自經史百家至浮圖老子之書，靡不通貫，年四十，登紹興十五年進士第。」〔註12〕知史浩於經史百家諸子釋氏之書，無所不讀。之所以能中進士，其學識之奠基，應與叔父史木的教育有很大的關係。其次，史浩之生年略晚於張九成而早於朱熹、陸九淵，而主要的活躍時期則大約相同。張九成是紹興二年（1132）狀元，因反對向金屈膝求和而遭到秦檜打擊，謫居南安 14 年之久，秦檜死後，才被起用知溫州。而據史志記載，史浩約莫同時，亦拒絕秦檜的拉攏而出任溫州教授〔註13〕，在此期間，結識張九成，與之交往密切。史浩嘗云：「某掌郡庠，時適相值，傾蓋忘年，雅同聲氣。」〔註14〕知史浩與張九成於溫州時已爲忘年之交，過從甚密。又，《宋元學案》中將史浩列於〈橫浦學案〉之中，視其學爲張九成之一脈，謝山〈題忠定鄮峰眞隱漫錄〉曰：「忠定最受橫浦先生之知，故其淵源不謬。……其有昌明理學之功，實爲南宋培國脈，而惜乎舊史不能闡也。忠定再相，謂此行本非素志，但以朱元晦未見用，故勉強一出耳。既出而力薦之，幷東萊、象山、上齋、慈湖一輩，盡入啓事。」〔註15〕按：張九成是楊時（龜山）門人，又受禪學影響很深，故其思想特點爲「一方面仍然保持著程門理學的特色，另一方面又援佛入儒」〔註16〕，此一思想與後來陸九淵之心學有許多類似之處，因此被認爲是介於「二程理學與陸九

〔註12〕（宋）羅濬：《寶慶四明志》（《文淵閣四庫全書》電子版），卷九〈郡志九・敘人中・先賢事迹下・史浩〉。

〔註13〕據（宋）羅濬：《寶慶四明志》，卷 9〈史浩〉的記載：「任滿，詣行在。時仲父才爲右諫議大夫。給事中林一飛來致宰相秦檜意，言已留國子監書庫官擬令姪矣。浩白仲父曰：秦似難與同處，且浩以省試前十名，於法令當受教官，可不安分乎？明年檜薨，又明年仲父罷簽書樞密院事，又明年浩以中書舍人吳秉信薦，自溫州教授召爲太學正，再遷國子博士。」知史浩爲太學正、國子博士前，時任溫州教授。

〔註14〕史浩：《鄮峰眞隱漫錄》（《文淵閣四庫全書》電子版），卷 43〈祭無垢先生張公侍郎文〉。

〔註15〕見（明）黃宗羲撰，（清）全祖望補修，（清）王梓材、馮雲濠、何紹基校：《宋元學案》（臺北市：世界書局，2013 年 10 月），卷 40，〈橫浦學案〉，頁 757。

〔註16〕侯外廬等：《宋明理學史》（上卷）（北京市：人民出版社，1987 年 6 月），頁 305。

淵心學之間的中間環節」〔註 17〕。史浩一方面堅持儒學的正統地位，另方面
又受到了二程理學與張九成的影響。因此其學術上兼具二者的特色而稍重於
九成。觀史浩嘗薦張浚、王十朋、朱熹、楊簡、陸游、葉適等人爲官，晚年
亦曾引陸九淵的門人楊簡、袁燮、沈煥等到家中講學，教授自己的子孫，可
知史浩基本上善於知人善任，其學術思想雖偏於張九成一脈，在用人上並不
因此而有絕對的偏好。此外，正是由於史浩等對理學的提倡，使得四明地區
成爲後來心學傳播的重要據點，直至宋末史蒙卿（1247～1306）時，朱子學
也成爲四明學術的主流。由此可以看出，史浩受張九成的影響，《宋元學案》
亦將史浩列入〈橫浦學案〉，視史浩爲張九成的門人，蔡根祥先生嘗論張九成
之學術特色云：

> 夫宋明理學，有心學一派，陸、王是也。心學之説説，有取乎禪佛
> 之義，若萬法唯識之説，菩提明鏡之喻是也。張子韶與宗杲游，習
> 染禪理，故其學多取合於佛道；黃震謂其多借儒以談禪，陽儒而陰
> 釋，亦非無因。然就其《尚書》學說觀之，乃以聖王正範、國家治
> 平爲論基，以禪釋心悟爲門法，謂之「借禪談儒」可也。〔註18〕

蔡根祥先生對於張九成學術受禪學所影響的部分總歸爲「借禪談儒」〔註 19〕
而已，尚未達侯外廬等先生所云「援佛入儒」的深入境界。

　　而張九成此一「借禪談儒」之特色，史浩《尚書講義》亦有所體現，如
史浩解說〈大禹謨〉「人心惟危，道心惟微，惟精惟一，允執厥中」一段云：

> 然則何以知之，惟精惟一而已，精者杳分冥分，不專心致志則不得
> 道心之靜也。一者，爲物不貳，一之所起，人心之動也。有一則兩
> 端具矣，兩端具則可中取矣。不於一而中取，則二三其德，而動罔
> 不凶矣。舜執其兩端而用中於民，以其得一也。得一者，心有所得
> 於喜怒哀樂未發之前，所謂心悟也。〔註20〕

〔註17〕　侯外廬等：《宋明理學史》（上卷），頁 304。

〔註18〕　蔡根祥：〈張九成《尚書》學研究〉，《高雄師大學報》第 22 期（2007 年 6 月），
頁 14。

〔註19〕　「借禪談儒」之說詳見蔡氏：〈張九成《尚書》學研究〉，頁 12～14 所論。蔡
氏於該文之結論云：「張子韶師承楊龜山，本可謂之義理正宗，然從釋宗杲遊，
習於禪佛，遂爲程門學者所斥，視爲異端；排之最力者，莫如朱熹，朱熹嘗
作〈雜學辨〉以駁正之，又嘗謂九成之說，其患烈於洪水夷狄猛獸。黃震亦
謂張九成之學說、經義，多借儒談禪。然就其《尚書》學說而論，其中多言
聖王治平之事，以禪悟爲門法，實是「借禪談儒」也。」（頁 24）。

〔註20〕　（宋）史浩：《尚書講義》，收於林慶彰主編：《中國歷代經書帝王學・宋代篇
（一）》（臺北市：新文豐出版公司，2012 年 12 月），頁 210。

此一「心悟」之說，雖帶有佛家用語之色彩，實爲理學家致力於心性修養的意涵。〔註21〕

第二節　以理學解經之傾向

　　林慶彰先生在《中國歷代經書帝王學叢書・宋代篇・導言》一文，曾分析經筵講義內容所具備的特質，計有四點：（一）發揮義理，不主訓詁。（二）親賢臣，遠佞人。（三）批評時政，伺機建言。（四）人君有志，危可轉安。〔註22〕筆者參酌林先生之分析，對《尚書》講義進行統整對照之後，亦得出五點特質：（一）講讀內容著重治國之道，不主章句訓詁。（二）講讀重在發揮經典要義，成就君德。（三）講讀時批評時政，藉機建言。（四）以理學解經之傾向。（五）著重先內聖後外王的修爲。（說詳下節，其中第四、第五特點的分析，主要以史浩《尚書》講義爲基礎）基本上，上述幾點確能指出經筵講義所共同呈現的特質，不論在《詩》、《書》、《易》、《春秋》等各經的講義，大抵都能呈現如此面貌，然而由於各經屬性的差異，另具有其個別差異性的特質。而經筵講義這種特質的形成，既受聽講者爲帝王身份的影響，亦與宋代學風及當時政治環境，有著密不可分的關係。一般解經之著作，無非是字詞的訓詁、典章制度的疏解證明、章句大義的闡述發明等，自漢朝以下的經解著作，多是如此。但是，自唐代中葉以後，學者深感傳統解經方式已無法深入聖人心義，加上佛、道傳播的影響，於是逐漸不滿於傳統的經解，重頭以新的方式來解說經典，也就產生了唐代「義疏之學」以及宋代「經學義理化」的現象。宋代這種經學義理化的現象，皮錫瑞稱之爲「經學變古時代」〔註23〕。經學義理化的特點，就是以闡發經書義理爲主，而不再是過去的章句訓詁之學。就經筵講義來觀察，因爲其教學對象是帝王，爲了啓發帝王以聖賢爲楷模的向上求治之心，更是以闡發經書的義理爲主。宋代曾任經筵講官的徐鹿卿，在其經筵講義中，即說到帝王習經與經生習經根本上的不同：

〔註21〕按，翻檢史浩《尚書講義》全書，言及「悟」者計有 19 處，分布於 11 卷之中，計有開悟、心悟、悟釋、弗悟、覺悟、不悟、若有悟、苟悟、感悟、悔悟、迷悟、警悟等詞，惟此「心悟」一詞就文章之語境而言，似爲佛家用語，然實爲理學家致力於心性修養的意涵。

〔註22〕林慶彰：《中國歷代經書帝王學叢書・宋代篇・導言》，頁 8～10。

〔註23〕（清）皮錫瑞，周予同注：《經學歷史》（臺北市：漢京文化事業公司，1983 年 9 月），頁 220。

臣聞帝王之學與經生學士異，非區區從事於章句訓詁而已。讀〈禹
貢〉一書，當知古人所以爲民除患者如此其勞，彊理天下者如此其廣，
立法取民者如此其審，尊所聞，行所知，不至於古不止也。〔註24〕

徐鹿卿所言即是將帝王讀經與經生讀經的目的區分開來。經生之學，「從事於
章句訓詁」，而帝王之學，則在於「爲民除患」、「彊理天下」、「立法取民」。
可知經筵講官在跟皇帝講論經書時，在於強調經書之義理，以經書的義理來
引導皇帝向上求治之心，達到聖賢的境地，才不愧爲聖人之學。以此觀察史
浩之《尚書講義》的講解內容，其闡述的內涵，與林慶彰教授所言之經筵講
義的特點，大抵相符。然而，對一本偏重於歷史特質的《尚書》而言，由於
受到宋代學術風氣的影響，其解經著作也呈現出「義理化」的現象，就《尚
書講義》來看，這種「義理化」與一般說理的內容不盡相同，而是呈現出一
種哲學特質，這種哲學特質就是宋代理學的特點，而不僅僅是一種歷史借鏡
與史實陳述而已。

一、以理學解經之學術背景

史浩爲南宋高宗紹興十五年（1145）進士，其學術與政壇活躍期亦在高、
孝、光宗三朝，此時期宋代學術思想之發展，已歷經周敦頤、張載、二程子
之後，與朱熹約莫同時，張麗珠先生云：「宋明理學是我國學術發展史上一個
極其突出且重要的新思想典範的建立……學說理論則主要繼承孔、孟及《易
傳》、〈大學〉、〈中庸〉思想而加以發揚光大。要之，理學家有別於漢唐儒者
之重視經籍訓詁、注疏等，他們轉而強調儒學所內蘊的義理思想。」〔註25〕
亦即自宋朝開始至明代的六七百年之間，學術發展是繼承先秦的孔、孟及《易
傳》、〈大學〉、〈中庸〉思想而往前發展。宋明儒者不像漢、唐一樣重視經籍
文字的注疏，而是想要尋求聖賢文字所蘊藏的思想義理，進而讓自己的生命
能和經籍文字之義理相應，通過對儒家經籍的講習而瞭解古人的眞生命、眞
精神，然後求自己也能經由實踐道德而成聖，這是宋代理學解經和前代較爲
不同之處，也因此能顯出宋代學術的特點。

朱子合〈大學〉、〈中庸〉、《論語》、《孟子》爲《四書》之前，宋代學者
在重新詮釋儒家經典之時，便已特別重視《易經》、〈中庸〉、〈大學〉等著作，

〔註24〕宋・徐鹿卿：《清正存稿》，卷4，頁1上。
〔註25〕張麗珠：《中國哲學三十講》（臺北市：里仁書局，2007年8月），頁321。

這是因為此一類型的儒家經典內涵，具有可為宋儒所用的哲學特性，有助於宋儒建構儒家哲學的論述體系，特別是形上學與功夫論上。北宋中晚期以來的宋代學術，對於「道」、「理」、「一」、「中」、「敬」、「誠」等哲學概念之解釋，已深入對經典之解釋當中。尤其是程頤、朱熹一脈，強調為學重「功夫」，循序漸進，下學而上達，格物致知，持敬窮理，這種學術特點自程、朱以來逐漸躍居學術主流，至理宗朝，甚至成為官方學術之主流。因此，在當時以義理解經的學術氛圍底下，對於各經的解釋，便自然會形成帶有哲學意涵的特點。史浩在此一學術氛圍當中，自亦受到影響。

從史浩《尚書講義》之內容觀察，其於解經論述時，每每以〈中庸〉、〈大學〉之經文為核心，除引用外，並作為論述的基礎，此種情形可見之處甚夥，茲於下文略作分析。

二、以義理解經之理學特點

史浩《尚書講義》之內容篇目，包含今古文及〈書序〉在內，於〈書序〉、篇題之下，皆有解說，其體例於每段引原文後，以低一格之方式說解，兼有涉及字詞之解說者，則以義理說之，不涉繁瑣之訓詁，如〈堯典〉「曰若稽古帝堯，曰放勳，欽明文思安安，允恭克讓，光被四表，格於上下」一段，史浩於其下曰：

> 曰，當讀為粵字，粵者，始詞也。若稽古者，順考古帝堯之德，猶今紀功德之文，曰謹按是也。放勳者，號也，有勳可見，故以是尊之也。上古君天下者，一於道爾。故民鑿井耕田，不知帝力於我何有，無功可見也。堯則放前人之功，巍巍乎有成矣。欽者，敬也。為人上者，奈何不敬，則欽者堯之首德，明則其次也。序《書》以聰易欽，何也？蓋聰明天賦，天所以命之者在是，故曰宣聰明，作元后。至於欽明，則率性而行也。率性而行，首以欽德，則允恭克讓，固其性之自然而非矯飾也。堯具是四德，出於本性之自然，率而行之，安其所安，無一毫作為，故曰安安。夫一性之光明，被四表而格上下，固非智巧果敢所能致，至於推而放之東海而準，推而放之西海而準，推而放之南海而準，推而放之北海而準，卒之上下與天地同流，非光明則不能偏也。如是則民物之休戚，天地之變化，孰有彼此之間，皆吾一性之動而已，豈非率性之道乎？〔註26〕

〔註26〕　（宋）史浩：《尚書講義‧堯典》，頁191。

就史浩本段的說解來看，對於字詞的解釋，其實十分精簡，但是對於帝堯之「德」、「性」、「聰明」，史浩倒是不厭其煩地說明之，強調堯之所以具備萬世帝王典範的特質。史浩在本段之前關於〈堯典〉篇題的解題，即說到：「天命之謂性，率性之謂道，修道之謂教。夫天命之性，堯全德而具，未嘗失也。故其所行，自欽明文思，格於上下，率性之道也。自克明俊德至黎民於變時雍，修道之教也。聖人之論，歷萬世而不可易者，以前聖後聖其歸一揆爾。〈堯典〉，篇目也，典者，常也，經也。經常者，萬世不刊之典也。」〔註27〕而上引史浩說解，即承篇題而來。觀此二段之文，可知史浩對於字詞，非僅以傳統訓詁之方式，只作字詞的簡單解釋而已，而是代以「義理」說明，闡述經文之意涵。此外，史浩明顯引〈中庸〉「天命之謂性，率性之謂道，修道之謂教」之說來闡釋《尚書》經文「欽明文思安安，允恭克讓，格於上下」，史浩以為〈書序〉所云「聰明」，乃天賦堯之性，堯全德而具，「欽明」乃「率性而行」，「固其性之自然而非矯飾也」。「欽明文思安安」，則云「出於本性之自然，率而行之，安其所安，無一毫作為，故曰安安」。既出本性之自然，則推本性之光明，可與天地合流，既與天地合流，則民物之休戚，天地之變化，皆吾性之動而已。因此史浩於篇題下云：「自欽明文思，格於上下，率性之道也。自克明俊德至黎民於變時雍，修道之教也。聖人之論，歷萬世而不可易者，以前聖後聖其歸一揆爾。」〔註28〕觀上可知，史浩以〈中庸〉「天命之謂性，率性之謂道，修道之謂教」對〈堯典〉首章讚揚堯之聖德，做了一番新的解釋，對於帝堯德行之發揮與詮釋，頗有別於前人經注之見解。

又如〈舜典〉「帝曰夔，命汝典樂，教胄子，直而溫、寬而栗、剛而無虐、簡而無傲」一節，史浩解即以〈中庸〉「致中和」的概念來解說〈舜典〉的經文，史浩云：

> 禮所以防僻而教之中，樂所以防情而教之和，伯夷典禮，防其僻也，后夔典樂，防其情也。蓋喜怒哀樂之未發謂之中，發而皆中節謂之和。和者，行其中也，直則屬矣，溫以和之；寬則慢矣，栗以和之；剛者，幾於虐矣，今也以和而無虐；簡則幾於傲矣，今也以和而無傲；皆所以抑其過而勉其不及，中之謂也。豈非和所以行中之謂乎？曰教胄子者，國之元子與公卿大夫之子也，使胄子教養于禮樂中和之域，太平之極致也。〔註29〕

〔註27〕　（宋）史浩：《尚書講義‧堯典》，頁190。
〔註28〕　（宋）史浩：《尚書講義‧堯典》，頁190。
〔註29〕　（宋）史浩：《尚書講義‧舜典》，頁203。

史浩謂「胄子」者，乃「國之元子與公卿大夫之子」，而教胄子以樂，乃「所以防情而教之和」，使得「胄子教養于禮樂中和之域，太平之極致」。〈中庸〉經文云：「喜怒哀樂之未發謂之中，發而皆中節謂之和。」史浩引之以解說《尚書》經文所謂「直而溫、寬而栗、剛而無虐、簡而無傲」之義，強調〈中庸〉「和者行其中也……皆所以抑其過而勉其不及，中之謂也，豈非和所以行中之謂乎」？此明顯引〈中庸〉之文來闡述〈舜典〉命夔典樂用以教胄子之說，強調的就是〈中庸〉所談的「中」、「和」的概念，史浩將其巧妙的引入《尚書》的經文說解之中。

再如〈大禹謨〉「帝曰：格，汝禹。朕宅帝位三十有三載，耄期，倦于勤。汝惟不怠，摠朕師。禹曰：朕德罔克，民不依。皋陶邁種德，德乃降，黎民懷之，帝念哉！念茲在茲，釋茲在茲，名言茲在茲，允出茲在茲，惟帝念功。帝曰：皋陶，惟茲臣庶，罔或予正。汝作士，明于五刑，以弼五教，期于予治。刑期于無刑，民協于中，時乃功，懋哉」一段，史浩《尚書講義》引〈大學〉之說來解釋云：

> 堯以道治，舜德升聞，故以禪舜。舜遜於德，弗嗣。已而嗣位，德足以堪之故也。是以〈禹謨〉所敍，罔匪以德。至是，帝堯〈大學〉之道得所付矣。〈大學〉之道在明明德，舜得是道，所言所行，罔非明德，史謂明德是虞帝始，蓋以此也。……皋陶種德，如農者之深耕易耨，固其根本，所以能穫。蓋〈大學〉之道以正心誠意為本，所以能明明德於天下也，正心誠意可謂種之德也，進而至於平天下，可謂遠也。……罔怒者，無過不及，能執其兩端而用其中於民也，故凡所贊，皆舜之用中也……舜之用中，濟以寬厚，此好生之德，所以使民淪肌浹髓而不可忘，故能置刑罰於無用之地也。[註30]

史浩以為堯之禪舜，乃「舜之德足以堪之故也」，「至是，帝堯〈大學〉之道得所付矣」。史浩前云「堯以道治」，其下復以「大學之道」釋堯之「道」，接著引〈大學〉之文：「大學之道在明明德。」認為「舜得是道，所言所行，罔非明德，史謂明德是虞帝始，蓋以此也」。除述舜之明德足堪帝位之外，更以「誠意正心」為「道大學之道」之根本，所謂「大學之道在明明德，在親民，在止於至善」，此乃大學之道的「三綱領」；而誠意、正心、修身、齊家，進而治國、平天下，乃大學之道的「八條目」（格物、致知、誠意、正心、修身、

[註30]（宋）史浩：《尚書講義·大禹謨》，頁 208〜209。

齊家、治國、平天下）。此說熔「道德哲學」與「政治哲學」於一爐，即是帝王達到「內聖外王」的進路。史浩藉〈大學〉所言「內聖」而「外王」之進路，其目的在強調帝王應自道德修爲開始，以達到「成聖」的目標，分明可見。復觀漢唐儒者對於〈大學〉「明明德」之解釋，鄭玄注曰：「明明德，謂顯明其至德也。」〔註31〕孔穎達疏曰：「在明明德者，言大學之道，在於彰明己之光明之德。謂身有明德，而更彰顯之。」〔註32〕可見鄭玄和孔穎達對於「明明德」之解釋，簡單明瞭，僅及於字義、文義之疏通，將第一個「明」字做「顯明」、「彰顯」之義解；「明德」做「光明之德」解，不似史浩牽引〈大學〉三綱領、八條目，以爲帝堯、帝舜皆得「大學之道」，以「誠意正心」爲本，能得此德之本，方能執其兩端而用其中於民，故身爲帝王，當以堯、舜爲法。事實上，史浩文中尙引有〈中庸〉「執其兩端而用其中」的說法。

復觀〈大禹謨〉「人心惟危，道心惟微，惟精惟一，允執厥中」十六字爲歷代聖賢傳授之心法，史浩對此當然大加推崇，以之爲歷代帝王受命之符：

> 於是告之以歷代聖賢所傳之道，曰「人心惟危，道心惟微，惟精惟一，允執厥中」也。惟皇上帝，降衷於下民，是以歷代聖人執其兩端而用其中於民。既受中以生，非皇天作之君、作之師，以輔之翼之，則其中安保不迷而失之耶？然則中者君天下之綱領，而歷代帝王受命之符也。〔註33〕

此處《尙書》經文所言「人心惟危，道心惟微，惟精惟一，允執厥中」，本是宋儒所言「道心」要義之所在，史浩於此，亦復深闡其義，以四頁（近一千三百二十字）的內容，論述「危、微、精、一」之要旨，其言已涉形上義理之意涵，史氏曰：

> 且喜怒哀樂之未發謂之中，既曰未發，何時而見？此道心也，豈不微乎！惟其發而中節，人始知其自中出也，不從中出，則喜怒哀樂四者之動，吉凶悔吝生焉。此人心也，豈不危乎？夫心一而已，自其靜者言之，則道心不可見；自其動者言之，則人心多妄作。惟能心悟而自得，得其中於喜怒哀樂未發之前，則發而皆中節矣，孰不

〔註31〕（漢）鄭玄注，（唐）孔穎達疏：《禮記注疏》（臺中市：藍燈文化事業公司，1990 年 3 月影印嘉慶二十年江西南昌府學刻本），卷 60，頁 983 上。

〔註32〕《禮記注疏》，卷 60，頁 984 上。

〔註33〕（宋）史浩：《尚書講義‧大禹謨》，頁 209～210。

爲喜？聖人之喜，則天下鼓舞於春風和氣中矣。孰不爲怒？聖人之
怒，則一怒而安天下之民矣。以至哀，則爲禮以防萬民之僞；樂，
則爲樂以防萬民之情，以其中節故也。〔註34〕

此以〈中庸〉之「中」來闡述「道心」之要旨，而此一「道心」既不可見，
又能妄作，惟求「心悟」而能自得，此蓋聖人能之。此處將帝王成聖之法導
向於「心悟」，而「心悟」之法，史浩云：「然則何以知之，惟精惟一而已，
精者杳兮冥兮，不專心致志則不得道心之靜也。一者，爲物不貳，一之所起，
人心之動也。有一則兩端具矣，兩端具則可中取矣。不於一而中取，則二三
其德，而動罔不凶矣。舜執其兩端而用中於民，以其得一也。得一者，心有
所得於喜怒哀樂未發之前，所謂心悟也。」〔註35〕史氏此處所言「心悟」之
法，與佛家禪定、修練之法，似亦有「異曲同工」之妙，此處言「異曲同工」，
蓋因史氏之「心悟」與佛家之「心悟」略有所同，然非本文論辨之重點，此
處不擬詳論，此或與張九成之學術思想有所傳承〔註36〕。

觀上所述，可知史浩說解《尚書》之內容，偏重在「以義理解經」之上，
而此種「以義理解經」的內涵，事實上是帶有宋代濃厚的「理學」學術特點，
這種說解方式可說是史浩《尚書講義》的一個重要特色。由於儒家經典的內
容與特質之差異，宋代理（經）學家在闡述義理時，多半集中在《易經》、〈大
學〉、〈中庸〉、《孟子》等經典之上，而身當南宋的史浩，亦巧妙的將〈大學〉、
〈中庸〉的形上哲學意涵的三綱領、八條目等內容，帶進了《尚書講義》之中。

第三節　著重先內聖後外王的修爲

葉國良先生對於宋代經學的特色，曾說道：「漢代儒學，強調的是經世致
用，偏重『外王』的發揚；宋人雖不否定『外王』，整體而言，卻有側重『內
聖』的傾向，亦即重視個人的修身養性，講求在意念之間摒惡存善，在言行
舉止上散發聖賢氣象。」〔註37〕事實上，分析史浩《尚書講義》的內容，確
有側重內聖的傾向，而此種側重內聖的來源，即是〈大學〉。〈大學〉開宗明

〔註34〕　（宋）史浩：《尚書講義‧大禹謨》，頁210。
〔註35〕　（宋）史浩：《尚書講義‧大禹謨》，頁210。
〔註36〕　此依《宋元學案》列史浩於〈橫浦學案〉以推；復觀蔡根祥先生：〈張九成尚
書學研究〉，《高雄師大學報》第22期（2007年6月）可知。
〔註37〕　葉國良等：《經學通論》（臺北市：國立空中大學，1997年8月），頁578。

義即云：「大學之道，在明明德，在親民，在止於至善。」此即所謂「三綱領」。又云：「古之欲明明德於天下者，先治其國；欲治其國者，先齊其家；欲齊其家者，先修其身；欲修其身者，先正其心；欲正其心者，先誠其意；欲誠其意者，先致其知；致知在格物。物格而後知至，知至而後意誠，意誠而後心正，心正而後身修，身修而後家齊，家齊而後國治，國治而後天下平。」即所謂的「八條目」。這些內容強調從自身的修為做起，逐層遞進，方能做好治國、平天下的工作。再以帝王之尊，作為百姓之典範。

　　就史浩《尚書講義》觀之，於解說堯、舜、禹等上古帝王之典範及其治國要略時，每每強調由修身、齊家，乃至治國、平天下的進路。此從說〈堯典〉、〈舜典〉、〈大禹謨〉、〈皋陶謨〉等開頭篇章之內容即可知，史浩每在《尚書》本文之下，詳細申述帝堯、帝舜之德，以堯、舜修道之教，「其本在於正心誠意」，「未有不以此而天下治也」〔註38〕。如史浩說〈堯典〉「克明俊德，以親九族；九族既睦，平章百姓；百姓昭明，協和萬邦，黎民於變時雍」一段云：

> 此堯修道之教也。古之欲明明德於天下者，其本在於正心誠意。堯之德盛矣，至出而應世，未有不由此而天下治也。後人謂克明俊德為明揚側陋之人，非也。《大學》曰「克明俊德」，自明也。自明者，內明而外俊，明之至也。此非修身而身修之效歟？賢者親之，無能者亦親之，而九族至於親睦，親之至也。此非齊家而家齊之效歟？敬者平之，晦者章之，而百官巨姓至於昭明，章之至也，此非治國而國治之效歟？協和者，調一也，而黎民於變時雍，和之至也，此非平天下而天下平之效歟？自常人論之，堯此德以治天下，不過一治世之君者，殊不知堯之所以能治此者，《大學》之道也。〔註39〕

史浩此處以《大學》修身、齊家、治國、平天下的思想解釋經文，強調從自身的誠意正心開始，內明而外俊，修身而身修，齊家而家齊，治國而國治，明顯地遵循宋代理學所強調的「先內聖，後外王」的輕重取向。用《大學》解《尚書》之義，自北宋司馬光即嘗言之。司馬光《稽古錄》即載《尚書·堯典》之文：「堯欽明文思，允恭克讓，光被四表，格于上下。克明駿德，以親九族，九族既睦，平章百姓，百姓昭明，協和萬邦，黎民於變時雍。」其

〔註38〕　（宋）史浩：《尚書講義·堯典》，頁191。
〔註39〕　（宋）史浩：《尚書講義·堯典》，頁191。

下並引《大學》之文以釋：「駿，大也。言堯能脩明其大德以睦，上自高祖，下至裔孫等列旁支之親。《大學》所謂身修然後家齊也。百姓，國人也，言九族之外，臣民之異姓者也，皆化九族而平和章明，所謂家齊然後國治也。昭，亦明也。協，合；黎，眾。時，是；雍，和也。言天下眾民皆變化化上，是以風俗大和。所謂國治然後天下平。」〔註40〕史氏此處以《大學》以釋《尚書》，無疑是宋代學術發展極重要之一端，經典之間相互融合的過程，從學術史的角度而言，有助於豐富經典的內在價值。

又史氏《尚書講義》解〈皋陶謨〉「皋陶曰：『都！慎厥身，修思永。惇敘九族，庶明勵翼，邇可遠在茲」一段，亦引《大學》之說以論：

> 皋陶之學，《大學》之道也，故其所言，首於慎厥身修，而修身本於思永。思者，正心誠意。永者，不息則久也。蓋以修身本於正心誠意，故能行遠也。禹贊皋陶邁種德者，修身以正心誠意爲本。如木之有根，植根之固而能久於其道也。自思永而推之，則修身而可以齊家矣，故曰厚敘九族。家齊則可以治國平天下矣，故曰庶明勵翼。言眾庶明吾修道之教，勉而勵翼也。翼者，中也，如鳥之有翼，所以輔中也。故舜贊皋陶曰民協于中，而皋陶亦以謂邇可遠在茲，謂陟遐必自邇也，蓋自正心誠意而至於治國平天下，斯民皆協於中。皋陶邁種德之功，其要又在於思永也。〔註41〕

《尚書》此段經文原本是指皋陶對禹提出：嚴格地要求自己、堅持不懈地修養自己的品德、以仁厚之心團結宗族、以賢明之人爲輔佐等治理國家的看法，如此，政事就可以由近及遠，順利地推行至天下各地。而史浩以「正心誠意」來解「思」，以「不息則久」來解「永」，則「修思永」意即：「不息地」以「正心誠意」來「修身」，「自思永而推之，則修身而可以齊家矣」。史氏由「正心誠意修身」推及「治國平天下」，以「修身而可以齊家」來解「惇敘九族」之義，以「家齊則可以治國平天下」來解「庶明勵翼」，以「自正心誠意而至於治國平天下」來解「邇可遠在茲」，將此段《尚書》經文以「大學之道」重新闡釋，而重點就在於「思永」，亦即側重「先內聖」的傾向。

其次，再如〈舜典〉列舉舜生側微，歷試諸難，終登帝位，強調舜之德皆自己身修起，修身齊家治國平天下，足以爲天下法者，史浩於此則云：

〔註40〕　（宋）司馬光：《稽古錄》（《文淵閣四庫全書》電子版），卷2〈陶唐氏〉。
〔註41〕　（宋）史浩：《尚書講義・皋陶謨》，頁213。

　　蓋欲使之爲天下後世作法，不得不生於側微。側微者，隱陋也。夫
　　既起於隱陋，則萬古耕稼陶漁者皆得以取法；夫既父頑母嚚象傲，
　　則萬古處父子兄弟之間者，皆得以取法；夫既百官事之，二女女焉，
　　則萬古爲朋友長幼夫婦者，皆得以取法；夫既齊七政、頒五瑞、巡
　　狩以覲諸侯，協時月正日，同律度量衡，舉賢去不肖，則萬古爲君
　　者，皆得以取法。……其意蓋爲天下後世作大模楷，欲使天下後世
　　自天子至於庶人，皆當法舜也。〔註42〕

此言舜非有至高至聖之明德者，難以爲萬世之法、天下後世之典範，蓋「天
下之所謂難者悉以授舜，舜亦以身任之」〔註43〕故也。史浩復云：

　　君人之德，唯在聰明，聰明者與天地同體，故曰惟天聰明，惟聖時
　　憲。是故堯、舜以聰明在上，而仲虺稱湯，亦曰惟天生聰明……夫
　　以側微一介之野人，而使之當五典百揆四門大麓，上而欽天事神，
　　中而黜陟幽明，下而至於夷蠻鳥獸魚鼈皆獲其所，豈不爲甚難哉！
　　惟其難而能爲之，使天下之人皆知之，皆見之，皆以莫能及而心服
　　焉。此舜之所以終能享無爲之治也。〔註44〕

帝王以其聰明之德，上可以統御百官，治國平天下，下可以爲黎明百姓之典
範，導引百姓「明」其「明德」，這種「先內聖，後外王」的思維，正是宋代
經學家的理學特質之一，史浩將其援入經筵講義之中，成爲其《尚書》經筵
講義的一大特點。

　　此外，宋代理學家所論述的許多哲學範疇，如「命」、「性」、「心」、「理」、
「氣」、「太極」、「中和」與「中庸」之「中」、「道」、「德」等，多引自《易
傳》、〈大學〉、〈中庸〉之文，其關係帝王「內聖」、「外王」之修爲、治道的
部分，史浩亦將其引入《尚書講義》之中，或逕引其文以爲證，或於引文之
後，加以申述。如史浩於〈仲虺之誥〉「惟王不邇聲色，不殖貨利，德懋懋官，
功懋懋賞，用人惟己，改過不吝，克寬克仁，彰信兆民」一段下，引《孟子》
之說云：「孟子曰：『湯執中，立賢無方。』執者，執其兩端，至於立賢無方，
則用其中矣。此聖人之大德也。蓋方喜怒哀樂隱於未發之前，其所謂中，孰
從而見，惟舉其兩端，始得見中也。」〔註45〕其後並舉出聖人如何執兩端之

〔註42〕　（宋）史浩：《尚書講義・舜典》，頁 195～196。
〔註43〕　此程玭之語。見（宋）程玭：〈舜典講義〉，《全宋文》，卷 6789，頁 55。
〔註44〕　宋・史浩：《尚書講義・舜典》，頁 196。
〔註45〕　（宋）史浩：《尚書講義・仲虺之誥》，頁 249。

例，如「貪、廉」、「官爵、懲惡」、「慈、勇」、「興滅、繼絕」、「勸、徂」等，強調人君之大德，果在於用中也，這是針對人君治道而言。又云：「夫湯之懋昭大德，是所謂允執厥中也。建中于民，是所謂敷錫厥庶民也。〈中庸〉言：『大德者必受命，大德者必得其位。』皆以其能用中也，用中則王者之能事畢矣。」將執中之本又歸於「大德」，此又回到「內聖」。

觀上節所述，史浩每每引〈大學〉、〈中庸〉之文以說《尚書》，強調帝王當以修身、修德爲根本，由內而外，先內後外，史浩的《尚書講義》將此一內容，反覆地強調、陳述，可以見得史浩對於帝王先內聖後外王的觀念，深信不疑。

若從社會科學「量化」的角度來研究，則以「中」字爲檢索核心，以《文淵閣四庫全書》電子版檢索《尚書講義》全書，共可得 528 筆資料，扣除非〈中庸〉所述中道之義，亦有約五百筆之多；再以文中明引「中庸」二字者爲檢索，則卷七有 1 筆，卷十二有 2 筆，卷十七有 1 筆，共可得 4 筆資料。若以「德」字爲檢索核心，共可得 873 筆資料。此「德」字之義，大約有「光明之德」、「聖人之德」、「君子之德」、「崇高之德」等意涵，具有較多的形上哲學意涵。再者，若以「明德」二字爲檢索核心，可得 29 筆資料，包括卷一有 2 筆，卷十三有 1 筆，卷十四有 12 筆，卷十五、十六各有 2 筆，卷十七有 5 筆，卷十八有 3 筆，卷二十有 2 筆。如再限縮爲「明明德」三字，則完全符合者資料更少，此因「明明德」爲〈大學〉之本文，除非引文，否則若只是解說意旨，則未必一定出現「明明德」三字，反而較大的機會會出現「明德」以及「德」字，此因「德」與「明德」，比起「明明德」三字具有較多、較大、較模糊的形上意涵。上述「中庸」二字，以及下文八條目之檢索情形，亦是如此。例如以「誠意」爲檢索核心，可得 14 筆資料，包括卷一有 1 筆，卷三有 2 筆，卷四有 6 筆，卷十二有 4 筆，卷十八有 1 筆。如以「正心」爲檢索核心，可得 15 筆資料，包括卷一有 1 筆，卷三有 2 筆，卷四有 7 筆，卷十二有 4 筆，卷十八有 1 筆。如以「修身」爲檢索核心，可得 7 筆資料，包括卷一有 1 筆，卷四有 4 筆，卷八有 1 筆，卷十八有 1 筆。如以「齊家」爲檢索核心，可得 4 筆資料，包括卷一有 1 筆，卷四有 1 筆，卷十八有 2 筆。如以「治國」爲檢索核心，可得 8 筆資料，包括卷一有 1 筆，卷二有 1 筆，卷四有 3 筆，卷十八有 2 筆，卷二十有 1 筆。如以「平天下」爲檢索核心，可得 8 筆資料，包括卷一有 1 筆，卷三有 2 筆，卷四有 3 筆，卷十四有 1 筆，卷十

八有 1 筆。茲將其相關檢索結果，列表如下：

〈表 3〉史浩《尚書講義》用詞檢索表

*為出現次數最多之卷數。

檢索字詞	總次數	卷數／次數	卷數／次數	卷數／次數	卷數／次數	卷數／次數	卷數／次數	卷數／次數
中	528	7/53*						
中庸	4	7/1	12/2	17/1				
理	105	12/27*						
性	65	1/15*						
德	873	9/108*						
明德	29	1/2	13/1	14/12	15/2	16/2	17/5	18/3
誠	84	10/13*						
敬	193	15/24*						
誠意	14	1/1	3/2	4/6	12/4	18/1		
仁	59	11/10*						
道	433	12/87*						
心	552	9/52*						
正心	15	1/1	3/2	4/7	12/4	18/1		
身	139	9/17*						
修身	7	1/1	4/4	8/1	18/1			
家	156	20/16*						
齊家	4	1/1	4/1	18/2				
國	354	5/41*						
治國	8	1/1	2/1	4/3	18/2	20/1		
天下	227	2/31*						
平天下	8	1/1	3/2	4/3	18/2	20/1		
皇極	59	12/59*						
太極	4	12/4*						

可以見得，以關鍵字的檢索，越是單一的字，所得檢索數量越大，隨著詞義的限縮，所得的資料量越少，這是以字詞檢索核心的限制，許多的意涵是呈現於敘述當中，未必完全符合關鍵字的字詞。而就檢索的結果而言，以「修身」為主的字詞範疇，明顯高於「治國」、「平天下」，總的來說，《尚書講義》確實呈現內聖優於外王的傾向，同時也呈現不同於漢、唐解說《尚書》

的內容，具有宋代理學的特色。《尚書講義》之內容，多可見以理學之義來向皇帝解說《尚書》，並藉以向皇帝表達帝王修齊治平的成聖之道，可說是史浩《尚書講義》之一大特色。

《史記‧太史公自序》云：「《書》記先王之事，故長於政。」〔註46〕《尚書》一經之文本，所記載為三代帝王治國之歷史與嘉謀要略，為今存最古之政事史料彙編，而經筵講義由於帶有為帝王講解經書大義之特殊目的性，以感悟君心、修德治國為主，故與一般之解經著作不同。《尚書》經筵講義因有這個特殊的目的性，也呈現出不同於一般經解著作的特質。宋代經學的特點之一是經學的義理化，此一時期也是經筵制度成為定制的重要時代。經由上文初步的分析，可知史浩的《尚書講義》除了一般經筵講義所呈現的特色之外，由於受到宋代學術風氣的影響，其內容亦反映了宋代理學的內涵，特別是強調〈大學〉、〈中庸〉的修齊治平要旨，因此，也就顯現出講官想要表達的一種「先內聖、後外王」的帝王教化觀。而這一種帝王教化觀，應與當時的學術背景與講官本身主觀的意識，有著密不可分的關係。

〔註46〕（漢）司馬遷，（日）瀧川資言考證：《史記會注考證》（臺北市：藝文印書館，1972年2月）卷130，頁1370。

第五章　宋代經筵、《尚書》講義與政、學之關係

　　宋朝的中央決策體制是以皇帝爲中心，輔以宰相、執政、侍從、臺諫等相關機構所構成。其據以作爲決策參考之訊息管道的來源，依朱瑞熙先生之研究，有八種：一、二府（或三省和樞密院）分班或合班奏事，二、臣僚奏章，三、臣僚上殿奏事，四、大臣留身奏事，五、臺諫官的「本職公事」，六、監司和帥司的奏報，七、經筵官的議論，八、士民的上書。〔註1〕其中第七點「經筵官的議論」即是指經筵講官在經筵講讀時或經筵講讀後，爲皇帝所提供的國政諮詢。這種國政諮詢，理所當然會對於宋代的政治運作產生一定的影響力。經筵講官雖有品秩高低的不同，員額也很少，但即使是一位七品的「崇政殿說書」，在皇帝身邊，除了講解經史之外，也是皇帝私人的顧問，甚至如哲宗時代，以一介布衣任職「崇政殿說書」的程頤，除了爲皇帝講解經書之外，到後來甚至連皇帝的生活起居都想要加以「干涉」（亦即納入經筵官的負責工作範圍），可見經筵講官與皇帝之間的親近程度。再者，由於經筵官具「飽學之士」的清要之名，其意見也因此經常獲得皇帝的接納。

　　援此，本章在整體《尚書》經筵與制度的基礎上，進一步延伸，對於宋代經筵與政治運作的關係、經筵延伸活動與政治諮詢及《尚書》講義與宋代《尚書》著作之關係，進行探究，亦即針對經筵進講與政治、學術之間的關係，進行深入的解析。

〔註1〕朱瑞熙：《中國政治制度通史‧宋代》（北京市：人民出版社，1996年12月），頁134～156。

第一節　經筵與宋代政治運作之關係

　　朱瑞熙先生在《中國政治制度通史‧宋代》第三章〈中央決策體制〉第二節〈決策的依據和信息傳遞渠道〉有關〈經筵官的議論〉中，說道：「經筵官即講讀官的職責原來只是爲皇帝講讀經、史，並沒有議論當代政事的任務，更不需要替皇帝出謀獻策。從宋神宗元豐年間開始，規定侍講官在『講讀書內，或有所見，許讀畢，具札子奏陳』。於是講讀官在講解後，允許遞呈札子詳述有關該書的見解。當然，各朝皇帝往往不滿足於書本，而希望通過經筵官瞭解朝廷和民間的一些情況，並且在某些重要問題的處理上徵詢這些飽學之士的意見，真正發揮他們作爲皇帝私人顧問的作用。對於經筵官而言，他們期望向皇帝宣講自己的理想理論和政治學說，反映朝廷和民間的各種情況，提出解決的種種辦法，於是經筵官的議論就成爲皇帝的一個重要訊息渠道。」〔註2〕這段論述點出了經筵「正式」被允許以書面（箚子）對時政表示看法、意見的時間，是在宋神宗元豐年間。然而，事實上在更早之前，經筵官在講讀之間與帝王對答之時，往往會被允許就講讀內容或皇帝的言談、疑問之中，順勢發表意見與看法，以供皇帝參考，甚至進而影響皇帝做一些決策。

　　例如《續資治通鑑長編》記載宋仁宗慶曆五年（1045）經筵官丁度於講讀《漢書‧元帝紀》時，對朋黨問題向皇帝發表看法，並稱讚皇帝英明睿智，終能平息此種不良的現象：

> 丙申，御邇英閣，讀《漢書‧元帝紀》，上語及漢元、成二帝政理。
> 丁度因言：頃者臣下不知大體，務相攻訐，或發人陰私，以圖自進，賴陛下聖明覺悟，比來此風漸息。上因言攻訐之弊，曰：「凡此皆謂小忠，非大忠也。」〔註3〕

丁度對仁宗表示，慶曆新政之時，士大夫多持范仲淹（989～1052）與呂夷簡（978～1044）二人之曲直是非，互相指責爲朋黨，交互攻訐，發人陰私，以求自進，此種不識大體之事，賴仁宗英明領導，總算逐漸平息下來。此言獲得皇帝的認可，並認爲丁度所言朋黨之所謂盡忠，都只是「小忠」，而非大忠。這種講讀之時的問答，即是講讀官的一種意見的陳述。

　　又如仁宗皇祐二年（1050），楊安國爲仁宗講讀《易‧無妄》卦時，對於當時黃河決堤氾濫歷五十年之事，希望皇帝能效法堯、舜，順時修德，其災自息：

〔註2〕朱瑞熙：《中國政治制度通史‧宋代》，頁153～154。
〔註3〕（宋）李燾：《續資治通鑑長編》，卷154，頁3746。

丁酉，邇英閣講《易·無妄》卦，帝曰：「無妄之疾，何云勿藥有喜？」
楊安國對曰：「凡疾之所起，由有妄而來，九五居尊得位，爲無妄之
主。天下皆無妄，而偶有疾，非己所致，病當自損，可勿藥而有喜
也。若人主剛正自修，身無虛妄，而偶有災，若堯、湯水旱，非己
所招，但順時修德，勿須治理，必欲除去，不煩勞天下，是有喜也。
然堯遭洪水，使鯀、禹治之，雖知災未可息，且順民心。鯀功不成
者，災未息也。禹能治水者，災欲盡也。是亦勿藥有喜之義也。今
河水決堤，歷五十年，役天下兵民、耗天下財用未嘗息，大河亦未
嘗復故道也。而兵民疲弊，何啻百千萬計，地財委盡，何啻億萬萬
計！恐民不堪命，國力不繼。臣以爲大河、犬戎自古爲患，當如堯、
舜務順民心，順時修德，其災自息，亦勿藥有喜也。」〔註4〕

楊安國藉進講之時，順著仁宗提問：「無妄之疾，何云勿藥有喜？」嘗試爲仁
宗緩解內心之擔憂。皇祐二年（1050），黃河氾濫已歷五十載而不治，國力耗
損，兵民皆疲，仁宗頗因無計可施而擔憂。對於解說「勿藥有喜」之義，楊
安國可說發揮得恰到好處，

　　至於對皇帝決策產生「交互作用」影響的，例如：一次，楊安國於經筵
進講時，與皇帝對於飢民持仗搶糧的懲治方案，產生不同意見，在互相切磋
討論之後，皇帝以「天下皆吾赤子」的理由勝出，決定了一項懲治犯罪者的
決策：

己巳，邇英閣講《周禮》「大荒大札，則薄征緩刑」，楊安國曰：「所
謂緩刑者，乃過誤之民耳，當歲歉則赦之，閔其窮也。今眾持兵仗，
劫糧廩，一切寬之，恐不足以禁姦。」帝曰：「不然，天下皆吾赤子
也。一遇饑饉，州縣不能存恤，餓莩所迫，遂至爲盜，又捕而殺之，
不亦甚乎！」〔註5〕

楊安國在講說《周禮》「薄征緩刑」時，順道對當時所發生的民眾持仗劫糧一
案，政府是否應予「緩刑」，提出了自己的看法，他認爲「一切寬之，恐不足
以禁姦」，而仁宗皇帝則提出其不同的見解，以保其赤子、悲天閔人的精神，
否定了楊安國的建議。

〔註4〕　（宋）李燾：《續資治通鑑長編》，卷169，頁4064。
〔註5〕　（宋）李燾：《續資治通鑑長編》，卷177，頁4280。

再看另一件講官於進講時說服皇帝接受其意見的例子。南宋理宗淳祐年間（1241～1252），曾兼任崇政殿說書一職的徐元杰，在某次晚講結束後，皇帝向其詢問有關「邊防」、「邊備」的問題，徐元杰的意見得到了皇帝的首肯：

> 晚講賜茶畢，上問：「邊頭無他警否？」奏云：「臣頗聞人言，今歲未有緊急之報，況陛下已戒飭將帥嚴固備禦，以防巨測。此其責全在邊臣，惟時謹飭之，幸甚。」……上曰：「為今之計何先？」奏云：「適來講藝祖安制三邊，兵皆統於密院。其要須增重樞庭之選，莫若舉任邊閫有聲望之重臣為緩急之倚仗；其次，莫急於布詔諄勤，懇惻開諭將帥士卒與義勇土豪之心，欠缺者補之，怨望者慰之，流離者招之，一意務在於靖邊，謹固封守。如漢之禦邊，驅之出塞，使勿犯吾境。歲歲以此定功賞，庶有以感動兵民之心，保境安邊之良策也。」上首肯。〔註6〕

這個例子可以明顯見到皇帝於經筵進講結束後，對經筵講官提出國政的意見徵詢。徐元杰在答覆皇帝提問之時，向皇帝提出二個「安邊」的策略：其一，舉任邊閫有聲望之重臣為緩急之時所倚仗的肱股；其二，開諭將帥士卒與義勇土豪之心，欠缺者補之，怨望者慰之，流離者招之。年年以此定功論賞，方可感動兵民之心，保境安邊。由於所論切實可行，言之有理，故此一建議得到理宗的接受。其次，在財政措施方面，理宗也向徐元杰提出意見徵詢：

> 上又問：日來楮（紙幣）愈輕，無策可救。奏云：「臣昨奏不在秤提，而在公家嘗收用之謂。如州縣官物半錢去處，使之以楮折納，照民間實價，出入惟一，無有不行。臣昨待罪南劍。知郡計在鬻鹽，臣必欲以楮買鹽，一日之間，楮價亦稍增長。一郡尚爾，況朝廷行之？此在陛下與大臣商略。且如住造官會，此是知本之定論，然須嚴偽造之禁。」上曰：「偽造之禁不嚴，則真偽莫辨，其值愈損。」奏云：「臣意正謂此。」上曰：「內地錢絕少。如何？」奏云：「正緣人間不肯放楮，故楮無所歸而錢日以匱。況乎鈺銷漏泄，禁亦甚弛。」〔註7〕

〔註6〕 （宋）徐元杰：〈十二月二十三日進講日記〉，《全宋文》，卷7756，冊336，頁324～325。

〔註7〕 （宋）徐元杰：〈四月十二日進講日記〉，《全宋文》，冊336，卷7756，頁311～312。又此篇講義所載還包括米價、黃金、鹽價、稅賦等相關問題。

在這一段討論當中，宋理宗針對當時的「楮」（紙幣，又稱「會子」）價貶值嚴重，向徐元杰提出解決辦法的徵詢。由於南宋至理宗朝時，國勢仍疲，對內對外戰爭不斷，銅錢銀兩短缺，因為大量軍需的要求，導致紙幣發行過量，偽鈔氾濫，已達惡性通貨膨脹的地步。對此，徐元杰提出幾點對策：一、原本「半錢半楮」的貿易方式，由政府出面，依民間實價，全部「以楮折納」，以政府的信譽來保證紙幣的價值。二、嚴禁紙幣的偽造。這兩點建議亦得到理宗的接納。

經由分析經筵制度與宋代政治運作之關係，發現經筵官於經筵講讀之時，或於經文之中加以衍申，或與時勢結合，或藉皇帝徵詢之時加以陳述，都可依體制上「經常性」的經筵進講之便，趁機向皇帝提出政府施政的建議，不論官品高低，也無須經過「輪對」、「詔對」等漫長的等待，都可發揮對政治上相當的影響力，這是經筵官與政府行政體制中其他官員最大的不同。這也是經筵制度發展到南宋之後，宰相之所以要掌控經筵官，安排自己人馬擔任經筵官的最大理由，如果能掌握經筵官在皇帝身邊所發揮的影響力，不啻於更加壯大自己的勢力。

第二節　經筵延伸活動與政策諮詢

上一節，就整體的經筵活動從史料當中擇要爬梳，以見出經筵活動與政治活動的相關，藉以呈現經筵官如何在經筵進講之時，利用與皇帝近身的機會，向皇帝提出各類的意見，乃至於對施政的建議，其特性在於經筵講官本身品秩不需如宰相、執政等位居高官，即可發揮其特有的影響力；同時，由於經筵進講的特性是一種長時段、多次數的頻率，在開講期間（如春講有三個月、秋講亦有三個月），講官可以有單日、雙日或不論單、雙日，乃至後來一天之內更有早講、晚講的情形，講官可以「經常性」的機會和皇帝見面，講說經史知識，並藉機向皇帝提出建言，不需如一般臣子的「詔對」、「輪對」一般，需要有一段長時間的等待。

前引著名宋史學家朱瑞熙先生所言，原本經筵官的職責只是為皇帝講讀經、史，並沒有議論當代政事的任務，更不需要替皇帝謀畫獻策，在經筵制度完備的宋仁宗初期，經筵主要的功能是在「教育」方面，一直到了仁宗後期，藉討論經史的機會來闡發對時政的一些看法，才漸漸多了起來。而進入

神宗朝之後，由於政治情勢與環境的改變，尤其在王安石的熙寧變法之初，經筵一度成為儒家士大夫借詮釋機會來闡發政治理念，或對新法表態的政治場合。事實上，除了經筵進講時藉由講讀的互動，對皇帝產生政策上的影響外，還有二種與經筵相關的活動，是經筵官可以向皇帝表達意見的管道，藉以作為政策諮詢，其一為經筵留身奏事，其二為經筵後的具札陳奏。

所謂「留身奏事」，依朱瑞熙所言：「宋朝皇帝在坐殿接受百官朝見後，有時還單獨留下一人或數人繼續談話，稱為『留身』。留身一般都是一名大臣獨自與皇帝談話，所以也稱為『獨對』，即獨員奏事。」〔註8〕但是，留身制度的初期，一般都是大臣自己請求「免職」，而不是留下來和皇帝講論治道，直到仁宗時呂景初的建議，才逐漸開始成為「詳講治道」；到了神宗以後，宰執留身商討國事才成為常態。朱瑞熙先生云：「仁宗皇帝親政後，宰執每天上殿奏事，除非『留身』請求罷免，皇帝不曾『從容相見，以詳講治道』。為此，殿中侍御史呂景初提議仁宗經常召見他們。神宗後，宰執經常留身與皇帝商討國事。」〔註9〕然而「留身奏事」之制度，多半為宰相、尚書、侍郎等大官，且實施時間上多在「輪官轉對」與「經筵進講」之後進行，時日一久，若經筵官於經筵當時未及奏事，便與宰執的留身奏事合而為一，在經筵進講之後進行，而成為「經筵留身奏事」。加上仁宗在位的中期以後，經筵官的除授，除了品秩較低的崇政殿說書、侍講之外，也及於朝廷重臣，這就使經筵留身的實施，更是順理成章，而討論的內容自然也會涉及朝廷法度、用人任免等。〔註10〕今觀經筵留身奏事之內容，事涉朝廷時政者，如周必大（1126～1204）〈講筵留身劄子一首——論久任邊帥〉：

> 臣聞懷遠圖者不可要近效，立大功者不可守常格。……今陛下以郭棣守淮揚，郭剛守歷陽，殆將專付閫外之事，稍革二者之弊也。臣謂若只如尋常所用守臣，而不假以事權，示以久任，則不過年歲間，又將更易，望其懷遠圖、立大功，難矣。……本朝太祖、太宗以李

〔註8〕 朱瑞熙：《中國政治制度通史・宋代》，頁147。

〔註9〕 朱瑞熙：《中國政治制度通史・宋代》，頁147～148。又《續資治通鑑長編》載：「（呂景初）又言：『坐而論道者，三公也。今輔相日奏事，非留身求罷免，未嘗從容獨見，以詳講治道。雖願治如堯、舜，得賢如稷、契，而未至於治者，抑由此也。幸陛下於輔臣、侍從、臺諫之列，擇其忠信可任而通治道者，屢召而數訪之。』」（卷176，頁4260）

〔註10〕 關於經筵留身的形成細節，可參考鄺賀：《宋朝經筵制度研究》，第四章第三節〈宋朝經筵制度論〉的部分內容，頁107～111。

漢超守關南，郭進巡檢西山，賀惟忠守易州……遠者二十年，近者
猶十餘年。是以屯兵甚少，用度自足，內平僭偽而外無邊塵之警。
布在方策，可覆視矣。臣願陛下遠稽前代，近守家法。如棣、剛輩
既審知其可用，莫若盡以二州之事畀之，使其條境內之利害，具設
施之前後，明示久任之指，責以必成之效，毋掣其肘，毋代其斷，
有治績則且增秩賜金，勿遽移改。彼知朝廷委寄既專，異時無可推
避，必將悉其知略，不敢萌苟簡之心，而陛下之憂固寬矣。〔註11〕

觀周必大經筵留身所談的內容，明顯是針對當時邊境防務而言，周必大向皇
帝表示，邊境之守臣，既要其才幹允當，又要付以事權並久任，如此方能有
長遠的謀畫與經營，太祖、太宗所用之邊將，無不以長圖久任見其功，故方
今郭棣、郭剛二將，既審知其可用，則應付以久任與事權，方得以見其守邊
之效。此周必大經筵留身所奏朝廷外防之政策，其所論的內容實與宰執、諸
大臣之輪對、留身上奏，無甚差別矣。又如〈講筵留身劄子三首——論安定
郡王襲封人〉之內容，可觀其經筵留身時針對朝廷襲封制度所陳述之意見：

臣竊見安定郡王闕封已久，近據從議郎子遜禮部陳狀云：「令字號今
別無人，當用子字。」子遜見年七十八歲，合行承襲，有司抑過，
不爲施行。臣竊謂子遜年齒已高，又投牒自訴，則其人諒亦無取，
欲望聖慈（下闕）。〔註12〕

觀此劄之文意，可知其內容不全，原題「經筵留身劄子三首」，此處僅見一首，
文字亦闕。然觀此劄內容，可知周必大經筵留身所奏，蓋爲朝廷襲封制度，
可見經筵留身所奏，竟於此一非關內政要事亦措意之，似有「事事欲與聞」
之意。其實則不然，自周必大謂「年齒已高」，又「投牒自訴」觀之，其目的
在於向高宗表示「朝廷名器，需衡酌其人以授之」的看法，不言而喻。

　　至於經筵後的具札陳奏，在制度上雖與經筵奏事、經筵留身奏事有所不
同，但是其源皆爲彌補經筵上講讀經史之不足，進而賦予其政治上的功能。
經筵官可以「具札陳奏」的明確詔令，見於宋高宗建炎三年十二月三十一日
的詔書，其內容言：

〔註11〕　（宋）周必大：周必大〈講筵留身劄子一首——論久任邊帥〉，《全宋文》，卷
　　　　　5060，冊228，頁22～23。
〔註12〕　（宋）周必大：周必大〈經筵留身劄子三首——論安定郡王襲封人〉，《全宋
　　　　　文》，卷5063，冊228，頁80。

三月十一日詔：「將來開講日，侍講官於進讀書內或有所見，許讀畢具札子奏陳。仍降付本所，載之注記，依元豐舊制。」從翰林學士朱勝非之請也。〔註13〕

然從詔書所見，可知高宗此詔乃源於宋神宗之元豐改制之時，蓋依翰林學士朱勝非（1082～1144）所請，故經筵官得以「具札陳奏」，實始自宋神宗之時〔註14〕。至於經筵官的「具札陳奏」的實際內容，可見於徐鹿卿的《清正存稿》，其中尚收有兩篇〈經筵奏己見〉箚子，可藉以瞭解經筵官在經筵進講後，「具札陳奏」的相關內容，今摘要節錄於下，其一：

夫天下萬事，如雲如輪，登進人才，自有宜稱，或加之寵光，以示優禮，或資其望實，以重本朝。故先儒之論，每以隨時取中為準的，蓋中即理也。合於中與否，惟視理之可與否，一失其中，則不合於理矣。固有行之今日則可，而明日則不可者，因事度宜，一聽於理而止。人主何容心哉，封駁者何容心哉？臣非敢藉是說以為姦夫憸人出入可否之媒，而假之以舞文弄法之資也。不流不倚，權度先定於此心，而可否輕重終始對越於天理，舍是則為僥利達，負天子，犯公議，無忌憚之小人矣。〔註15〕

此箚主要向皇帝奏陳取用人才之標準，須以「隨時取中」為準的，「中」即「禮」，亦「理」也，合「中」即合「理」，「中」即「因事度宜，一聽於理而止」，「不流不倚，權度先定於此心」，「此心」即「天理」。捨此不依，則為負天子、犯公議之小人。奏箚之始，徐鹿卿即以自身為例，云：「入仕三十年，無他才能學術，亦不識所謂傍蹊曲徑，惟有不流不倚一說，平生聞於師友者，終始自信，此臣立身居官事君之本也。」〔註16〕其目的在於希望皇帝能以擇「他（徐鹿卿）」的標準來擇用朝廷所需之人才。至於第二篇〈經筵奏己見〉的箚子，則進一步論述理宗朝之所以人才匱乏的現象與解決的方法，其云：

今人才衰少極矣！每一授任，往往相視嘆息。求諸朝曰無人，求諸野曰無人，陛下亦嘗深思其故乎？……（寧宗）慶元以前姑不必論。近世以來，不惟無復長育之志，旦旦而伐之者眾矣。始以上下交賄斲喪，中以邊閫交結買譽斲喪，繼以權任專制軒輊斲喪，及其久也，

〔註13〕（清）徐松：《宋會要輯稿》，〈職官〉6 之 59，頁 2526。
〔註14〕朱瑞熙於《中國政治制度通史‧宋代》第三章〈中央決策體制〉所言與此同。而始於元豐改制之說，亦見於《宋會要輯稿‧職官》6 之 59，頁 2526。
〔註15〕（宋）徐鹿卿：《清正存稿》（《文淵閣四庫全書》電子版）卷 2。
〔註16〕（宋）徐鹿卿：《清正存稿》（《文淵閣四庫全書》電子版）卷 2。

又以議論過激、希名立異斲喪。天之生才，止於如此，極力保養之，猶恐不繼，數變之餘，不入於此，則入於彼，一墮其中，即不復爲全人矣，無怪乎人才之少也。……蓋人才不能無所偏，執偏以議偏，則其衰少也奚怪。……今於執政中求執政，於侍從中求侍從，於卿監中求卿監，於大夫中求大夫，於有偏有過之中而疑其偏且過，正恐吾之量未大爾，豈誠人才之果少哉？臣今春薦士，已嘗略陳此意。唯陛下以造化之心大其量而翕受之，則衰少將爲眾多矣。〔註17〕

徐鹿卿於此箚開宗明義即言：「臣聞自古爲國家者，夷狄強盛不足患，貨財空匱不足患，惟人才衰少爲最大患。」〔註18〕針對理宗朝當時，內有財政窘迫，外有敵國征戰，朝廷之人才衰少的情況，期望理宗能深思其故。其後並分析此種原因有三：始以上下交賄、中以邊閫交結買譽，繼以權任專制軒輊、及其久也，又以議論過激、希名立異斲喪人才。因此，凡可用之才「不入於此，則入於彼，一墮其中，即不復爲全人矣，無怪乎人才之少也」〔註19〕。對此，徐鹿卿進一步提出其看法：「蓋人才不能無所偏」，「孔丘之門有好勇者，有貨殖者，有好方人者，有廉而病於貧者，有願而至於懦者，聖人以一身造化爲大鑪鞴，均調消息，成小成大，使之圈於無迹之中而人人皆可用之才」。徐鹿卿認爲，人才有所偏，是天生如此，皇帝當法聖人「均調消息」而「善用其能」，則人人皆爲可用之才。因此向皇帝建議「今於執政中求執政，於侍從中求侍從，於卿監中求卿監，於大夫中求大夫」，「正恐吾之量未大爾，豈誠人才之果少哉？……唯陛下以造化之心，大其量而翕受之，則衰少將爲眾多矣」。可見徐鹿卿運用其經筵官「具箚陳奏」的權力，針對理宗朝的用人政策，提出具體的建議。特別是在這次的「具箚陳奏」之中，徐鹿卿利用「貼黃」的奏陳，向皇帝荐舉了太學生黃時若（？～？）：

太學上舍生黃時若，家世積學，祖孫昆弟纍世以科第發身，號稱儒家……時若讀書窮理，居鄉處學，未嘗有一毫過行，前後所試程文，諸生至今傳誦，以爲楷式。……欲望聖慈憫其固滯最甚，特賜眷旨，令時若赴淳祐十年殿試，留之監學，以勸多士。其與徒操一旦偶然之文以希榮寵者，萬萬有間。〔註20〕

〔註17〕　（宋）徐鹿卿：《清正存稿》（《文淵閣四庫全書》（電子版））卷2。
〔註18〕　（宋）徐鹿卿：《清正存稿》（《文淵閣四庫全書》（電子版））卷2。
〔註19〕　（宋）徐鹿卿：《清正存稿》（《文淵閣四庫全書》（電子版））卷2。
〔註20〕　（宋）徐鹿卿：《清正存稿》（《文淵閣四庫全書》（電子版））卷2。

「貼黃」是臣下於奏箚主要事項之後，所附屬的陳述事項。此處可見徐鹿卿明確地利用其經筵官的身份，在具札陳奏之中，向皇帝「具名推薦」太學生黃時若，這毫無疑問地是一種政治行為，除了陳述國政要事之外，還順道表達了帶有「亦公亦私」意味的要求，直接表現了經筵官「具札陳奏」所帶有的政治意涵。

綜上可知，宋代經筵是君、臣之間的教育平台，同時也是一個意見溝通的平台，由於經筵官有許多機會向皇帝闡述己見，加上皇帝與經筵官本身的政治角色，原本單純的教育活動，遂日漸增加了帶有政治色彩的政策討論內容，於是經筵官的角色便產生一種「多元性」。此種情形到了南宋尤其普遍，除前述之例，再如理宗朝的侍讀魏了翁，其「經幃進讀」之時，「上必改容以聽，詢察政事，訪問人才，復條十事以獻，皆苦心空臆，直述事情，言人所難。上悉嘉納，且手詔獎諭」〔註21〕。可知到了南宋晚期，關於朝政的討論應該已成為經筵制度上的常態。

第三節　《尚書》講義與宋代《尚書》著作

中國經學史上，宋代是發展的一個關鍵時刻。從顏師古整理五經定本之後，到孔穎達完成《五經正義》的頒布，經學在唐代的發展，終於由分而合，完成了「定於一」的目標，加上科舉制度跟著設立「明經」一科，以九經取士，對於經說的統一，確實達到某種有利的效果。唐代《五經正義》的架構完成之後，經學的發展呈現出一個相對穩定的情形，而漢代那種經學與現實密切結合的精神，也在歷經三國、六朝、隋、唐的發展之下，逐漸失去了它的生命力。經義的統一與標準的出現，固然有利士子研讀經典、利祿求仕與經學的快速拓展，但是群經舊注的亡佚，思想自由必定受到約束，到了晚唐之後，勢必產生「物極必反」的現象。於是啖助（724～770）、趙匡（766～779？）、陸質（？～805）等人，即自標新義，開拓新的治經途徑〔註22〕，影

〔註21〕（元）脫脫等：《宋史》，卷437，〈魏了翁傳〉，頁12969。
〔註22〕夏長樸先生嘗引《新唐書‧儒學傳》之文，並云：「啖助的著作《春秋集傳》今已亡佚，但從《新唐書》的敘述來看，他懷疑《左傳》不出於左丘明，質疑《左傳》、《國語》非一人所為，『不本師承，自用所學，憑私臆決』，首開唐人『疑傳』的風氣，可謂衝破樊籠，勇於疑古。陸淳本啖助、趙匡之說，作《春秋集傳纂例》、《春秋微旨》、《春秋集傳辨疑》三書，對啖助的主張又作了進一步的推闡，認為左氏是六國時人，不是《論語》之左丘明；《左傳》

響所及，開啓了宋人「棄傳就經」，直探經典中的聖人本義，以及「疑經改經」的治學風氣。以宋代《尚書》學發展而言，受到宋代學風的影響，以義理（理學）解《尚書》及對《古文尚書》的疑辨，可說是當代兩大主軸，而在官方學術中，疑辨《古文尚書》的發展不明顯，倒是以義理解經的特質，在官方著作以及經筵講義上，都可以明顯的看出其發展的痕跡。礙於論文篇幅以及聚焦於經筵講義之討論，本節選擇宋代前、中、後期三本具有別出前代解經特點，以及帶有官方學術主流色彩的《尚書》著作，加以討論，並與《尚書》講義進行比較，以見出彼此在宋代學術發展中的特出及相同的地方。

一、與《尚書》講義對應之宋代《尚書》代表著作

在整個宋代學風發展的影響下，宋代《尚書》學也呈現出其相對應的學術面貌。著名的《尚書》學家劉起釪先生在《尚書學史》一書說道：

> 宋學對《尚書》學的發展基本表現在下列三個方面：（1）出現了《尚書》著作的繁榮局面。宋學各派的《尚書》著述蔚然大觀，見於著錄的逾兩百部以上，短短二百幾十年間的著作，爲漢迄唐一千多年有關《尚書》著作（約共七十餘種）的數倍。而宋末成申之有《四百家《尚書》集解》，雖不全是宋人著作，但可概見宋代《尚書》著作至少將近於四百種。其後自元迄明遵行宋學，其所撰作的宋學《尚書》著作亦復繼繼繩繩。這是宋學對《尚書》學的極巨大的發展。（2）宣揚「道統」，鼓吹「心法」，提高《尚書》的思想性，以之作爲「道學」（理學）的出發點，建立起「理學」這一新儒學。這是宋學對《尚書》學的極重要的發展。（3）對僞《古文尚書》開展疑辨，循此以進，至於明、清，終於推翻了僞古文。這是宋學對《尚書》學所作出的最根本的決定性的發展。〔註23〕

此處指出宋代《尚書》學第一特點，是對於《尚書》的研究及著作比起前代，明顯增加，這種情況應該與整個經學史的發展有很大的關係，尤其在面對漢唐經學的缺失及佛教、道教傳播的影響下，對於《尚書》微言大義的闡發、

雜采眾書，多不可信。《公》、《穀》多由口授，子夏所傳；後人據其大義，散配經文，故多乖謬，失其統紀。這些言論大膽驚人，頗能發前人所未發，在當時產生莫大震撼。」（葉國良等：《經學通論》，頁558～559。）

〔註23〕劉起釪：《尚書學史》（北京市：中華書局，1989年6月），頁213。

棄傳研經，乃至疑改《尚書》的經文，導致《尚書》學的著作大量產生，反映了宋代《尚書》學的研究風氣。此外，《尚書》乃政事之書，凡欲仕進之學子，俱必讀之；為政者之政治主張，亦必倚之以為說；主宰治國之鑰的帝王，更是無不以為鑑戒。加上劉先生所說的三點特色，其實也彼此交錯影響，並非可完整切割，因此，也是導致《尚書》著作較前代倍增的原因。

宋代《尚書》著作甚夥，亡佚亦多，茲選擇前、中、後三個時期中較為特出的《尚書》代表著作三家，略述其內容特點，並於下節與《尚書》講義之特點做一比較：

其一，如北宋初期胡瑗的《洪範口義》，據《欽定四庫全書總目》所言：「〈洪範〉以五事配庶徵，本經文所有。伏生《大傳》以下，逮京房、劉向諸人，遽以陰陽災異附合其文，劉知幾排之詳矣。宋儒又流為象數之學，惟圖書同異之是辨，《經》義愈不能明。瑗生於北宋盛時，學問最為篤實，故其說惟發明天人合一之旨，不務新奇。如謂天錫〈洪範〉為錫自帝堯，不取神龜負文之瑞；謂五行次第為箕子所陳，不辨《洛書》本文之多寡；謂五福六極之應通於四海，不當指一身而言：俱駁正注疏，自抒心得。又詳引《周官》之法，推演八政，以經注經，特為精確。其要皆歸於建中出治、定皇極為九疇之本，辭雖平近而深得聖人立訓之要，非讖緯術數者流所可同日語也。」〔註24〕可知本書乃針對漢代陰陽災異和五代以來象數的解釋而發，然而本書的特點在於：胡氏反對漢儒陰陽五行與災異附和經文之處，力求平實合理，以歷史事實來解釋經文而不用神意來解釋經文。雖然仍沿用漢人天人合一之說，但在治學精神上，已與漢代帶有較多宗教迷信色彩的經解大不相同。

胡瑗之學，長於《易經》與〈中庸〉，而《易經》與《尚書》之〈洪範〉，理甚相切，《尚書·洪範》一篇，自漢許商、劉向以來，每多以陰陽、五行、災異為說，而〈洪範〉九疇，又有稽疑、庶徵、五福六極之目，與《易》之卜筮、象數、吉凶多相類，故《易》與〈洪範〉，歷世學者多相從而共言之。胡瑗之說〈洪範〉，本於義理之學，不以象數說之，亦不用五行災異之論，而一本乎義理。如其解「明用稽疑」一語云：

> 故聖人凡舉一事，發一政，若有疑於心者，必用卜筮以決之，故卜
> 筮得為決疑之物。然則聖人果有疑乎？曰：無也。既無其疑，何用

〔註24〕（清）永瑢、紀昀等：《欽定四庫全書總目·卷11·經部·書類1》（臺北市：藝文印書館，1997年9月影印國立故宮博物院藏武英殿本），頁263～264。

其卜哉？夫聖人至聰明也，至周盡也，故《易》曰：聖人與天地合
其德，與日月合其明，與四時合其序，與鬼神合其吉凶。〔註25〕
胡瑗主張聖人卜筮非以問鬼神爲決斷，乃上合天心，下合民意，此乃孔子不
以占卜決斷之義也；而〈洪範〉猶有此目，實欲以見聖王之治，上下與天地
同流，而參天地之化育，上與天地鬼神合，下以與天下庶民同意，而不專任
其斷也。

又如胡氏之說五行、五事、庶徵，雖亦以相配說之，然皆歸於人事。如
其論曰：「貌之既恭，是謂之肅；肅者，民勸威儀而莫不整肅也。於是則有時
雨順之。時雨順之，百穀草木，皆被其膏澤之德。……必知貌肅而雨應之者，
雨則木之氣應之，故有雨順之事。」〔註26〕蓋凡胡氏之論休徵者皆類此，故
其曰：「皆是王者謹五事，則有美徵之道。」〔註27〕又其論咎徵之結論，則曰：
「此在上者不謹五事之所致也。夫五事不謹，政令不明，教化不行，民多窮
困者，道有嗟怨者，愁恨之聲，塞於天地之間，則咎徵之事至。」〔註28〕皆
是以人事論五事。故胡氏於〈洪範〉之結論，曰：「夫土者體五行以立德，謹
五事以修身，厚八政以分職，協五紀以正時，建皇極以臨民，乂三德以通變，
明稽疑以有爲，念庶徵以調氣，彝倫攸敘，是謂至治，至治之世，五福被于
民；彝倫攸斁，是爲至亂，至亂之世，六極傷於民。」〔註29〕是知其所論，
皆義理平正明白，無玄妙附會之說也。

其二，如王安石的《尚書新義》。眾所皆知，王安石的《三經新義》是宋
代典型以行政手段遂行其統一經說目的之著作，其作爲科舉取士之功令，影
響時代學風甚劇。《宋史・選舉志》即記載宋神宗時用王安石所議之科舉程試
新法，罷詩賦、帖經、墨義，士各治一經，次論一首，次策三道。由中書撰
「大義式」頒行。至熙寧三年（1070）親試進士，始專以策定著。其後司馬
光掌政時，仍依王安石之法，說：「取士之道，當先德行，後文學；就文學言
之，經術又當先於詞采。神宗專用經義、論策取士，此乃復先王令典，百王
不易之法。但王安石不當以一家私學，令天下學官講解。」〔註30〕呂祖謙所
撰〈王公行狀〉亦載：「初，熙寧中，王荊公安石以新義惑天下，其後章、蔡

〔註25〕見胡瑗：《洪範口義》（《文淵閣四庫全書》（電子版）），卷上。
〔註26〕見胡瑗：《洪範口義》，卷下。
〔註27〕見胡瑗：《洪範口義》，卷下。
〔註28〕見胡瑗：《洪範口義》，卷下。
〔註29〕見胡瑗：《洪範口義》，卷下。
〔註30〕（元）脫脫：《宋史》，卷155，頁992。

更用事，概以王氏說律天下士，盡名老師宿儒之緒言餘論爲曲學，學則擯斥。當是時，內外校官非《三經義》、《字說》不登几案，他書雖世通行者，或不能舉其篇秩。」〔註31〕可見當時王安石學說籠蓋一世，把舊的經說經解都摒斥在外。事實上，當初王安石編撰《三經新義》的用意，是要把唐代以來拘守章句的陳腐學究，改變爲明習經旨有頭腦的通才，故《三經新義》便肩負起重新闡釋經典及探尋儒家大義的任務。可惜王氏的這種作法，最後又犯了自己原本想要破除的弊病。陳師道《後山談叢》中對此情況說道：「王荊公改科舉，暮年乃覺其失，曰：『欲變學究爲秀才，不謂變秀才爲學究也。』蓋舉子專誦王氏章句而不解義，正如學究誦註疏爾。」〔註32〕

王氏的《尚書新義》早佚，今人程元敏先生自宋代經說中輯出若干，加上時人與後人之評論與程氏相關之研究論文，彙成《三經新義輯考彙評》〔註33〕一書，關於《尚書新義》之缺失，宋代學者所評已多，後人所論亦夥，姑置不論，今就其經說之另一面向，略陳數項於下，以見《尚書新義》在宋代《尚書》學的特出之處：

（一）王氏之說爲時人所認同者

王安石的《尚書新義》負面評價雖多，然於當時即已經有人肯定它的價值。如宋代的陳淵（1067～1145）就說：「樓仲輝云：『從來解《書》義，誰解得最好？』余曰：『若論注解，莫無出荊公。由漢以專門之學，各有所長，唯荊公取其所長，絢發於文字之間，故荊公爲最。』仲輝云：『穿鑿奈何？』余曰：『穿鑿固荊公之過，然荊公之所以失，不在注解，在乎道術不正，遂生穿鑿。穿鑿之害小，道術之害大。』」〔註34〕陳淵以爲王安石《尚書新義》的注解乃當代之最，雖加入了己意解經的部分，但是對道術傷害較大。其次，朱熹也曾評論曰：「諸家注解，其說雖有亂道，若內只有一說是時，亦還它底是。《尚書》句讀，王介甫、蘇子瞻整頓得數處甚是，見得古注全然錯。」〔註35〕對於王安石在《尚書》學的整理貢獻，基本上也是持肯定的態度。

〔註31〕（宋）呂祖謙：〈故左朝散郎徽猷閣待制提舉江州太平興國宮江都縣開國子食邑五百戶致仕贈左通議大夫王公行狀〉，《東萊集》（《文淵閣四庫全書》電子版），卷9。

〔註32〕（宋）陳師道：《後山談叢》（《文淵閣四庫全書》電子版），卷1。

〔註33〕程元敏：《三經新義輯考彙評》（上海市：華東師範大學出版社，2010年11月）。

〔註34〕陳淵：《默堂集》（《文淵閣四庫全書》電子版），卷22。

〔註35〕朱熹：《朱子語類》（《文淵閣四庫全書》電子版），卷78。

再從《尚書新義》佚文與宋、元、清人之評論來看：〈皋陶謨〉之文云：
「思曰贊贊襄哉！」《尚書新義》佚文曰：「襄，成也。思——贊襄，以成禹
之功也。」宋林之奇（1112～1176）曰：「案：《春秋左氏傳·定十五年》『葬
定公，雨不克襄事』，杜元凱曰：『襄，成也。』王氏之訓蓋出諸此。此說爲
善。皋陶之意，蓋以謂使我獨底可績，則未能爲禹之助，以成其功而已。」〔註
36〕此處可以看出《尚書新義》引前人之說，而宋人林之奇以爲王氏如此解說
《尚書》爲最善。又如〈大誥〉經文：「天降割於我家，不少延。……用寧王
遺我大寶龜紹天明。」《尚書新義》佚文曰：「自『延』字絕句，……以『用』
字屬下句之首。」〔註37〕而宋林之奇評之曰：「先儒以『不少延』爲絕句，以
『延』字屬下句，其曰：『不少者，謂三監及淮夷並作難也。』據此篇之意，
先言周家新造，而武王遽喪，成王以幼沖之資繼成先業，……而三叔、武庚
乃爲此舉，以覬所非望，故自『越茲蠢』而下，然後三監及淮夷之作難。所
謂『不少延』者，但言武王之即世也。王氏（安石）、蘇氏（軾）皆以『延』
字屬上句讀，蓋得之矣。」〔註38〕認同王安石對於解《尚書》之句讀正確，
有助於解讀《尚書》。又如朱熹曰：「人說（王）荊公穿鑿，只是好處亦用還
他。」〔註39〕道夫曰：「更如先儒點『天降割於我家，不少延』、『用寧王遺我
大寶龜紹天明』，皆非注家所及。」〔註40〕元董鼎曰：「愚案：朱子深取王氏
點句，而蔡氏（沈）不盡從，何也。」〔註41〕清王頊齡（1642～1725）曰：「王
氏之說，以『用』字屬下句，朱子嘗取之。蔡《傳》仍屬上句讀，則以二孔
注、疏分明，不欲更改耳。」〔註42〕

再如〈洪範〉篇言皇極、三德，《尚書新義》佚文曰：「皇極者，君與臣、
民之所共由者也；三德者，君之所獨任，而臣、民不得僭焉者也。」〔註43〕
對此，宋林之奇則云：「此實至當之論。蓋大中之道，人之所同有。爲君者苟
不能以先知覺後知，以先覺覺後覺，而與民斯共之，則人將淫朋比德，而自
棄於小人之域，此國家之所以亂也。」〔註44〕

〔註36〕（宋）林之奇：《尚書全解》（《文淵閣四庫全書》（電子版））卷27。
〔註37〕程元敏：《三經新義輯考彙評（上）》，頁146。
〔註38〕（宋）林之奇：《尚書全解》（《文淵閣四庫全書》（電子版））卷27。
〔註39〕（宋）朱熹：《朱子語類》（《文淵閣四庫全書》電子版），卷79。
〔註40〕（宋）朱熹：《朱子五經語類》（《文淵閣四庫全書》電子版），卷42。
〔註41〕（元）董鼎：《書傳輯錄纂註》（《文淵閣四庫全書》電子版），卷4。
〔註42〕（清）王頊齡：《欽定書經傳說彙纂》（《文淵閣四庫全書》電子版），卷12。
〔註43〕見程元敏：《三經新義輯考彙評（上）》，頁116。
〔註44〕（宋）林之奇：《尚書全解》，卷25。

其三，如《尙書・大誥》：「若涉淵水，予惟往求朕攸濟。敷賁，敷前人受命，茲不忘大功，予不敢閉于天降威。用寧王遺我大寶龜紹天明；即命。」《尙書新義》佚文曰：「『賁』字屬下讀。」又曰：「〈大誥〉疑有脫誤，其不可知者則闕之，而釋其可知者。」〔註 45〕此王安石以孔夫子「多聞闕疑」之態度治經，爲學者所讚許者。林之奇對此亦曰：「王氏疑其（自「敷賁」至「大功」）有脫誤，而不可知者宜闕之，此爲得體。薛博士增廣王氏之說，尤爲詳備，曰：『「敷賁，敷前人受命，茲不忘大功。殷小腆，誕敢紀其敘。天降威。若兄考，乃有友罰厥子，民養其勸弗救。越天棐忱，爾時罔敢易法，矧今天降戾於周邦？」此皆《書》義疑有脫誤、不可知者，學者闕焉。』王氏解經，每不合於義者，不旁引曲取以爲之說，至闕之。此王氏之所長也。」〔註 46〕又元陳櫟（1252 年～1334）亦曰：「案：朱子所以取荊公者在此，此可爲解盤、誥諸篇之法。」〔註 47〕可知前賢對於王安石解《書》義，亦有認同其「不旁引曲取以爲之說」者。荊公《尙書新義》，固有其「鑿」而可議之處，亦有其「非鑿」而可取之處，不可一概非之。

以上所引，皆可見王安石《尙書新義》解經之內容亦有爲時人所認同者，非可盡排擠之。

（二）時人之說與王氏之說暗合者

《尙書・大禹謨》：「水、火、金、木、土、穀，惟修；正德、利用、厚生，惟和；九功惟敘。」《尙書新義》佚文曰：「以『惟敘』爲六府三事之序，故以土治水，以水治火，然後水、火爲用；以火治金，以金治木，然後金、木爲器；以木治土，以土治穀，然後土、穀爲利。」〔註 48〕王安石以「水、火、金、木、土、穀、正德、利用、厚生」各依其序，各盡其功爲說，而林之奇引楊時之語謂王氏之說有誤，復以爲楊龜山之語實與王安石同，蓋「流入於王氏之說而不自知也」，可知王氏《尙書新義》說法影響時人之大，方有所謂「流入……而不自知」。林之奇曰：

> 楊龜山（時）曰：「不然。神農氏斲木爲耒，揉木爲耜，耒耜之利，
> 以教天下，蓋以木治土，然後有耒耜之利，非土能治穀矣。〈洪範〉

〔註 45〕上引佚文，見程元敏：《三經新義輯考彙評（上）》，頁 147。
〔註 46〕（宋）林之奇：《尙書全解》（《文淵閣四庫全書》電子版），卷 27。
〔註 47〕（元）陳櫟：《尙書集傳纂疏》（《文淵閣四庫全書》電子版）卷 4。
〔註 48〕程元敏：《三經新義輯考彙評（上）》，頁 31。

曰『土爰稼穡』，與『水之潤下，火之炎上，木之曲直，金之從革』，
一也，謂土能治穀者非也。」此說爲是。然龜山既知土能治穀之爲
非，而又曰：「五行相生以相繼，相剋以相治。相生爲四時之序，相
剋爲六府之序也。」夫既以相剋爲六府之序，則自水至火而推之，
亦能將以土治穀矣。此則流入於王氏之說而不自知也。〔註49〕

王氏以五行相生相剋之舊說，順理以推「土能治穀」，楊時雖引〈洪範〉之說
以駁，然與王氏所論之「理」則不妨礙，故林之奇云：「流入於王氏之說而不
自知也。」亦即宋人說《書》有與王氏之說暗合者。

　　又如《尚書・益稷》：「帝曰：『……予欲觀古人之象，日、月、星辰、山、
龍、華蟲，作會，宗彝、藻、火、粉米、黼、黻、絺繡，以五采彰施於五色，
作服，汝明。』」《尚書新義》佚文曰：「一陰一陽之謂道。道之在天，以日月
爲本，以星辰爲紀，故以日月星辰爲首。」又：「日、月、星辰、山、龍、華
蟲，凡此，德之屬夫陽者，故在衣而作繪。宗彝、藻、火、粉米，凡此，德
之屬夫陰者，故絺繡在裳。辨物則知善之爲善，知善之爲善，推而上之，可
以至於天道，則聖人之能成矣。」又：「宗彝，宗廟尊彝也；事宗廟之常器所
以象孝。藻，水草也，以清潔而可薦羞。火，以其明足以燭物而烹治。」〔註50〕案：王安石解經之言簡意賅處，於此可見，然林之奇必欲引安石自作之詩
以攻安石解經之「鑿」，謂王氏解經之「無補」，更甚於韓退之（768～824）。
復言楊龜山雖力辨王安石之非，然所論常「流入王氏之說而不自知」，此又爲
一處。林之奇曰：

　　介甫嘗有〈韓退之詩〉曰：「紛紛易盡百年身，舉世無人識道真；力
　　去陳言誇末俗，可憐無補費精神！」王氏於經，其鑿如此，則其「無
　　補費精神」，蓋又甚於韓退之矣！故楊龜山力辨其非，……而其（楊
　　時）說又曰：「日月星辰，天象也；山，地之屬也；服之所以體天地
　　也。龍華蟲，天產也，故作繪而在上。宗彝，形而在下者；藻火粉
　　米，地產也；黼黻，人爲也，故絺繡在下。」此則流入王氏之說而
　　不自知，是皆目睫之論。〔註51〕

就解經之說，安石、龜山之論並無不當，故所說有其相合之處，乃理之自然，
林之奇必欲攻之，似有其既定立場，有欠公允。

〔註49〕（宋）林之奇：《尚書全解》，卷4。
〔註50〕上引佚文，見程元敏：《三經新義輯考彙評（上）》，頁41～42。
〔註51〕（宋）林之奇：《尚書全解》，卷6。

再如《尚書‧洪範》：「二，五事：一曰貌，二曰言，三曰視，四曰聽，五曰思。」《尚書新義》佚文曰：「以五事分配五行。」〔註52〕東坡《書傳》云：「聖人以爲此五者之事，可以交天人之際，治陰陽之變。山川之有草木，如人之有容色威儀也，故貌爲木而可以治雨；金之聲，如人之有言也，故言爲金而可以治暘；火之外景，如人之有目也，故視爲火而可以治燠；水之內景，如人之有耳也，故聽爲水而可以治寒；土行於四時，金木水火得之而後成，如人心之無所不在也，故思爲土而可以治風。此〈洪範〉言天人之大略也，或曰五事之敍與五行之敍異，蓋從其相勝者……聖人敍五事專以人事之理爲先後，如向所云者，其合於五勝適會其然耳，從而爲之說則過矣。」〔註53〕林之奇則曰：「諸儒之論五事，皆以配五行，唐孔氏曰：『……。』王氏、蘇氏之說，大抵類此，而王氏詳明。……諸儒皆是附會穿鑿而爲之說；箕子之意，本不如是。若『五事』果可以配『五行』，則自『八政』以下，皆各有所配，豈止於五事？而『皇極』、『庶證（徵）』、『福極』由可條而入之，至於其餘不可以穿鑿通者，則捨之不論，此豈自然之理哉！……蘇氏每譏王氏，以爲喜鑿；至於此論，則其去王氏無幾矣。」〔註54〕案：以五行配五事，漢、唐以下歷來解〈洪範〉者，大抵類此，而漢以來多以陰陽災異附五行五事，王安石雖以五行配五事，然於陰陽災異則棄之不談，「持天人不相與、天變不足畏之論，以破伏生、董仲舒、劉向言洪範五行災異之蔽」〔註55〕，朱子雖亦與荊公所論「以五行配五事」同，然卻不認同荊公意欲摒除漢儒感應之說，朱子認爲如全不理會感應之說，其後果將使君主不知警戒，導致君權橫肆。〔註56〕因此林之奇方說：「蘇氏每譏王氏，以爲喜鑿；至於此論，則其去王氏無幾矣。」

〔註52〕程元敏：《三經新義輯考彙評（上）》，頁114。
〔註53〕（宋）蘇軾：《書傳》（《文淵閣四庫全書》電子版），卷10。
〔註54〕（宋）林之奇：《尚書全解》，卷24。
〔註55〕錢基博：《經學通志》（臺北市：臺灣中華書局，1978年10月），頁63。
〔註56〕朱子嘗云：「〈洪範〉庶徵固不是定如漢儒之說，必以爲有是應必有是事，多雨之徵必推說道是某時做某事不肅所以致此，爲此必然之說所以教人難盡信。但古人意精密，只於五事上體察，是有此理，如荊公又卻要一齊都不消說感應，但把「若」字做如「似」字義說，做譬喻說了也不得。荊公固是也，說道此事不足驗，然而人主自當謹戒，如漢儒必然之說固不可，如荊公全不相關之說亦不可，古人意思精密，恐後世見未到耳。」（《朱子語類》（《文淵閣四庫全書》電子版），卷79。

　　由上述可知，王安石《尚書新義》和當時宋儒之說產生了彼此錯綜複雜的影響，除了學術立場不同的負面批評之外，亦有獲得公開認同或私下暗合者。自宏觀角度而言，《尚書新義》固有其穿鑿之處，然其以理解經、自出新義的特點，確實引領了北宋中期以後的學術風騷，流風所及，一直要到蔡沈的《書集傳》出，才完全取代了王安石《尚書新義》的影響。

　　第三本值得一提的，即是蔡沈的《書集傳》。關於《書集傳》一書，宋儒真德秀嘗云：「考〈序〉文之誤，訂諸儒之說，以發明二帝三王群聖賢用心之要，〈洪範〉、〈洛誥〉、〈泰誓〉諸篇，往往有先儒所未及者。」黃震亦云：「經解惟《書》最多，至蔡九峰參合諸儒要說，嘗經朱文公訂正。其釋文義既視漢、唐爲精，其發旨趣又視諸家爲的，《書經》至是而大明，如揭日月矣。」明儒何喬新（1427～1502）評之曰：「自漢以來，《書》傳非一，安國之注，類多穿鑿；穎達之疏，惟詳制度。朱子所取四家，而王安石傷於鑿，呂祖謙傷於巧，蘇軾傷於略，林之奇傷於繁，至蔡氏《集傳》出，別今古文之有無，辨〈大序〉、〈小序〉之訛舛，而後二帝三王之大經大法，粲然於世焉。」〔註57〕一般而言，學者大抵將《書集傳》視爲朱子《尚書》學之嫡傳，而何喬新所言，蔡沈《書集傳》除去朱子所取《尚書》四大家（王、呂、蘇、林）之缺點後，二帝三王之大經大法備，其後諸家言《尚書》者不復行於世，尤其在官學而言，影響所及，歷元、明、清三朝有數百年之久。

　　近人關於蔡沈《書集傳》的研究，最早見於蔡根祥的博士論文《宋代《尚書》學案》〔註58〕，其第九章〈晦翁《尚書》學案〉有〈蔡沈〉一節。其後有游均晶先生的碩士論文《蔡沈《書集傳》研究》〔註59〕，專就蔡沈《書集傳》一書進行較爲全面的考察。繼之許華峰先生的博士論文《董鼎《書傳輯錄纂註》研究》〔註60〕第二章有〈朱（熹）、蔡（沈）尚書學異同問題〉一

〔註57〕　以上所引三家，未明所出，轉引自林慶彰等主編：《經義考新校（四）》（上海市：上海古籍出版社，2010年12月），頁1545～1546。

〔註58〕　蔡根祥：《宋代尚書學案》（臺北市：國立臺灣師範大學國文研究所博士論文，1994年6月），後以專著出版：《古典文獻研究輯刊三編》第13冊（臺北縣永和市：花木蘭文化出版社，2006年9月）。

〔註59〕　游均晶：《蔡沈《書集傳》研究》（臺北市：私立東吳大學中國文學研究所碩士論文，1996年12月），後以專著出版：《中國學術思想研究輯刊七編》第6冊（臺北縣永和市：花木蘭文化出版社，2010年3月）。

〔註60〕　許華峰：《董鼎《書傳輯錄纂註》研究》（中壢市：國立中央大學中國文學研究所博士論文，2000年12月），後以專著出版：《中國學術思想研究輯刊九編》第6冊（臺北縣永和市：花木蘭文化出版社，2010年9月）。

節。又許育龍先生《宋末至明初蔡沈《書集傳》文本闡釋與經典地位的提升》〔註61〕，從朱熹命蔡沈作《書集傳》開始，論述到元、明兩代《書集傳》經典地位之提升以及如何定於一尊的情形。另有單篇論文四篇：其一為陳恆嵩先生〈董鼎《書蔡氏傳輯錄纂註》對蔡沈《書集傳》之疏釋〉〔註62〕，重點在論述董鼎對於《書集傳》的訓釋方式與批評。其二為王春林先生〈維護道統詮釋下的周公：兼論蔡沈《書集傳》的求道精神〉〔註63〕，重點在於論述《書集傳》中所醞涵的「道統」精神。其三是姜龍翔先生〈朱子命蔡沈編修《書集傳》考〉〔註64〕，重點在於考察朱子晚年選定門人參與編修《書傳》的實際過程。其四是許華峰先生〈蔡沈《書集傳》所引據的資料分析〉〔註65〕，其重點在分析《書集傳》所引據的資料情形與「集注體」的經注特色。此處在前人研究的基礎下，僅就《書集傳》之所以集眾家之長而傳世的解經特色，做一統整性的敘述，以彰顯該書傳世之特出之處。

（一）《書集傳》在本質上為集諸家之說而成的「集注體」經解。除了蔡沈注明出處的引文之外，有更多引據前人之說而未予注明的部分。據許華峰的研究，其中引用孔《傳》、《正義》、《經典釋文》等「古注」之處甚多，不僅並未排斥「古注」，甚至是用「古注」作為其「集傳」的重要基礎。在對經文沒有更好的解釋時，蔡沈往往採用「古注」來做傳，特別是有關名物制度方面，更是大量以「古注」為作傳的依據。

（二）《書集傳》引用最多的，除了孔《傳》、《正義》、《經典釋文》之外，最重要的為王安石《尚書新義》、蘇軾《東坡書傳》、林之奇《尚書全解》和呂祖謙《東萊書說》。惟尚難以依諸家現存著作來

〔註61〕 許育龍：《宋末至明初蔡沈《書集傳》文本闡釋與經典地位的提升》（臺北市：國立臺灣大學中國文學研究所博士論文，2012 年 12 月）。

〔註62〕 陳恆嵩：〈董鼎《書蔡氏傳輯錄纂註》對蔡沈《書集傳》之疏釋〉，《元代經學國際研討會論文集（上）》（臺北市：中研院文哲所籌備處，2000 年 10 月），頁 425～452。

〔註63〕 王春林：〈維護道統詮釋下的周公：兼論蔡沈《書集傳》的求道精神〉，收於氏著：《經學與中國哲學》（上海市：華東師範大學出版社，2009 年 6 月），頁 118～123。

〔註64〕 姜龍翔：〈朱子命蔡沈編修《書集傳》考〉，《漢學研究》第 30 卷第 2 期（2012 年 6 月），頁 99～130。

〔註65〕 許華峰：〈蔡沈《書集傳》所引據的資料分析〉，《東華漢學》第 16 期（2012 年 12 月），頁 183～217。

斷言蔡沈最注重哪家注解。

（三）蔡沈對於諸家之說，除了特別引錄，並予以破斥的情況之外，常見作法是在諸家說法中，選擇較爲優長的解釋。亦即大多數的注解內容，並非在「排斥」他說的前提下，認同某說，而是在比較之下，突出或接受最爲優長的說法。

（四）蔡沈《書集傳》的注經體式，主要仿自朱熹的《詩集傳》。〔註66〕《尚書》一方面具有記言體史書的性質，但因內容多爲「聖人之言」，在經書閱讀的目標上，自然希望能夠從聖人之言以明道。在朱熹所提示的讀《尚書》方法上，依然是循「不先立己見」，熟讀文本，並參照前人注解，以「詳擇之」的原則來進行。在南宋理學定於學術之尊的情況下，《書集傳》並非單純朱子學派「格物致知」、「以理明道」之理學下的產物，反之，因受朱熹理解經典的讀書方法的影響，而呈現出兼容古、今之說的「集注體」注經體式。忽視此一體式所代表的學派意義，將無法合宜地瞭解《書集傳》的價值所在。〔註67〕

二、《尚書》講義與宋代《尚書》著作

宋代經筵《尚書》講義之著作大要與其內容特點之分析，已如三、四章所述。而作爲經筵《尚書》講義之著作，與前引《尚書》代表性著作，因其作爲宋代《尚書》著述的一環，是否有其共通之處，則擬於本小節作一綜合性的梳理對照。

宋代學術之發展，以義理闡釋爲主流，而其源首推宋初理學三先生，歐陽修嘗云：「師道廢久矣，自景祐、明道以來，學者有師，惟先生（胡瑗）暨泰山孫明復、石守道三人，而先生之徒最盛。」〔註68〕所謂理學三先生者，

〔註66〕許華峰云：「朱熹認爲，讀《詩集傳》，應當同時將諸家注解一起參照閱讀。……他自述讀《詩經》的經驗，即是將數十家注解一起參看。……朱熹強調，在讀經的方式上，除了應當熟讀文本，先儒的注解『雖未必知道』，但亦能部分體現眞理，故不僅應當參看，甚至要『熟讀詳究』，然後將道理『反之於身』，才能於己有益。」見許華峰：〈蔡沈《書集傳》所引據的資料分析〉，頁212～213。

〔註67〕以上四點，主要參照：許華峰〈蔡沈《書集傳》所引據的資料分析〉一文頁208～216之內容，加以整理而來。

〔註68〕（宋）歐陽修：〈胡先生墓表〉，《文忠集》（《文淵閣四庫全書》（電子版）），卷25。

胡瑗（993～1059）實開先河。又，胡瑗教學之法甚爲當時士林所推崇，曾奉
詔立爲「太學法」之張本，且嘗爲天章閣侍講。〔註69〕故引其所著《洪範口
義》，以爲宋初《尚書》著作之代表。胡氏學術以《易經》、《尚書》爲主，而
其《尚書》之學今唯存其《洪範口義》。胡瑗解經，每就經典彼此相關之義，
互爲詮釋，有「以經解經」之法，其解《尚書・洪範》之義，多引《易經》
爲說，此因《易經》與《洪範》古來多謂同出於河圖、洛書之故也，其義多
有可相通之處。然胡瑗解〈洪範〉，不用漢儒天賜神授、五行相剋、休咎庶徵
之說，而自出以新義，實開宋代經學、理學發展之先導。而就其訓釋方式而
言，《洪範口義》之訓釋雖以義理爲主，亦兼有簡要之訓詁，此種訓釋方式實
與經筵講義有相似之處。如其訓釋「王乃言曰：嗚呼！箕子。惟天陰騭下民，
相協厥居」一段云：

> 騭，定也。王乃問而言曰：嗚呼！箕子。欲問箕子而先嘆者，所以
> 重之也。言天不言而默定下民之命，又且相助合協其居，而使有常
> 生之資。定下民之命者或貧或富，或貴或賤，或夭或壽，莫匪天定
> 之使然也。然則既有短長之命，又定其貴賤之材，而且助合其居，
> 使有恒產，則如懋稼穡以足食，勤蠶桑以有衣，使樂歲上可以供給
> 父母，下可以畜妻子，凶年免於死亡，莫非天之佑而使然也。故曰：
> 王乃言曰嗚呼箕子，惟天陰騭下民，相協厥居。〔註70〕

《洪範口義》之訓釋方式，凡涉及文字訓詁者，大抵類此，而於經文要旨之
闡釋，多出於義理，甚爲篤實。又如其釋「帝乃震怒，不畀洪範九疇，彝倫
攸斁……天乃錫禹洪範九疇，彝倫攸敘」一段云：

> 帝謂堯也，堯見鯀陻洪水，亂陳五行之道，於是震動而忿怒，乃不
> 與大法九章。此常道所以敗。然則謂之不與者如何？夫陻洪水亂五
> 行之道，不能行帝堯洪範九疇之義，則堯不與之也。故曰：帝乃震
> 怒，不畀洪範九疇，彝倫攸斁。……天，帝稱之者，尊貴之也。夫

〔註69〕 歐陽修云：「其教學之法最備，行之數年，東南之士莫不以仁義禮樂爲學。慶
　　　　 曆四年，天子開天章閣與大臣講天下事，始慨然詔州縣皆立學，於是建太學
　　　　 於京師，而有司請下湖州，取先生之法以爲太學法，至今著爲令。後十餘年，
　　　　 先生始來居太學，學者自遠而至，太學不能容，取旁官署以爲學舍。禮部貢
　　　　 舉，歲所得士，先生弟子十常居四五，其高第者，知名當時，或取甲科，居
　　　　 顯仕，其餘散在四方。」（（宋）歐陽修：〈胡先生墓表〉，《文忠集》，卷25）
〔註70〕 （宋）胡瑗：《洪範口義》（（《文淵閣四庫全書》（電子版）），卷上。

禹既興起，則反乎父業之所爲，乃導江浚川，水患大息，堯善禹治
水之故，乃與禹大法九章，此常道所以仔敘。⋯⋯以其導江浚川，
順水之性，能行夫帝堯洪範九疇之義，則是帝堯與之也。〔註71〕

案：《孔傳》於此言：「天動怒鯀」、「天與禹洛出書，神龜負文而出，列於背，
有數至於九，禹遂因而第之以成九類。」〔註72〕以神龜負文、天帝怒斥之說，
事涉神怪，此漢儒說〈洪範〉之舊言。胡瑗一改前習，以堯說天，又不用神
龜負文之說，復歸於人事。再者，《洪範口義》中亦可見其引《中庸》以說之
處，如釋五福六極之義，胡氏云：

然則五福六極，果天使然耶？君使然耶？曰：君使然者存乎教，故《中
庸》曰：率性之謂道，修道之謂教，是也。天使然者存乎命，故《易》
曰：乾道變化，各正性命，是也。言乎命，一人之私也；言乎教，天
下之公也。〈洪範〉九疇何嘗以私言哉？⋯⋯各以稟受而得之者，命
也，非教也；命有定分，教隨變化，故聖人言教不言命也。〔註73〕

此皆可見胡氏說經之要旨。由此觀之，《洪範口義》與經筵《尚書》講義之著
重義理、陳治國要道之說，理趣相合也。

次論王安石《尚書新義》，《尚書新義》乃王安石奉詔修撰《三經新義》
所完成的第一部，宋神宗熙寧六年（1073），置經義局，命王安石兼經義局提
舉，並對王安石說：「今談經者人人殊義，何以一道德？卿所著經，其以頒行，
令學者歸一。」〔註74〕於是在王安石領導下，由呂惠卿同提舉、安石之子王
雱（1044〜1076）等人兼修撰，重新訓釋《詩》、《書》及《周禮》等書，爲
新法提供理論依據。然據程元敏先生所考，該書乃「王雱訓辭，安石訓義，
蓋王氏父子主撰」〔註75〕，少部分兼雜眾手。而從經文訓釋的方式來看，自
東漢以來，經書的闡釋方式和章句訓詁始終無法切割，而在宋代中期的王安
石，強調要重新闡發經典的義理，重視發明經旨，希望能能避開傳統章句訓
詁的模式，自成新義，以爲學者範式。而此種自成新義之訓釋方式，與經筵
講義相較如何？今就《尚書新義》與范存仁經筵講義《尚書解》之訓釋方式

〔註71〕　（宋）胡瑗：《洪範口義》，卷上。
〔註72〕　（漢）孔安國傳，（唐）孔穎達正義：《尚書正義・洪範》（臺北市：藝文印書
　　　　　館，2007 年 8 月影印《十三經注疏》本），頁 167〜168。
〔註73〕　（宋）胡瑗：《洪範口義》，卷上。
〔註74〕　（元）脫脫等：《宋史・志・選舉三》，卷108，頁 1478。
〔註75〕　程元敏：《三經新義輯考彙評（上）》，頁 302。

觀之，可見得二者解經之方式多有相同之處。茲舉〈皋陶謨〉「慎厥身修，思永……」一節爲例，《尚書新義》云：

> 身立則政立，故皋陶先言「身修」。能修其身然後可以齊其家，故繼之以「惇敍九族」。齊家而後國治，故繼之以「庶明勵翼」。國治而天下平，故繼之以「邇可遠在茲」。〔註76〕

范存仁則云：

> 臣某曰：夫修身必在慎思久行。慎思則無悔，久行則人信，然後可以厚族人，而善人皆勉思翼戴矣。自近及遠之道，在此而已。知人之難，宜察以事，而象恭滔天、巧言令色者，聖人尚或畏之。取人之道，不可不廣，故於九德各取其所長，但人君能合而用之，則九德見於事爲矣。

觀二者闡釋之法，不在字義訓詁，而在要義之發揮，內容亦簡單扼要，於義甚明。即使涉及字義之訓釋，《尚書新義》所云亦甚爲平實，不牽引龐雜之說，如〈皋陶謨〉：「日宣三德，夙夜浚明有家；日嚴祇敬六德，亮采有邦。」《尚書新義》於下釋之云：「日宣達三德之賢，使任有家。日嚴祇敬六德之賢，使任有邦。」「嚴，貌嚴；祇，行祇；敬，新敬。」〔註77〕此或與安石父子皆曾任經筵講官，爲皇帝講說《尚書》，並撰有《尚書》講義〔註78〕，《尚書新義》或參之以爲張本而成也。

第三是蔡沈《書集傳》。如前所述，這是集合諸家意見於一書的著作，類似於「集注」、「集解」、「集釋」等注經體式，近人許華峰將此類經注稱之爲「集注體」〔註79〕。許華峰對於「集注體」的一個重要特點指出：「『集注體』的體式特徵，爲集錄各家說解爲一書，集注者在集錄諸家說法時，已對諸家說法有所『權衡取捨』，並於注解中間或加上集注者的個人見解。可見，這類注解體式，從一開始出現於世，注解者便不是將這類經注定位爲單純的資料

〔註76〕 程元敏：《三經新義輯考彙評（上）》，頁34。
〔註77〕 程元敏：《三經新義輯考彙評（上）》，頁35。
〔註78〕 據程元敏先生所考：「未立局時，諸公已有經筵講義，如安石與雱侍講經筵，皆有《尚書》講義，勢必爲經局採取，故此惠卿言大抵以『講義』爲本也。且併時國子監直講『口義』亦取之。」（《三經新義輯考彙評（上）》，頁302）
〔註79〕 許華峰：《蔡沈《朱文公訂正門人蔡九峯書集傳》的注經體式與解經特色》（臺北市：臺灣學生書局，2013年2月），該書第三章〈《書集傳》注經體式的淵源〉對「集注體」一詞的定義與淵源有較詳細的論述，可參看。

匯集。」〔註80〕因此，許華峰認為，作為一種為經書作注的常見方式，「集注體」與一般經注最大的不同在於：

> 雖然一般經注亦可能參考或引用他人之說，但注解者認定其注釋文字的主體內容係出於注解者個人的詮釋意見，注解的文字亦主要出於注解者之手。集注體的經注則不然，這類經注的注解文字，主要採自前人的文字。其中雖然也有注解者自己的意見，但呈現的方式係出於對前人注解的選擇、改編，以及以按語或評論的方式呈現注解者的見解。在注解者的主觀意識上，往往傾向於認定自己是以引錄、鎔鑄前人之說為主要的注釋形式，因此，注解者的見解隱藏在所引錄諸家文字的背後。〔註81〕

也就是說，《書集傳》編纂者對於《尚書》經文的見解，必須經過綜合性的比較對照之後，方能得出編纂者文字背後的真正意涵。這是「集注體」的一大特色。

而就《書集傳》對《尚書》的注解來看，主要分為篇題的傳文與經文的解釋二個部分。篇題的傳文則包括篇名的意義與歷史背景的說明、今古文本的有無、〈書序〉的相關問題等。而經文的解釋，基本上仍維持一般經書注解訓釋的表現方式，大抵先列出語詞的解釋（包括名物制度的解釋），然後是文句的疏解、義理的發揮，最後則做出自己的見解，或並存異說、或批評前人的注解意見。如《尚書·顧命》篇「牖間南嚮，敷重篾席，黼純，華玉仍几」一段，《書集傳》云：

> 篾，莫結反。此平時見群臣、覲諸侯之坐也。敷設重席，所謂「天子之席三重」者也。「篾席」，桃竹枝席也。「黼」，白黑雜繒。「純」，緣也。「華」，彩色也，「華玉」以飾几。「仍」，因也。因生時所設也。《周禮》：「吉事變几，凶事仍几。」是也。〔註82〕

由上可見《書集傳》對於語詞（名物制度）的解釋方式，包含簡要的文句疏解「篾……此平時見群臣、覲諸侯之坐也」。至於文意疏解與義理的發揮方面，《書集傳》除了承襲舊注的解釋之外，每每將《尚書》中對於帝王所應具備

〔註80〕許華峰：《蔡沈《朱文公訂正門人蔡九峯書集傳》的注經體式與解經特色》，頁116～117。

〔註81〕許華峰：《蔡沈《朱文公訂正門人蔡九峯書集傳》的注經體式與解經特色》，頁121～122。

〔註82〕（宋）蔡沈：《書集傳·顧命》（《文淵閣四庫全書》（電子版）），卷6。

的德行與治國能力的經文，由過去以「外王」爲主的解釋，轉化爲以「內在
德行修養」爲主的「內聖」解釋，認爲在上位者的德行修養具足後，自然能
夠達到「外王」的結果。這種情形，應當與宋儒對於經書的理解特別重視內
在德行修養功夫的闡釋有關，特別是對《大學》、《中庸》的援用方面。例如
〈堯典〉「克明俊德，以親九族。九族既睦，平章百姓。百姓昭明，協和萬邦。
黎民於變時雍」一段的解釋，《書集傳》云：

> 「明」，明之也。「俊」，大也。堯之大德，上文所稱是也。「九族」，
> 高祖至玄孫之親，舉近以該遠，五服異姓之親，亦在其中也。「睦」，
> 親而和也。「平」，均；「章」，明也。「百姓」，畿內庶民也。「昭明」，
> 皆能自明其德也。「萬邦」，天下諸侯之國也。「黎」，黑也。民首皆
> 黑，故曰「黎民」。「於」，嘆美辭；「變」，變惡爲善也。「時」，是；
> 「雍」，和也。此言堯推其德，自身而家，而國，而天下，所謂「放
> 勳」者也。〔註83〕

與孔安國《傳》的內容相較，孔《傳》曰：

> 能明俊德之士任用之，以睦高祖玄孫之親。……「既」，已也。「百
> 姓」，百官。言化九族而平和章明。「昭」，亦明也。「協」，合；「黎」，
> 眾；「時」，是；「雍」，和也。言天下眾民皆變化化上，是以風俗大
> 和。〔註84〕

二者相較，可以看出其中之差異。孔《傳》所言「能明俊德之士任用之」，是
偏向於帝王必須有識人之明，才能任用俊德之士來治理天下，而《書集傳》
的解釋則偏向於《大學》修、齊、治、平的八目之說，與第三章所分析《尚
書》講義之特點：「著重先內聖後外王。」有相同之處。

　　以解經方式而言，《書集傳》與經筵講義相較，前者之解經方式，由於受
到「集注體」的體式規範，當然較經筵講義豐富而繁瑣。但就其內容特點來
看，兩者皆以義理闡述爲主，大量引用〈大學〉、〈中庸〉的說法，對《尚書》
經義進行闡釋，則是相同的。然而，因爲講說（閱讀）對象的不同，或者說
是因爲教學（撰述）目的差異，便產生了兩者文本內容上的差異。

〔註83〕（宋）蔡沈：《書集傳·顧命》（《文淵閣四庫全書》（電子版）），卷1。
〔註84〕（漢）孔安國傳，（唐）孔穎達正義：《尚書正義》（臺北市：藝文印書館，2007
　　　　年8月影印《十三經注疏》本），卷2，頁20。

　　綜上所列舉之三本宋代《尚書》代表著作，雖不足以涵蓋整體宋代《尚書》著作百分之一，然就宋代學術開展之特色以及帶有官方立場之《尚書》著作而言，實堪任之，故舉之與作爲帝王經筵教材的《尚書》經筵講義進行對照比較。胡瑗解〈洪範〉，不用漢儒天賜神授、五行相剋、休咎庶徵之說，而自出以新義，實開宋代經學、理學發展之先導。而就其訓釋方式而言，《洪範口義》之訓釋雖以義理爲主，亦兼有簡要之訓詁，此種訓釋方式實與經筵講義有相似之處。就王安石《尚書新義》而言，其闡釋之法，不在字義訓詁，而在要義之發揮，內容亦簡單扼要，於義甚明。即使涉及字義之訓釋，所云亦甚爲平實，不牽引龐雜之說，此與《尚書》講義之訓釋方式，亦不謀而合。在《書集傳》方面，基本上仍維持一般經書注解訓釋的表現方式，大抵先列出語詞的解釋，然後是文句的疏解、義理的發揮，最後則做出自己的見解；至於文意疏解與義理的發揮方面，《書集傳》除了承襲舊注的解釋之外，每每將《尚書》中對於帝王所應具備的德行與治國能力的經文，由過去以「外王」爲主的解釋，轉化爲以內在德行修養爲主的「內聖」解釋，認爲在上位者的德行修養具足後，自然能夠達到「外王」的結果。這種情形，應當與宋儒對於經書的理解特別重視內在德行修養功夫的闡釋有關，特別是對《大學》、《中庸》的援用方面。這一點，與經筵講義的特點亦是相同。由此可見，經筵《尚書》講義與宋代官方學術發展之主流，具有一致性的傾向。

第六章 宋代經筵講官之理想與帝王思維的形塑

　　宋代經筵制度的發展過程中，自始至終都非常強調「學」的重要。帝王必須透過「學」，方能瞭解堯、舜以來的聖人治國之道。而具有師臣身份的經筵講官，如何闡釋這聖人之學的經典，便是能否幫助帝王上臻聖人之道的重要因素。在宋代理學發展的主流學脈當中，〈中庸〉與〈大學〉自《禮記》獨立出來，並成為經筵進講的教材，以及將〈中庸〉、〈大學〉的義理放入其他經典中，進行闡釋，無疑是一種重要的影響，因為這關係到經筵講官對於帝王之「學」的思維與理解，同時也是經筵講官將此種思維，藉由經典的講授，傳播到帝王的思想之中的重要方法。本論文的第三章與第四章談到《尚書》經筵講義以理學解經的現象與特點，便是此種情形下的產物。其次，經筵講官的理想，在於「得君行道」，此「道」在君而言，是治國之道；在講官而言，既是帝王治國之道，亦是其心中理論思維的實踐。因此，如何利用經筵進講的機會，實踐其心中的理想，便是一個重要的議題。本章擬從宋代二位經筵講官的代表人物王安石與程頤，來分析其理想實踐的過程，並推論其理想實踐的成敗原因。前者利用其擔任經筵講官之時，向皇帝傳播其帝王之道的想法，並獲得神宗的完全信任與支持，遂取得行政與變法的權力，位至宰輔。後者因其學養豐富與民間之聲望卓著，獲得宰相與大臣的推薦，以布衣任崇政殿說書，欲遂行其得君行道的理想。然兩者的結果卻是截然不同的。第三，本章亦擬進一步探究〈大學〉與〈中庸〉在經筵進講，以及影響《尚書》經筵講說的情況。〈中庸〉與〈大學〉自《禮記》獨立出來，並成為經筵進講的

教材，以及將〈中庸〉、〈大學〉的義理放入《尚書》與其他經典中進行闡釋的情形，分別涉及講官對帝王內聖外王思維的形塑以及人君修身治國之道的影響。因此，有必要對此二種典籍進入經筵的情況作一番梳理。

第一節　經筵講官理想實踐之二例

　　本節主要以王安石與程頤兩位經筵講官爲例，呈現出經筵官如何在經筵之中，遂行其「得君行道」的思維與理想之實踐。經由下列的分析可知，雖然講官個人有豐富的知識與學養，但是如何讓帝王瞭解、接受，關係到講官理想實踐之成敗與否，因此，「皇帝」個人的因素佔了極其重要的決定性影響。王安石因獲得「皇帝」的充分信任與支持，快速晉官、掌權，實行了熙寧變法；反之，程頤雖以布衣榮膺崇政殿說書之任，終因不得哲宗之喜愛而去職。

一、王安石

　　在「得君行道」的實踐上，王安石可說是最佳的典型範例。早在宋仁宗嘉祐年間，王安石就曾上奏萬言疏，希望仁宗皇帝針對當時的施政弊病採取對應的措施，來進行改革，可惜仁宗只是「覽而置之」〔註1〕，沒有特別措意。但這並沒有影響王安石的用世之志。宋神宗即位之初，由於韓維（1017～1098）的延譽與曾公亮（999～1078）的極力推薦，對於王安石有了深刻且正面的印象，並相信王安石是可用之才。《宋史・王安石傳》曾載王安石所以爲神宗所知，以及熙寧元年受詔爲翰林學士兼侍講，開始爲皇帝講述其施政策略的過程，爲自己的理想實踐，跨進了一大步：

> 安石本楚士，未知名於中朝，以韓、呂二族爲巨室，欲藉以取重。
> 乃深與韓絳、絳弟維及呂公著交，三人更稱揚之，名始盛。神宗在
> 穎邸，維爲記室，每講說見稱，輒曰：「此非維之說，維之友王安石
> 之說也。」及爲太子庶子，又薦自代。帝由是想見其人，甫即位，
> 命知江寧府。數月，召爲翰林學士兼侍講。熙寧元年四月，始造朝。
> 入對，帝問爲治所先，對曰：「擇術爲先。」帝曰：「唐太宗何如？」

〔註1〕〈上仁宗皇帝萬言疏〉見《全宋文》卷1380，冊63，頁328～342。又王安石在遭遇神宗之前的情況，可見《宋史紀事本末・王安石變法》，卷37，頁323～324。

曰：「陛下當法堯、舜，何以太宗爲哉？堯、舜之道，至簡而不煩，
至要而不迂，至易而不難，但末世學者不能通知，以爲高不可及爾。」
帝曰：「卿可謂責難於君，朕自視眇躬，恐無以副卿此意。可悉意輔
朕，庶同濟此道。」〔註2〕

此處可見王安石甫爲翰林學士兼侍講，第一次對神宗所問「爲治所先」之時，
提出了「擇術爲先」與「當法堯、舜」的二大方向，而這兩大方向恰符合神
宗勵精求治的需求，且將神宗求治之道，略過唐太宗而直指堯、舜，其取法
乎上的標準，正是神宗所需要的，因此神宗應之曰：「可悉意輔朕，庶同濟此
道。」神宗求治甚勤，對經筵講讀也甚爲認眞，其目的不僅僅爲了講讀經史，
更爲了與經筵官討論治術。〔註3〕

　　在王安石取得神宗全面授權，展開新法推行之前，王安石身處經筵侍講
之位，如何透過講論學術以打動神宗，獲取變法的權力，遂行其得君行道的
目標，這個過程是十分重要的。王安石曾在擔任經筵官第一次入對後，對於
神宗所問，上過一份〈本朝百年無事箚子〉〔註4〕，向神宗全面性地提出當前
需要改革的原因與方向。翌日經筵講讀之時，王安石即極力向神宗表示「講
學」是一切施政變革的「根本」：

明日，上謂安石曰：「昨閱卿所奏書至數遍，可謂精畫計，治道無以
出此，所由眾失，卿必已一一經畫，試爲朕詳見施政之方。」對曰：
「遽數之不可盡，願陛下以講學爲事，講學既明，則施設之方不言
自喻。」上曰：「雖然，試爲朕言之。」於是爲上略陳施設之方。上
大喜曰：「此皆朕所未嘗聞，他人所學，固不及此，能與朕一一爲書
條奏否？」對曰：「臣已嘗論奏陛下，以講學爲事，則諸如此類，皆
不言而自喻。若陛下擇術未明，實未敢條奏。」上曰：「卿今言已多，

〔註2〕（元）脫脫：《宋史》，卷327，頁10543。

〔註3〕《續資治通鑑長編》嘗載神宗勤學之情形：「聖學高遠，言必據經，深造道德
之蘊，而詳於度數。每論經史，多出人意表，間日一御邇英講讀，雖風雨不
易，禁中觀書，或至夜分。」（卷353，元豐8年3月戊戌條，頁8457）又，
神宗御邇英講讀之始，即非僅爲聽講經史而已，實亦欲與講官朝夕討論，敷
陳治道，如治平四年（1067）十月，神宗即位之初，即嘗詔司馬光入侍經筵，
任翰林學士兼侍讀學士，司馬光上表請辭，神宗詔曰：「朕以卿經術行義爲世
所推，今將開延英之席，得卿朝夕討論，敷陳治道，以箴遺闕。」見（清）
黃以周：《續資治通鑑長編拾補》，卷2。

〔註4〕見《全宋文》，冊64，卷1382，頁14～16。

> 朕恐有遺忘，試錄今日所對以進。」安石唯唯而退，訖不復錄所對
> 以進。〔註5〕

王安石對神宗主張，唯有透過紮實而正確的「講學」，才能具有正確的擇術能力。學識的積累足夠之後，對於所需的具體施政方針，便不言可喻。王安石的目的在於講求「學」、「術」合一，因此由經筵之所「學」入手是第一要義，唯有神宗認同了王安石之「學」，王安石才有機會進一步將「學」轉化爲「術」，進而達到「學」、「術」合一的目的。由於神宗本身亦甚爲勤學，對於此一說法自然認同，至此，王安石已完全進入神宗「同濟此道」的門庭之中。在取得神宗的認可之後，王安石首先將經筵講讀的內容，從《禮記》改爲《尚書》：

> （熙寧元年）十月壬寅，詔講筵權罷講《禮記》，自今講《尚書》。
> 先是，王安石講《禮記》，數難《記》者之是非。上以爲然，曰：「《禮
> 記》既不皆法言，擇其有補者講之，何如？」安石對曰：「陛下必欲
> 聞法言，宜改他經。」故有是詔。〔註6〕

此處王安石認爲《禮記》不是「法言」，亦即《禮記》不是王安石眼中可以成爲帝王施政重要參考的一部經典，因此，在王安石的提議之下，經筵講讀的教材改成了《尚書》，這也是王安石後來重新詮釋的經典之一，並且用來作爲科舉取士的必讀經典。除了《禮記》之外，王安石亦提議在經筵與科舉取士當中，一併罷除《春秋》、《儀禮》：

> （熙寧四年）二月丁巳，更定科舉法，從王安石議，罷詩賦及明經
> 諸科，專以經義、策、論試士，王安石又謂：「孔子作《春秋》，實
> 垂世立教之大典，當時游、夏不能贊一辭，自經秦火，煨燼無存，
> 漢求遺書，而一時儒者附會以邀厚賞。自今觀之，一如斷爛朝報，
> 絕非仲尼之筆也。《儀禮》亦然。請自今經筵毋以進講，學校毋以設
> 官，貢舉毋以取士。」〔註7〕

在王安石的提議之下，不論經筵講論與科取取士的方法與教材，皆從其議而悉數更替。至此，不論在經筵講學、科舉取士，王安石對於「以學領政」的理想，已經初步完成了。接下來，便是將「學」與「術」合而爲一，由經筵

〔註5〕（清）黃以周：《續資治通鑑長編拾補》，卷3上，〈熙寧元年四月乙巳〉條。
〔註6〕（清）黃以周：《續資治通鑑長編拾補》，卷3下，〈熙寧元年十月壬寅〉條。
〔註7〕（明）陳邦瞻：《宋史紀事本末》，頁371。

繼續晉身爲實際握有實權的執政，全面推行其行政理想。再觀以下二例，神宗經常於經筵之後，與王安石「獨對」，更可見宋神宗對王安石的倚賴與信任，對於身爲一位臣子而言，王安石在「得君行道」的理想實踐上，可以說是成功的。

> （熙寧元年八月）甲寅，邇英講讀畢，上獨留王安石與語，兩府不敢出，至日晡，乃出。

> （熙寧元年八月）癸亥，邇英講讀畢，上又獨留王安石賜座。〔註8〕

觀此記載可知，講筵結束後，神宗仍留安石獨坐「與語」，可推知必定與安石詳論朝政與變法革新之事，其於安石可說是推心置腹。隔年（熙寧二年）春正月，神宗任王安石爲諫議大夫、參知政事，並依安石之議，成立「制置三司條例司」，迅速展開變法工作。而「經筵講讀」這個君臣溝通平臺，可說是王安石取得其理想實踐的一大「門鑰」，藉由經筵講讀的機會，取得神宗完全的信任，並一步一步做好所有的「前置作業」，做爲其先講學、後行政的推動基礎。即使在變法之後，經筵平臺仍是其延續施政權力的一大命脈。其最明顯的舉措，便是在經筵上推薦能夠恪守自己學說之人擔任講讀之官，於是一時之間有不少王安石的門生弟子出現在經筵講官的名單之中，如呂惠卿（1032～1111）、呂升卿、王雱、沈季長（1027～1087）、朱明之、黃履（1030～1101）、陸佃（1042～1102）、蔡京（1047～1126）等。即便是後來得勢的司馬光，其在經筵的用人模式，亦不出此種情況，此亦可呼應前章所論，經筵與政治活動的關係是越來越緊密了。

二、程頤

哲宗時候，以一介布衣任職內廷，並擔任崇政殿說書的程頤，雖與王安石一樣對自己有「得君行道」的期許與理想，然而因爲自己的理學思想以及認爲王安石的措施是過於看重事功，加上哲宗年幼嗣位，故主張經筵講讀的重心與方法必須有所改變。因此，程頤在經筵講讀上，特別重視帝王德行與氣質之培養，這與王安石經筵講學的目的與重點，可說是大異其趣。

與王安石早期相同，早在仁宗皇祐二年（1050），程頤亦曾上書自陳所學，

〔註8〕（清）黃以周：《續資治通鑑長編拾補》，卷3下，〈熙寧元年八月甲寅〉條與〈熙寧元年八月癸亥〉條。

希望能「致君堯、舜」，重現三代之治。其云：

> 臣請自陳所學，然後以臣之學議天下之事。臣所學者，天下大中之
> 道也。聖人性之爲聖人，賢者由之爲賢者，堯、舜用之爲堯、舜，
> 仲尼述之爲仲尼。其爲道也至大，其行之也至易，三代以上，莫不
> 由之。……然行王之道，非可一二而言，願得一面天顏，罄陳所學。
> 如或有取，陛下其置之左右，使盡其誠；苟實可用，陛下其大用之；
> 若行之而不效，當服罔上之誅，亦不虛受陛下爵祿也。……臣之所
> 學，三子（孟子、董仲舒、王通）之道也。陛下勿使後之視今，猶
> 今之視昔，則天下不勝幸甚！望陛下特留意焉。」〔註9〕

程頤入朝前早已名震學林，對所學頗有自信，且自用之意，溢於言表，惜未
得仁宗青睞。然而程頤希望「得君行道」的希望，也並未因此磨滅，此後的
多封上書，如英宗治平二年（1065）〈代彭思永上英宗皇帝論濮王典禮疏〉、〈爲
家君應詔上英宗皇帝書〉，治平四年（1067）〈爲家君上神宗皇帝論薄葬書〉，
神宗熙寧八年（1075）〈代呂公著應詔上神宗皇帝書〉，元豐三年（1080）〈代
富弼上神宗皇帝論永昭陵書〉等，皆可見程頤用世之心，昭然紙上。

再觀程頤於《周易程氏傳》釋「姤」卦之義所言，可見程氏對於「君臣
相遇」乙事，一直持正面態度，也可以說，是有所期待的，與其上書所言加
以對照，其用世之心是一致的：

> 五與二皆以陽剛居中與正，以中正相遇也。君得剛中之臣，臣遇中
> 正之君，君臣以剛陽遇中正，其道可以大行於天下矣。〔註10〕

又曰：

> 天地不相遇，則萬物不生；君臣不相遇，則政治不興；聖賢不相遇，
> 則道德不亨；萬事不相遇，則功用不成。姤之時與義，皆甚大也。
> 〔註11〕

程頤對於君臣能否「相遇」，視爲政治能否興盛，「道」之能否大行的關鍵，
可見他對於「君臣相遇」與「得君行道」，是寄予厚望的。這又可進一步對應
到他後來出任經筵講讀一職，是多麼的滿懷期待，重視非常。

以布衣任官，得以任職經筵，可說是程頤心目中「得君行道」的大好機

〔註9〕　（宋）程頤：〈上仁宗皇帝書〉，《全宋文》，卷1750，冊80，頁197～202。

〔註10〕　（宋）程頤：《周易程氏傳》，卷3，收於《二程集》（北京市：中華書局，1981
年7月），第3冊，頁924。

〔註11〕　（宋）程頤：《周易程氏傳》，卷3，《二程集》第3冊，頁925。

會。其言曰:「竊以儒者得以經術進說於人主之前,言信則志行。自昔抱道之
士,孰不願之?顧恨弗獲。……伏以皇帝陛下春秋之富,方賴前後左右之人
輔養聖性,勸講之職,任莫重焉。」〔註12〕又嘗自陳其許國之心云:「儒者得
以道學輔人主,蓋非常之遇,使臣自選所處,亦無過於此矣。臣於斯時,雖
以不才而辭,然許國之心,實已萌矣。」〔註13〕可知其始雖以「道未行於家
室,善未信於鄉黨」〔註14〕,力辭崇政殿說書之任,但最終仍願意把握這難
得可以實踐其理想的機會。

　　在擔任經筵講官之前,程頤即先自陳三道〈論經筵劄子〉〔註15〕,對於
經筵官的職責賦予了前所未有的豐富內涵,將經筵官定位為「王者之師」,帝
王必須依賴此「帝王之師」的輔導與教育,才有可能成為一位真正具備治理
國家能力的帝王。由於程頤以布衣擔任經筵講官時的品秩甚低,至少與王安
石相較,差距甚遠,加上哲宗年幼即位,實權仍在太后身上,因此決定了他
在經筵輔導的內容與策略上,必須不同於王安石。首先,程頤主張理想的經
筵講讀是周公輔導成王的模式:「臣伏觀自古人君守成而致盛治者,莫如周成
王,成王之所以成德,由周公之輔導。」〔註16〕「歷觀前古,輔養幼主之道,
莫備於周公,周公之為,萬世之法也。」〔註17〕程頤將周公輔導之道,作為
輔導哲宗的典範視之。其二,程頤將三代之時的「師、傅、保」作為經筵之
職的重要工作:「臣聞三代之時,人君必有師傅保之官:師,道之教訓;傅,
傅其德義;保,保其身體。」〔註18〕而主要之責在於以正人輔養上德、薰陶
德行,節嗜好之過,防聞見之失,其云:

　　臣以為今日至大至急,為宗社生靈長久之計,惟是輔養上德而
　　已。……周公作〈立政〉之書,舉言常伯,至於綴衣虎賁,以為知
　　恤者鮮,一篇之中,丁寧重複,惟在此一事而已。又曰「僕臣正,
　　厥后克正」;又曰「后德惟臣,不德惟臣」;又曰「侍御僕從,罔匪
　　正人,以旦夕承弼厥辟,出入起居,罔有不欽」。是古人之意,人主

〔註12〕　(宋)程頤:《河南程氏文集》,卷6,《二程集》,第2冊,頁540。
〔註13〕　(宋)程頤:《河南程氏文集》,卷6,頁542。
〔註14〕　(宋)程頤:《河南程氏文集》,卷6,頁540。
〔註15〕　即〈論經筵第一劄子〉、〈論經筵第二劄子〉、〈論經筵第三劄子〉,見《全宋文》,
　　　　　冊80,頁223~226。
〔註16〕　(宋)程頤:《河南程氏文集》,卷6,頁537。
〔註17〕　(宋)程頤:《河南程氏文集》,卷6,頁542。
〔註18〕　(宋)程頤:《河南程氏文集》,卷6,頁538。

跬步不可離正人也。蓋所以涵養氣質，薰陶德性，故能習與智長，化與心成。後世不復知此，以爲人主就學，所以涉書史，覽古今也。

不知涉書史、覽古今，乃一端爾。若止於如是，則能文宮人可以備勸講，知書內侍可以充輔導，何用置官設職，精求賢德哉？〔註 19〕

可知程頤對於經筵所重，在於皇帝內在德性之涵養與薰陶，外在講經讀史只是一種手段，此與程頤學問之所在亦相符合，程頤嘗云：「學也者，使人求之內也，不求之內而求於外，非聖人之學也。」〔註 20〕若只求外在的經史講讀，「則能文宮人可以備勸講，知書內侍可以充輔導，何用置官設職，精求賢德哉」？

其三，程頤對於經筵的要求嚴格，乃至事事與聞。在經筵講讀之中，程頤對於哲宗的形貌要求甚嚴，並從己身的自律做起，再對君主進行要求：「先生在經筵，每當進講，必宿齋豫戒，潛思存誠，冀以感動上意。而其爲說，常於仁義之外，反覆推明，歸之人主……先生容貌莊嚴，於上前不少假借。」〔註 21〕此種自持甚重的情形，曾引起朝臣之質疑，以爲過當，然程頤卻以爲本該如此：「或謂之曰：『君之嚴，視潞公（文彥博）之恭，孰爲得失？』先生曰：『潞公四朝大臣，事幼主不得不恭，吾以布衣職輔導，亦不敢不自重也。』」〔註 22〕史載程頤此種對形貌態度必以莊嚴持之的要求，施之於人主之上，曾導致哲宗與太后的反感，或視爲程頤所以無法「得君」的重要因素之一。《道山清話》曾記載「程頤諫哲宗折陌枝玩要」一事，可得而見之：

哲宗御講筵所，手折一陌枝玩，程頤爲講官，奏曰：「方春萬物發生之時，不可非時毀折。」哲宗亟擲於地，終講有不樂之色。太后聞之，嘆曰：「鬼怪壞事！」呂晦叔亦不樂其言也，云：「不須得如此。」〔註 23〕

此事亦見於《河南程氏遺書·伊川先生年譜》〔註 24〕而文字略有不同，後世對此事亦多有評論程，以爲程頤不當如此〔註 25〕。《宋元學案》即嘗引翁祖石

〔註 19〕　（宋）程頤：《河南程氏文集》，卷 6，頁 543。
〔註 20〕　（宋）程頤：《河南程氏文集》，卷 6，頁 541。
〔註 21〕　《宋元學案》，卷 15，頁 342～343。
〔註 22〕　《宋元學案》，卷 15，頁 343。
〔註 23〕　（宋）王暐：《道山清話》（《文淵閣四庫全書》電子版），〈子部 12·小說家 1〉，頁 5。
〔註 24〕　見《河南程氏遺書·附錄》，《二程集》，頁 342。
〔註 25〕　詳細可參閱劉濤：〈程頤「諫折柳」事件的思想史意涵〉（《重慶三峽學院學報》，2009 年第 6 期），頁 103～106。

之評論說：「先生之在經筵，哲宗可謂敬信之甚矣。但進說於人君之前，自當擇其大者，柳枝之諫，爲哲宗所不悅，由是見疏。宜乎呂正獻聞而嘆息此言之太瑣也。」〔註26〕程頤自來爲人即以嚴、敬知名，而此種律己律人，以天下自任，議論褒貶，無所顧避的精神，不假辭色，施之帝王，勢必也引起朝中某些臣僚的不認同，或藉機予以排擠，如：

> 蘇子瞻軾在翰林有重名，一時文士多歸之，文士不樂拘檢，迀先生所爲，兩家門下，迭起標榜，遂分黨爲洛、蜀。

> 會帝以瘡疹，不御經筵，先生曰：「上不御殿，太皇太后不當獨坐，且人主有疾，大臣可不知乎？」宰相始奏請問疾。由是大臣亦多不悅。

> 諫議孔文仲因奏先生爲五鬼之魁，當放還田里，遂出管勾西京國子監。屢乞致仕。董敦逸以爲怨望，去官。紹聖間，黨論削籍，竄涪州。〔註27〕

由此可見，當程頤的言行已經無法取得掌權太皇太后、哲宗的信任，乃至同朝臣僚亦起而攻之時，可預見的是，其「得君行道」的理想終必落空。正如余英時先生所言：「這充分說明皇帝所擁有的是最後的權源。任何帶有根本性的變法或改制都必須從這個權力的源頭處發動。所以皇帝個人的意志是一個決定性的力量。」〔註28〕就一位經筵講官的理想實踐而言，王安石與程頤的理想並無二致，然王安石得到神宗的信任與支持，其理想方得以實踐；而程頤始終無法完全得到同等的信任與對待，終必以失敗收場。若以事功視之，王安石的變法雖終以失敗收場，但其影響仍延續數十年以上，不可謂不大；而程頤對皇帝的德性涵養，則難以實效衡量之。在哲宗親政之後，由於哲宗本身的態度以及大臣輿論的要求下，程頤除被放歸鄉里外，更送與涪州編管：

> （紹聖四年十一月）丁丑，詔放歸田里人程頤送涪州編管，坐與司馬光同惡相濟也。先是，上與輔臣語及元祐政事，曰……又曰：「程頤妄自尊大，至欲延和講說，令太母同聽。在經筵多不遜，雖已放

〔註26〕《宋元學案》，卷15，頁377。
〔註27〕上引三則，見《宋元學案》，卷15，頁343。
〔註28〕余英時：《朱熹的歷史世界——宋代士大夫政治文化的研究》（北京市：生活・讀書・新知三聯書店，2011年7月），頁231。

歸田里，可與編管。」輔臣因歷數元祐言者議論過當，而上怒頤爲
甚。〔註29〕

在「上怒頤爲甚」的情況之下，程頤「道」之不行，亦可知也。誠然，程頤
無法「得君行道」之原因或不僅此，但是無法得「君」之心，終究是其失敗
的主要原因。

第二節　以《大學》解《尚書》
——對帝王內聖外王思維的形塑

　　第三章與第四章曾論及宋代經筵《尚書》講義之解經特點，其中提到《尚
書》講義曾引大量的〈大學〉、〈中庸〉的經文與義理來闡釋《尚書》，這種情
形是前所未有的，然究其原因，蓋〈大學〉中所強調的三綱領、八條目、六
步驟正是聖人修己成聖的方法與原則，在宋朝理學思想的發展逐漸成熟之
時，經筵講官勢必受到此學術風潮的影響而將其引入「帝王之學」當中，作
爲經筵講說教材之一的《尚書》，當然無法自外於此種影響。在一般士人引〈大
學〉、〈中庸〉解說《尚書》的同時，經筵之中也已開始將〈大學〉、〈中庸〉
的思想與帝王之學進行結合。本節擬針對經筵中講論〈大學〉的形成經過，
進行探究，亦即分析經筵講官是如何將〈大學〉等同於「帝王之學」，來爲人
君陳述所謂的「帝王之道」，同時，並作爲《尚書》講義之所以引〈大學〉作
爲闡釋的理由。至於宋代理學興盛之由與〈大學〉、〈中庸〉之所以受到重視
的詳細情況，一般學術史、思想史所論已多，此處略之，本文僅就貼近經筵
之情況加以論述。

　　早在唐代的韓愈〈原道〉一文，已開始將〈大學〉的文字與思想作其爲
文論述的依據，主張誠、正、修、齊、治、平，方是儒家正統的聖人之道：

　　　古之欲明明德於天下者，先治其國；欲治其國者，先齊其家；欲齊
　　　其家者，先修其身；欲修其身者，先正其心；欲正其心者，先誠其
　　　意。然則古之所謂正心而誠意者，將以有爲也。〔註30〕

此處可見得韓愈已明引〈大學〉誠意、正心、修身、齊家、治國、平天下的

〔註29〕　（宋）李燾：《續資治通鑑長編》，卷493，頁11704。
〔註30〕　（唐）韓愈撰，（宋）朱熹考異：《朱文公校昌黎先生文集》，卷11，《四部叢
　　　　　刊》（電子版），漢珍數位圖書公司依上海涵芬樓影印《四部叢刊》本製作。

思想，作爲個人道德修養的基礎，同時也是儒家倡導的先內聖、後外王的聖人之道。〈大學〉和〈中庸〉原本是《禮記》中之一篇，屬通論之性質，本是爲詮釋或補充《儀禮》而發，尤其在心性的闡揚、政治倫理的見解，更是經學史、思想史上的重要課題。《欽定四庫全書總目》於朱子所撰「《大學章句》一卷、《論語集註》十卷、《孟子集註》十卷、《中庸章句》一卷」條下（案：即《四書章句集注》）云：

> 《論語》自漢文帝時立博士，《孟子》據趙岐〈題詞〉，文帝時亦嘗立博士，以其旋罷，故史不載。《中庸說》二篇見《漢書·藝文志》。戴顒《中庸傳》二卷，梁武帝《中庸講疏》一卷，見《隋書·經籍志》。惟〈大學〉自唐以前無別行本，然《書錄解題》載司馬光有《大學廣義》一卷，《中庸廣義》一卷，已在二程以前，均不自洛閩諸儒始爲表彰，特其論說之詳，二程始，定著《四書》之名，則自朱子始耳。〔註31〕

上引之文提到兩點值得注意的地方：一是〈大學〉自唐以前無別行本，也就是在唐代之前，〈大學〉仍屬於《禮記》的一部分，沒有特別抽離來解說。其二，陳振孫（1179～1262）的《直齋書錄解題》載司馬光著有《大學廣義》一卷與《中庸廣義》一卷，也就是在二程以前，司馬光已將〈大學〉與〈中庸〉，獨立於《禮記》之外解說。朱彝尊云：「取〈大學〉於《戴記》講說而單行之，實自溫公始。」〔註32〕可惜司馬溫公的書早已亡佚不存，無法得知其撰述內容。倒是從其上奏之〈劄子〉可以窺知神宗之時，士子受佛教、老、莊之影響，已多有論述道德性命之思想：「性者，子貢之所不及，命者，孔子之所罕言，今之舉子，發言秉筆，先論性命，乃至流連忘返，遂入老、莊。」〔註33〕司馬溫公此文雖是以「反對」的立場，試圖阻止學子大談性命之學，而此種情況正足以證明談性命之理，在當時已是十分普遍的情況。

在經筵中進講〈大學〉一文，最早或可推至宋哲宗元祐五年（1090）：

> 右正言劉唐老言：「伏睹〈大學〉一篇，論入德之序，願詔經筵之臣訓釋此書上進，庶於清燕之間，以備觀覽。」從之。〔註34〕

〔註31〕（清）永瑢、紀昀等：《欽定四庫全書總目·經部·四書類1》，卷35，頁727。
〔註32〕（清）朱彝尊撰，林慶彰等編審點校：《點校補正經義考》，卷156，第五冊，頁225。
〔註33〕（宋）司馬光：〈論風俗劄子〉，《全宋文》，卷1200，冊55，頁191。
〔註34〕（宋）李燾：《續資治通鑑長編》，卷446，〈元祐五年八月丙午〉條。

劉唐老《宋史》無傳，而元祐五年之史冊亦無記載當時經筵講官是否確實進講了〈大學〉一篇，著實可惜。惟此後明確地將〈大學〉與帝王之學結合，並對其進行系統性闡述的，范祖禹的《帝學》可說是目前所見最早的一本。

范祖禹《帝學》曾記載皇帝讀《尚書》之後，與范祖禹的一段對話，從這段對話中，可以見到范氏對於帝王之學的定義：

> 帝因讀《尚書》，嘆曰：「堯、舜之世，四凶之罪只從投竄，何近代法網之密也？」臣祖禹曰：「人君讀書，學堯、舜之道，務知其大旨，必可舉而措之天下之民，此之謂學也。若人臣析章句、考異同、專記誦、講應對而已。太祖皇帝讀書能知其要如此，史臣以爲有意於措刑，其可謂至仁矣。〔註35〕

此處可見得范祖禹主張帝王讀書之目的，在於學「堯、舜之道」，「堯、舜之道」即「帝王之道」，帝王之道的特點在於「可舉而措之天下之民」，講求經世致用之效，「此之謂學也」，非一般士子講求的章句之學。故范祖禹將〈大學〉之道等同於「堯、舜之道」，並與「帝王之道」加以結合，其云：

> 臣祖禹曰：帝王之學謂之大學。《禮記》曰：「大學之道在明明德，在親民，在止於至善。知止而後有定，定而後能靜，靜而後能安，安而後能慮，慮而後能得。古之欲明明德於天下者，先治其國；欲治其國者，先齊其家；欲齊其家者，先修其身；欲修其身者，先正其心；欲正其心者，先誠其意；欲誠其意者，先致其知，致知在格物。物格而後知至，知至而後意誠，意誠而後心正，心正而後身修，身修而後家齊，家齊而後國治，國治而後天下平。」故學者所以致知、誠意、正心、修身、齊家、治國、明明德於天下，堯、舜之道是也。帝王之學，所以學爲堯、舜也。〔註36〕

此處可以見得范祖禹將「帝王之學」視爲「大學」，此處之「大學」或可解爲「大人之學」，然所引即爲〈大學〉之文，雖仍具名爲《禮記》之言，然實質上即是表明「〈大學〉之道」即是「帝王之道」。此亦說明在元祐五年之前，〈大學〉雖尚未獨立成爲經筵的教材，卻已被運用到經筵講讀之中，用以作爲養成君德思想的教材。

再觀哲宗元祐五年梁燾（1034～1097）〈上哲宗論進學之時不可失〉箚子：

〔註35〕 （宋）范祖禹：《帝學》，卷3，頁743。
〔註36〕 （宋）范祖禹：《帝學》，卷1，頁731。

> 臣聞自天子至於庶人，皆以修身爲本，本亂而末治者，未之有也。
> 故曰：「身修而家齊，家齊而國治，國治而天下平。」古之聖人，未
> 有不以修身而爲本者也。〔註37〕

此處可見梁燾所陳，亦以〈大學〉修齊治平之說爲基礎，不論天子以及平民
百姓，都必須將「修身」作爲根本，身修而後家齊、家齊而後國治、國治而
後天下平，近乎所謂「本立而道生」之意。又如鄒浩（1060～1111）〈上徽宗
論帝王爲學之本〉箚子曰：

> 臣竊觀自昔才智之君，固有務學以爲先者，然而學非其本，失所以
> 學，終不足以成帝王之高致。《記》曰：「欲明明德於天下者，先治
> 其國，欲治其國者，先齊其家，欲齊其家者，先修其身，欲修其身
> 者，先正其心，欲正其心者，先誠其意，欲誠其意者，先致其知，
> 致知在格物。」此學之本也。又曰：「物格而後知至，知至而後意誠
> 意，意誠而後心正，心正而後身修，身修而後家齊，家齊而後國治，
> 國治而後天下平。」此所學之效也。〔註38〕

觀鄒浩上奏之內容，已將〈大學〉八條目之說分爲兩類，一類是帝王所學之
本，一類則是帝王所學之效。「學得其本」，方能「成帝王之高致」。而從上引
資料來看，自宋神宗以後，由於受到當時學術風氣發展的影響，引〈大學〉
之說作爲帝王爲學根本的情形，已經越來越明顯，到了南宋理學發展成熟的
環境之下，所受到的重視更是明載於當時之著作。〈大學〉提出由「格物致知」、
「誠意正心」的個人修養，再與「治國平天下」的目標相結合，不論在帝王
或是輔助帝王的士大夫的心中，都是一種必欲實踐的理想，這與漢唐以前所
偏重的「外王」思想相較，多了「由近而遠」、「由己而他」的本質上差異。
可謂「上自帝王傳心之奧，下至初學入德之門，融會貫通，無復餘蘊」矣。

第三節　以《中庸》解《尚書》
──對人君修身治國之道的影響

　　前節所引《欽定四庫全書總目》載：「《中庸說》二篇，見《漢書·藝
文志》。戴顒《中庸傳》二卷，梁武帝《中庸講疏》一卷，見《隋書·經籍

〔註37〕　（宋）趙汝愚：《宋名臣奏議》，《文淵閣四庫全書》（電子版），卷5〈帝學上〉。
〔註38〕　（宋）趙汝愚：《宋名臣奏議》，卷5〈帝學上〉。

志》。」〔註39〕可知《禮記》中的〈中庸〉是目前所知最早的單行本之一，且因爲梁武帝宗教信仰的關係，《中庸講疏》一直被許多學者認爲是一部以闡釋儒家義理與佛教教理相呼應的著作。一般思想史與學術史的學者普遍認爲，〈中庸〉最初從《禮記》中抽出來，加以詮釋，與佛道思想的影響有很大的關係。例如葉國良先生曾云：「宋代新經學的建立者，如二程子、張載、朱子等人，在其未服膺孔、孟之前，曾經逃禪學仙，因而熟悉二氏的哲學架構，當他們重新闡釋儒學時，他們特別重視《易經》、〈中庸〉、〈大學〉等著作，並從其中紬繹出蘊藏在儒家經典中的形上哲學……朱子合〈大學〉、《論語》、《孟子》、〈中庸〉爲《四書》，即蘊含著此一意味。在此之後，在漢代本屬『傳』、『記』的《四書》，在群經中的地位反而超過了五經……正因《四書》的組合，涵蓋了形上形下哲學二者，比起其他各經，較能成其體系。宋人大談心、性、理、氣，又高論天地變化之理，與先秦漢唐儒者大異其趣，而這正是宋儒學術的特色之一。」〔註40〕此處雖就《四書》統言之，但〈中庸〉、〈大學〉實已涵蓋其中。而關於北宋前期的佛道交融的情形，錢穆（1895～1990）先生的《中國學術思想史論叢（五）》中〈讀智圓〈閒居篇〉〉與〈讀契嵩《鐔津集》〉〔註41〕二篇文章有詳細論述，茲不贅言。

以北宋一朝而言，經筵講讀內容未見有〈大學〉、〈中庸〉獨立進講者，一般都是以《禮記》作爲進講的經典，而所講論的內容，即著重在〈大學〉、〈中庸〉之篇章。一直要到南宋之後，才開始有〈大學〉、〈中庸〉獨立進講的情況。以〈中庸〉而言，其進講記錄最早可見於宋眞宗年間：

> 翰林侍講學士、刑部侍郎、兼國子祭酒邢昺，以羸老步趨艱梗，見上自陳曹州故鄉，願給假一歸視田里，俟明年郊禋……壬子，即拜工部尚書，知曹州，職如故，遷其班在翰林學士上。入辭日，賜襲衣、金帶。是日，特開龍圖閣，召近臣宴崇和殿，上作詩二章賜之，預宴者咸賦。昺視壁間《尚書》、《禮記》圖，指〈中庸篇〉曰：「凡爲天下國家有九經。」因陳其大義，上嘉納之。〔註42〕

翰林侍講學士邢昺，因年老欲告假返鄉，得眞宗首肯，故除其工部尚書之職，

〔註39〕（清）永瑢、紀昀等：《欽定四庫全書總目·經部·四書類1》，卷35，頁727。
〔註40〕葉國良：〈宋代的經學〉，《經學通論》第22章，頁575～576。
〔註41〕見錢穆：《中國學術思想史論叢（五）》（臺北市：三民書局，2013年7月）。
〔註42〕（宋）李燾：《續資治通鑑長編》，卷66，頁1483。

並知曹州，入辭日，賜宴崇和殿之時，見壁上之《禮記》圖所載，因指〈中庸篇〉第二十章「凡爲天下國家有九經」之語，爲皇帝及眾臣陳述帝王修身治國之大義，「上嘉納之」。〈中庸〉中所謂的「凡爲天下國家有九經」，即是：修身、尊、親親、敬大臣、體群臣、子庶民、來百工、柔遠人、懷諸侯。故所言「九經」明顯的是指向「帝王內聖外王之道」。這裡必需注意的是，在崇和殿中與《禮記》圖同時所掛的是《尚書》圖，《尚書》是帝王治世要典，無庸贅言，而就兩者同時張掛而言，其同爲帝王治世之道，亦可謂昭然。

　　第三章第二節中曾分析《尚書》經筵所記載講官進講的篇章，以〈無逸〉篇的 14 次佔最多，並云：「可知歷來講官之所以偏好此篇，當與勉勵帝王勤勞政事，以民爲念的想法有關，因此每於新帝上位之後，必有講官講授本篇，或繪圖以進，供帝王隨時觀覽，記念在心。要之，圖文並呈，以求其效。」《尚書》一經歷來即爲帝王治國之要典，當無疑義，而就整部《尚書》而言，〈無逸〉實爲眾多篇章之中最受經筵講官所重視的。除了經書文字之講讀外，史載將《尚書》文字予以「圖像化」的，亦多屬〈無逸〉：

（仁宗天聖九年〔1031〕七月癸酉）翰林侍講學士兼龍圖閣學士、兵部侍郎孫奭……嘗畫〈無逸〉圖以進，帝施於講讀閣。〔註43〕

（仁宗景祐二年〔1035〕正月癸丑）置邇英、延義二閣，寫《尚書·無逸》篇於屏。〔註44〕

（仁宗皇祐四年〔1052〕十二月甲午）先是，邇英閣講《尚書·無逸》。帝曰：「朕深知享國之君宜戒逸豫。」楊安國言舊有〈無逸〉圖，請列於屏間。帝曰：「朕不欲坐席背聖人之言，當別書置之左方。」因命丁度取《孝經》之〈天子〉、〈孝治〉、〈聖治〉、〈廣要道〉四章對爲右圖。乃令王洙書〈無逸〉，知制誥蔡襄書《孝經》，又命翰林學士承旨王拱臣爲二圖序，而襄書之。至是，洙、襄皆以所書來上。〔註45〕

此處欲呈現的是《尚書》對於帝王之道，非僅以文字講說呈現，更曾以圖、文並呈的方式置於帝王的宮殿，以爲鑒戒之意。如上述所云，此種將《尚書》與《禮記》並列，亦或者說〈無逸〉與〈中庸〉共置的方式，證明了兩者具有相輔相成的關係，都是帝王修己成聖的大法。

〔註43〕　（宋）李燾：《續資治通鑑長編》，卷 110，頁 2564。
〔註44〕　（宋）范祖禹：《帝學》（《文淵閣四庫全書》（電子版）），卷 4。
〔註45〕　（宋）李燾：《續資治通鑑長編》，卷 173，頁 4184。

再觀以下幾條資料，可見得自宋太宗開始，即有賜新科進士書卷之例，而所賜有〈中庸〉與〈大學〉篇章，尤其至仁宗天聖八年（1030）之後，更以〈中庸〉與〈大學〉「間賜」，「著爲例」，可見得二篇之爲帝王所重視，並用以「御賜」新科進士：

> （太宗淳化三年〔992〕三月）辛丑，又覆試諸科，擢七百八十四人，並賜及第……進士孫何而下……時詔刻《禮記·儒行》篇，賜近臣及京官受任於外者，並以賜何等，另爲座右之戒。〔註46〕

> （仁宗天聖五年〔1027〕四月）辛卯，賜新及第人聞喜燕於瓊林苑，遣中使賜御詩及〈中庸〉篇一軸。上先命中書錄〈中庸〉篇，令張知白進讀，至修身治人之道，必使反覆陳之。〔註47〕

> （仁宗天聖五年〔1027〕四月）二十一日，賜新及第〈中庸〉一篇。〔註48〕

> （仁宗天聖八年〔1030〕四月）四日，賜新及第進士〈大學〉一篇，自後與〈中庸〉間賜，著爲例。〔註49〕

上引第二條之資料，亦見於宋人羅從彥（1072～1135）的《羅豫章文集》之中：「仁宗嘗賜及第進士王堯臣等聞喜宴于瓊林苑，遣內侍賜以御詩，又各人賜〈中庸〉疏一軸，自後遂以爲常。初帝將以〈中庸〉賜進士，命輔臣錄本，既上，使宰相張知白讀之，至修身治人之道，必命反復陳之，當傾聽終篇始罷。」〔註50〕而所載之重點是放在〈中庸〉所闡釋的「修身治人之道」，加上北宋之時，賜及第進士〈中庸〉、〈大學〉篇已漸成爲慣例，可見得北宋自仁宗之後，在官方之學中，〈中庸〉與〈大學〉便開始有脫離《禮記》而單獨存在的情形，同時亦與《尚書》一經呈現相輔相成之勢，此乃因其義理有可爲相通之處而互爲闡釋，故此一情形也就順理成章了。

至於南宋時進講〈中庸〉的情況，依所得史料記載有：

> （孝宗乾道三年〔1067〕）講筵官上奏，願選《禮記》中切要者講之，

〔註46〕　（宋）李燾：《續資治通鑑長編》，卷33，頁734～735。
〔註47〕　（宋）李燾：《續資治通鑑長編》，卷105，頁2439。
〔註48〕　（宋）李燾：《續資治通鑑長編》，卷105，頁2439。
〔註49〕　《宋會要輯稿·選舉》2之7，冊107。
〔註50〕　（宋）羅從彥：《羅豫章文集》卷之4〈尊堯錄4〉，《叢書集成初編》（臺北市：新文豐出版公司1988年影印《四明叢書》本），頁45。

　　如〈王制〉、〈學記〉、〈中庸〉、〈大學〉之類，先次進講。〔註51〕

　　（孝宗淳熙四年〔1177〕）朕在宮中，只看經史，機務之外，只好讀
　　書，講〈泰〉之九二，而明君子小人之辨；講〈萃〉之上六，而知
　　盛衰治亂之由；讀〈禹貢〉，因大禹之勤儉，而戒人主之貪心；讀〈中
　　庸〉「爲天下國家九經」一段，而知治道之最切進正觀諫。〔註52〕

　　（理宗寶慶三年〔1227〕）工部侍郎朱在（朱熹之子）進對，奏人主
　　學問之要，理宗曰：「先卿〈中庸序〉言之甚詳，朕讀之不釋手，恨
　　不與同時。」〔註53〕

　　（度宗咸淳三年〔1267〕）正月戊申，帝詣太學謁孔子……令禮部尚
　　書陳宗禮、國子祭酒陳宜中進讀〈中庸〉。〔註54〕

從上述資料可知，南宋孝宗之時，雖仍將〈大學〉、〈中庸〉視爲《禮記》之
一篇，但是已經明顯地將兩篇的重要性突顯出來，尤其對於〈中庸〉「凡爲天
下國家有九經」一段的重視，再與〈大學〉所言「物格而後知至，知至而後
意誠，意誠而後心正，心正而後身修，身修而後家齊，家齊而後國治，國治
而後天下平」的進路互相對應，如此，便與帝王之學所要求的修身治國之意
完全契合了。因此，在經筵講說之時，將《尚書》與〈大學〉、〈中庸〉之理
有相通之處，互爲援用，以闡發帝王格物致知乃至治國平天下之要理，便更
加普遍。理宗時戴栩上〈聖學疏〉所述一段，尤可明白此一道理：

　　所謂講學者，〈中庸〉、〈大學〉其首也。……夫〈中庸〉、〈大學〉一
　　理也，〈中庸〉之九經，即〈大學〉所以治國平天下者也，〈大學〉
　　之母自欺，即〈中庸〉之「莫見乎隱，莫顯乎微」者也。書二而理
　　一，陛下能自得師，則優遊饜飫，皆是實誼，左右逢源，莫非妙用，
　　惟當使此誠此敬無一息不存耳。〔註55〕

可見得在經筵講讀時，〈中庸〉、〈大學〉二者之理，實有異曲同工之妙，書二
而理一，始於修身，終於治國平天下，所謂「〈中庸〉之九經，即〈大學〉所

〔註51〕　（清）徐松：《宋會要輯稿・崇儒》，頁393。
〔註52〕　（宋）留正，（清）阮元輯：《增入名儒講義皇宋中興兩朝聖政》（南京市：江
　　　　　蘇古籍出版社1988年影印《宛委別藏》本），卷57，頁1791。
〔註53〕　（元）脫脫：《宋史》，卷41，〈本紀第41〉，〈理宗1〉，頁789。
〔註54〕　（元）脫脫：《宋史》，卷46，〈本紀第46〉，〈度宗1〉，頁820。
〔註55〕　（宋）戴栩：《浣川集》，卷4，〈奏疏・聖學疏〉（《文淵閣四庫全書》（電子版））。

以治國平天下者也」。

再進一步看，〈中庸〉與《尚書》之所以能相通之處，還有一個地方是最明顯的，即理學家所強調的《尚書・大禹謨》。《尚書・大禹謨》云：「人心惟危，道心惟微，惟精惟一，允執厥中。」〔註56〕此十六字歷來爲理學家視爲聖人傳心之法，其說與《荀子・解蔽篇》有相通之處，《荀子・解蔽篇》云：「昔者舜之治天下也，不以事詔而萬物成。處一危之，其榮滿側；養一之微，榮矣而未知。故《道經》曰：『人心之危，道心之微。』危微之幾，惟明君子而後能知之。」荀子引《道經》強調人心道心危微之幾，惟明君子而後能知之。此又與〈中庸〉所言「道」「莫見乎隱，莫顯乎微」之義相通。而〈大禹謨〉「允執厥中」之義，復與〈中庸〉所言「中也者，天下之大本也；和也者，天下之達道也。致中和，天地位焉，萬物育焉」及「君子中庸，小人反中庸。君子之中庸也，君子而時中；小人之中庸也，小人而無忌憚也」等所言之「中」義可通。

然講官解《尚書》，非僅就〈大禹謨〉一篇與〈中庸〉可通之處而言，又與《尚書》各篇章中凡論及「中」字之義者相牽引，互爲解釋。如〈仲虺之誥〉「建中於民」、〈洪範〉「皇極」、〈酒誥〉「作稽中德」、〈君牙〉「民心罔中，惟爾之中」等。此一情形自北宋中期以後逐漸明顯。北宋中期，講官論及〈大禹謨〉之時，仍是以孔門之「德」義爲重，如文彥博〈進尚書孝經解劄子〉所陳〈大禹謨〉之要義，即言：「禹、稷、皋陶共事舜帝，君臣同寅，咸有一德，故矢厥謨，成厥功……舜、禹之所以爲聖帝明王以此。」〔註57〕范存仁《尚書解》〔註58〕講義論及〈大禹謨〉一篇時，則以「爲君難，爲臣不易」、「任賢勿貳，去邪勿疑」、「唯好生之德可以服民心」、「惟德動天，無遠弗屆」等要義，爲皇帝陳之。至哲宗末年，時任右諫議大夫兼侍講的楊時（於高宗時除工部侍郎，復兼侍講），其〈書義序〉云：「可傳於後世者且載於百篇之

〔註56〕 案：《尚書・大禹謨》之文，據明代中期梅鷟、清初閻若璩及後代學者之考證，屬《僞古文尚書》篇章，當時雖有學者如吳棫、朱熹等疑之，但並未成爲公認之定論，反爲理學家所重。關於古文《尚書》論斷的問題，筆者亦嘗撰有：〈《審核古文尚書案》述評——兼談古文《尚書》之眞僞問題〉一文（《經學研究論叢》第17輯，臺北市：臺灣學生書局，2010年7月），對於近人張岩所撰翻案文章：《審核古文尚書案》一書，舉出若干出土文獻之證據，加以批駁。
〔註57〕 （宋）文彥博：〈進尚書孝經解劄子〉，《全宋文》，卷651，冊30，頁294。
〔註58〕 （宋）范存仁：《尚書解》，《全宋文》，卷1545，冊71，頁284～285。

《書》，今其存者五十有九篇。予竊以一言蔽之，曰『中』而已矣。」〔註59〕對於《尚書》要義，楊時已明顯將「允執厥中」之「中」義進而與〈中庸〉之「中」義做更密切的結合，其云：

> 堯之咨舜曰：「天之歷數在爾躬，允執其中，四海窮困，天祿永終。」舜亦以命禹。夫三聖相授，蓋一道也。……〈仲虺之誥〉稱湯曰「建中於民」，箕子爲武王陳〈洪範〉，曰「皇建其有極」，然則帝所以爲帝，王之所以爲王，率此道也。予故以一言以蔽之，曰中而已矣。
> 〔註60〕

楊時此處以聖人之道，「一言以蔽之，曰中而已矣」，並進一步謂其所謂之「中」，乃「時中」之義〔註61〕，可知楊時將《尚書》之「中」義與〈中庸〉所言「君子而時中」等同視之。又楊時之〈尚書經筵講義——吉人爲善節〉中，即明引〈大學〉之文以進講：「古之欲明明德於天下者，必先於致知，致知所以明善也。欲致其知，非學不能。故傅說之告其君曰『念終始典於學』以此。」〔註62〕可知楊時於進講之時，結合《尚書》與〈中庸〉、〈大學〉之義，較之北宋中期，已更加明顯。

再如高宗紹興九年（1139），中書舍人兼侍講的劉一止（1078～1160），在其進講的〈立政講義〉中，亦明引〈中庸〉之說：「〈中庸〉曰：『庸德之行，庸言之謹，有所不足，不敢不勉，有餘不敢盡。』皆取諸常也。」〔註63〕所引「〈中庸〉之文，雖欲言帝王當行天地之常道，蓋亦取諸於「中」義。又，理宗朝兼崇政殿說書的徐元杰，在淳祐五年（1245）乙巳正月二十四日進講時，亦引〈中庸〉爲說：「（咨訪廣、識認眞、發用審、把握定）此即〈中庸〉博學、審問、愼思、明辨、篤行之大意。……〈中庸〉所謂『惟天下至聖爲能聰明睿知，足以有臨』，此是言人主天資之盛。」〔註64〕此徐元杰引〈中庸〉之理說《尚書》，蓋以帝王之學，亦當以「博學、審問、愼思、明辨、篤行」之理爲之。再觀理宗朝，任崇政殿說書、侍講的徐鹿卿，在其〈尚書講義〉

〔註59〕　（宋）楊時：〈書義序〉，《全宋文》，卷2675，冊124，頁249。

〔註60〕　（宋）楊時：〈書義序〉，《全宋文》，卷2675，冊124，頁249。

〔註61〕　（宋）楊時：〈書義序〉，《全宋文》，卷2675，冊124，頁250。

〔註62〕　（宋）楊時：〈書義序〉，《全宋文》，冊124，頁249。

〔註63〕　（宋）劉一止：〈立政講義〉，《全宋文》，卷3264，冊152，頁219。

〔註64〕　（宋）徐元杰：〈乙巳正月二十四日進講日記〉，《全宋文》，卷7757，冊336，頁327。

中，亦論及「格心之學」、「治亂之分，不在天而在身，不在著而在微」、「精微傳心之蘊」〔註65〕等。可以見得到了南宋理學發展成熟的時候，引〈中庸〉與〈大學〉來解《尚書》的情況，便越發常見。

再回到北宋中期，司馬光在神宗變法晚期，曾撰有〈中和論〉一文，其文曾引〈大禹謨〉「危微精一」與〈中庸〉的文字，將《尚書》與〈中庸〉結合，做爲全篇論述的重點：

> 君子從學貴於博，求道貴於要，道之要，在治方寸之地而已。〈大禹謨〉曰：「人心惟危，道心惟微，惟精惟一，允執厥中。」危則難安，微則難明，精之所以明其微也，一之所以安其危也，要在執中而已。〈中庸〉曰：「喜怒哀樂之未發謂之中，發而皆中節謂之和。」君子之心，於喜怒哀樂之未發，未始不存乎中，故謂之中庸。庸，常也。以中爲常也。及其既發必制之以中，則無不中節，中節則和矣。是中和一物也，養之爲中，發之爲和，故曰：「中者，天下之大本也；和者，天下之達道也。」智者知此者也，仁者守此者也，禮者履此者也，樂者樂此者也，政者正其不能然者也，刑者威其不從者也，合而言之謂之道。道者，聖賢之所共用也，豈惟人哉。〔註66〕

司馬光此文除了引〈大禹謨〉文字之外，並大量引用〈中庸〉的說法，強調「中」與「和」對於爲學、修身、治國之重要性，勸導人君以「中」、「和」作爲治國的最高指導原則，同時，也可以看出司馬光已將〈中庸〉之說與《尚書》作爲同等重要的「帝王之學」，其後至北宋晚期，乃至南宋，當理學發展越趨成熟之時，以〈中庸〉、〈大學〉作爲經筵進講的材料，乃至用來解《尚書》要義的情況，也就愈加明顯。

本章所論，除見得經筵講官得君行道之理想，必須先得皇帝全力支持，方可實現之外；其強調〈中庸〉、〈大學〉的思維，並藉經筵進講以傳播的方式，可說是與宋代《尚書》學的發展及宋代理學發展的情形，呈現一致的方向。同時，亦可看出經筵進講的材料與內容，呈現彼此交融的樣貌。

〔註65〕　（宋）徐鹿卿：〈癸未進講〉、〈戊寅進講〉，《全宋文》，卷7673，冊333，頁228～229。

〔註66〕　（宋）司馬光：《傳家集·中和論》（《文淵閣四庫全書》電子版），卷64。

第七章 結 論

　　本論文共計七章，除緒論與結論二章外，其主要部分共分五章。第二章論述宋代經筵制度之建立，自宋以前之侍講官的出現論起，至北宋、南宋的經筵制度的發展為止。以目前所見資料，就經筵制度之為帝王教授、討論經史知識的特性而言，其起源應可上溯至漢朝，而其職稱，主要為「侍講」一詞的出現。至南北朝之時，則有「侍讀」與「侍講」與「執經」之稱呼出現。至唐代，主要有「侍讀」與「侍講」與「翰林侍講學士」，至此，經筵制度的主要特質已大致形成。唐代設立經筵官的目的是為了皇帝「中有闕疑，時須質問」、「從容近對，延訪大義」，這就決定了入選者必是「強記博識，待問而不匱，守道而無邪」的飽讀經史知識之士大夫。經筵官為皇帝講解史籍要典，並不僅僅局限於文辭的解釋和大義的闡發，對於皇帝而言，從史籍中習得治國的方法，並與經筵官討論聖人治世之道，亦是首要之意。故而，講官侍講之時，不僅可藉經書釋疑，啟迪聖意，對皇帝進行規勸、諫諷，亦會間接的因經史而論及政事，甚至直接對時政產生影響。這種特點，亦藉由經筵官的設置而傳衍下來。

　　到了宋代，經筵制度進入了成熟完備的時期，尤其是宋仁宗之時，經筵制度已大抵完備，其後雖有所變動，基本上只是略加修正，無大改革。包括經筵職官的確立、專門負責經筵事務處理的機構、經筵活動的實施具有規則化的時間、經筵活動具有固定的舉辦場所、經筵講讀具有相對固定的內容（科目）、經筵活動具有一定的儀式等。南宋經筵官基本上亦遵循北宋之制，一般而言，由皇帝親自決定，但其他朝臣或經筵官亦可推薦，其職官設置較北宋單純，但選任來源則較北宋多元。在開講時間方面，宋代經筵主要有一年的

春秋兩講以及開講時的單日雙日等二種類型。而和北宋比較不同的是增加了「晚講」的制度。另外，「每除臺諫，必預經筵」是南宋經筵制度裡面「經筵官」的特殊進路，後來也成為宰相維護己身權力的重要方式之一。當時宰相之所以順勢將臺諫與經筵的人選合而為一，是為了安排自己人出任經筵講官，藉以掌控皇權、制約皇權。

其次，本論文就宋代經筵《尚書》講義的文獻加以分析，發現了以下幾個特點：

第一，在《尚書》講義的篇題上，講官所講計有〈無逸〉、〈堯典〉、〈洪範〉、〈大禹謨〉、〈禹貢〉、〈舜典〉、〈皋陶謨〉、〈益稷〉、〈伊訓〉、〈說命上〉、〈說命下〉、〈五子之歌〉、〈仲虺之誥〉、〈咸有一德〉、〈立政〉、〈甘誓〉、〈說命中〉、〈泰誓中〉、〈周官〉、〈冏命〉、〈湯誓〉、〈湯誥〉、〈太甲中〉、〈太甲下〉〈盤庚中〉、〈盤庚下〉、〈泰誓上〉、〈旅獒〉、〈酒誥〉等篇章，其中以〈無逸〉、〈堯典〉、〈洪範〉、〈大禹謨〉、〈禹貢〉、〈舜典〉為最多，其原因在於這些篇章主要在陳述堯、舜、禹三聖治國之要道與心法，因此講官無不以此類篇章為重。

第二，在解經方式上，由於經筵制度的目的，其一在啟沃聖智聖德，汲取歷代統治經驗，提高國君理政的素質。其二在崇學重教，昭示文治。因此，為皇帝講學，其解經方式必與一般的經學注疏不同，所重之處不在於一字一句的注疏講解，故本文釐析其解經方式主要有：一，多先引一段《尚書》原文，其後再以「臣案」、「臣謂」、「臣聞」、「臣觀」、「臣曰」、「臣某曰」、「臣以為」等形式，進一步陳述經書的要義。二，有經筵講畢後，逕錄講說「大義」以進者，其目的在方便帝王乙夜之觀，因此解經方式更為簡要。三，解經方式雖涉及字句之解說，然簡明扼要，不涉長篇之章句訓詁，逕載講官解經之要義。四，經筵《尚書》講義之解經，有「以經解經」之方式者。

其三，就目前所能掌握之資料，今存《尚書》經筵講義，卷帙最為龐大、內容較為完整者，僅史浩《尚書講義》二十卷，其餘多為散見各處文集中之單篇講義。此一大作，雖不足代表宋代經筵《尚書講義》之全部，但是對於吾人瞭解現存《尚書講義》的內容，無疑地是最完整的一部文本資料，本文分析，由於受到宋代學術發展的影響，史浩《尚書講義》呈現兩個特點：一、大量出現引〈大學〉、〈中庸〉的義理解經。二、其內容著重先內聖後外王的帝王修為。

其四，本文進一步就整體經筵制度與宋代政治運作之關係，加以觀察後，發現經筵官於經筵講讀之時，或於經文之中加以衍申，或與時勢結合，或藉皇帝徵詢之機會，可透過體制上「經常性」的經筵進講之便，趁機向皇帝提出政府施政的建議，不論其官品高低，也無須經過「輪對」、「詔對」等漫長的等待，都可以因此而發揮其對政治上的影響力，這是經筵官與政府行政體制中其他官員最大的不同。此外，還有二種與經筵相關的活動，是經筵官可以向皇帝表達意見的管道，藉以作為政策諮詢，其一為經筵留身奏事，其二為經筵後的具札陳奏。

其五，就宋代《尚書》著作與經筵《尚書》講義進行對照比較，本文列舉胡瑗的《洪範口義》、王安石的《尚書新義》與蔡沈的《書集傳》為代表，分析三者與《尚書》講義的特點，得出以下結論：胡瑗解〈洪範〉，不用漢儒天賜神授、五行相剋、休咎庶徵之說，而自出以新義，實開宋代經學、理學發展之先導。而就其訓釋方式而言，雖以義理為主，亦兼有簡要之訓詁，此種訓釋方式實與經筵講義有相似之處。就王安石《尚書新義》而言，其闡釋之法，不在字義訓詁，而在要義之發揮，內容亦簡單扼要，於義甚明。即使涉及字義之訓釋，所云亦甚為平實，不牽引龐雜之說，此與《尚書》講義之訓釋方式，亦不謀而合。在蔡沈《書集傳》方面，由於該書「集注體」的體式，基本上仍維持一般經書注解訓釋的表現方式，大抵先列出語詞的解釋，然後是文句的疏解、義理的發揮，最後則做出自己的見解；至於文意疏解與義理的發揮方面，《書集傳》除了承襲舊注的解釋之外，每每將《尚書》中對於帝王所應具備的德行與治國能力的經文，由過去以「外王」為主的解釋，轉化為以內在德行修養為主的「內聖」解釋，認為在上位者的德行修養具足後，自然能夠達到「外王」的結果。這種情形，應當與宋儒對於經書的理解特別重視內在德行修養功夫的闡釋有關，特別是對《大學》、《中庸》的援用方面。這一點，與經筵講義的特點亦是相同。

最後，在論及經筵講官於得君行道的理想實踐，以及利用〈大學〉、〈中庸〉的義理對帝王內聖外王思維的進行形塑與修身治國之道的影響。前者引王安石與程頤二例，見得講官「得君行道」之理想雖是相同，但是若無法獲得皇帝真心的認同，則空有理想，無由實踐。後者則分析在宋代理學逐漸成熟的過程中，〈大學〉、〈中庸〉如何在經筵進講制度中佔得一席之地，同時也影響到《尚書》的進講以及其他經典。

參考文獻

一、古籍專著（先按朝代先後，同一朝代則依著者年代先後順序排列）

經部

1. （漢）伏生傳，鄭玄注，（清）陳壽祺輯：《尚書大傳定本》，收入《四部叢刊初編》，臺北市：臺灣商務印書館，1967 年 9 月重印上海涵芬樓藏《左海文集》本。

2. 舊題（漢）孔安國傳，（唐）孔穎達正義：《尚書正義》，臺北市：藝文印書館，2007 年 8 月影印《十三經注疏》本。

3. （漢）劉向撰，（清）王謨輯：〈洪範五行傳〉，收入：《經學輯佚文獻彙編》，北京市：國家圖書館出版社，2010 年 07 月輯自清嘉慶三年（1798年）金溪王氏刻本《漢魏遺書鈔》。

4. （漢）鄭玄注，（唐）孔穎達疏：《禮記注疏》，臺中市：藍燈文化事業公司，1990 年 3 月影印嘉慶二十年江西南昌府學刻本。

5. （魏）王弼注，（晉）韓康伯注，（唐）孔穎達正義：《周易正義》，臺北市：藝文印書館，2007 年 8 月影印《十三經注疏》本。

6. （宋）胡瑗：《洪範口義》，臺北市：臺灣商務印書館，1986 年 3 月影印《文淵閣四庫全書》本；（清）永瑢、紀昀等：《文淵閣四庫全書》（電子版），上海市：上海人民出版社，1999 年 11 月。

7. （宋）程頤：《周易程氏傳》，《二程集》，北京市：中華書局，1981 年 7 月。

8. （宋）史浩：《尚書講義》，臺北市：臺灣商務印書館，1986 年 3 月影印《文淵閣四庫全書》本；《叢書集成續編》，臺北市：新文豐出版公司 1988年影印《四明叢書》本；（清）永瑢、紀昀等：《文淵閣四庫全書》（電子版），上海市：上海人民出版社，1999 年 11 月。

9. （宋）林之奇：《尚書全解》，臺北市：臺灣商務印書館，1986 年 3 月影印《文淵閣四庫全書》本；（清）永瑢、紀昀等：《文淵閣四庫全書》（電子版），上海市：上海人民出版社，1999 年 11 月。

10. （宋）夏僎：《尚書詳解》，臺北市：臺灣商務印書館，1986 年 3 月影印《文淵閣四庫全書》本；（清）永瑢、紀昀等：《文淵閣四庫全書》（電子版），上海市：上海人民出版社《四庫全書》電子版，1999 年 11 月。

11. （宋）蔡沈撰，嚴文儒校點：《書集傳》，收入朱傑人等主編：《朱子全書·外編》，上海市：華東師範大學出版社，2010 年 9 月。

12. （明）張居正等編：《書經直解》，海口市：海南出版社，2000 年 10 月北京故宮博物院影印明萬曆元年經廠刻本。

13. （清）朱彝尊撰，林慶彰等主編：《經義考新校》，上海市：上海古籍出版社，2010 年 12 月。

14. （清）秦蕙田：《五禮通考》，《文淵閣四庫全書》（電子版），上海市：上海人民出版社《四庫全書》電子版，1999 年 11 月。

史部

1. （漢）司馬遷撰，（日）瀧川資言考證：《史記會注考證》，臺北市：藝文印書館，1972 年 2 月。

2. （漢）班固撰，（唐）顏師古注：《前漢書》，北京市：中華書局，1998 年 11 月。

3. （南朝宋）范曄撰，（唐）李賢等注：《後漢書》，北京市：中華書局，1965 年 5 月。

4. （唐）李延壽：《南史》，北京市：中華書局，1975 年 6 月。

5. （唐）房玄齡等：《晉書》，北京市：中華書局，1988 年 5 月。

6. （唐）姚思廉：《梁書》，北京市：中華書局，1973 年 5 月。

7. （唐）姚思廉：《陳書》，北京市：中華書局，1972 年 3 月。

8. （唐）許嵩撰，張忱石點校：《建康實錄》，北京市：中華書局，1986 年 10 月。

9. （後晉）劉昫等：《舊唐書》，北京市：中華書局，1975 年 5 月。

10. （宋）王溥：《唐會要》，北京市：中華書局，1955 年 3 月。

11. （宋）歐陽修、宋祁：《新唐書》，北京市：中華書局，1975 年月。

12. （宋）司馬光撰，胡三省注：《資治通鑑》，《文淵閣四庫全書》（電子版），上海市：上海人民出版社《四庫全書》電子版，1999 年 11 月。

13. （宋）司馬光：《稽古錄》，《文淵閣四庫全書》（電子版），上海市：上海人民出版社《四庫全書》電子版，1999 年 11 月。

14. （宋）李燾撰，上海師範大學古籍整理研究所、華東師範大學古籍研究所點校：《續資治通鑑長編》，北京市：中華書局，1995 年 4 月。

15. （宋）朱熹：《三朝名臣言行錄》，《四部叢刊》（電子版），漢珍數位圖書公司依上海涵芬樓影印《四部叢刊》本製作。

16. （宋）洪遵：《翰苑群書》，《文淵閣四庫全書》（電子版），上海市：上海人民出版社《四庫全書》電子版，1999 年 11 月。

17. （宋）留正撰，（清）阮元輯：《增入名儒講義皇宋中興兩朝聖政》，（南京市：江蘇古籍出版社 1988 年影印《宛委別藏》本。

18. （宋）唐仲友：《帝王經世圖譜》，北京市：商務印書館，2005 年影印《文津閣四庫全書》本。

19. （宋）李心傳：《建炎以來繫年要錄》，臺北市：文海出版社，1980 年 2 月。

20. （宋）呂中：《宋大事記講義》，《文淵閣四庫全書》（電子版），上海市：上海人民出版社《四庫全書》電子版，1999 年 11 月。

21. （宋）楊仲良：《續資治通鑑長編紀事本末》，北京市：北京圖書館出版社影印《宛委別藏》本，2003 年 5 月。

22. （宋）趙汝愚：《宋名臣奏議》，《文淵閣四庫全書》（電子版），，上海市：上海人民出版社，1999 年 11 月。

23. （宋）羅濬：《寶慶四明志》，《文淵閣四庫全書》（電子版），上海市：上海人民出版社，1999 年 11 月。

24. （元）脫脫等：《宋史》，臺北市：鼎文書局，1980 年 1 月。

25. （元）佚名：《宋史全文》，《文淵閣四庫全書》（電子版），上海市：上海人民出版社，1999 年 11 月。

26. （明）陳邦瞻：《宋史紀事本末》，北京市：中華書局，1977 年 5 月。

27. （明）孫奇逢：《理學宗傳》，收入《續修四庫全書》，上海市：上海古籍出版社，2002 年 3 月影印清康熙 6 年張沐程啓朱刻本。

28. （明）黃宗羲撰，（清）全祖望補修，（清）王梓材、馮雲濠、何紹基校：《宋元學案》，臺北市：世界書局，2013 年 10 月。

29. （清）趙翼撰，王樹民校證：《廿二史劄記校證》，北京市：中華書局，1984 年 1 月。

30. （清）徐松：《宋會要輯稿》，北京市：中華書局，1957 年 11 月。

31. （清）章學誠撰，葉瑛校注：《文史通義校注》，北京市：中華書局，1985 年 5 月。

32. （清）永瑢、紀昀等：《歷代職官表》，上海市：上海古籍出版社，1980 年 2 月。

33. （清）永瑢、紀昀等：《欽定四庫全書總目》，臺北市：藝文印書館，1997年9月影印國立故宮博物院藏武英殿本。

34. （清）黃以周：《續資治通鑑長編拾補》，清光緒九年浙江書局刻本。

35. （清）皮錫瑞撰，周予同注：《經學歷史》，臺北市：漢京文化事業公司，1983年9月。

子部

1. （宋）王欽若、楊億等：《冊府元龜》，《文淵閣四庫全書》（電子版），上海市：上海人民出版社，1999年11月。

2. （宋）王應麟：《玉海》，《文淵閣四庫全書》（電子版），上海市：上海人民出版社，1999年11月。

3. （宋）王暐：《道山清話》，《文淵閣四庫全書》（電子版），上海市：上海人民出版社，1999年11月。

4. （宋）林駧：《古今源流至論》，《文淵閣四庫全書》（電子版），上海市：上海人民出版社，1999年11月。

5. （宋）范鎮：《東齋記事》，《文淵閣四庫全書》（電子版），上海市：上海人民出版社，1999年11月。

6. （宋）吳曾：《能改齋漫錄》，北京市：中華書局，1960年11月。

7. （宋）徐度：《卻掃編》，《文淵閣四庫全書》（電子版），上海市：上海人民出版社，1999年11月。

8. （宋）孫逢吉：《職官分紀》，《文淵閣四庫全書》（電子版），上海市：上海人民出版社，1999年11月。

9. （宋）章如愚：《群書考索》，《文淵閣四庫全書》（電子版），上海市：上海人民出版社《四庫全書》電子版，1999年11月。

10. （宋）黃震：《黃氏日抄》，《文淵閣四庫全書》（電子版），上海市：上海人民出版社《四庫全書》電子版，1999年11月。

11. （宋）黎靖德編，鄭明等點校：《朱子語類》，收入朱傑人等主編：《朱子全書》，上海市：上海古籍出版社、合肥市：安徽教育出版社 2002年12月。

12. （元）富大用：《古今事文類聚》，《文淵閣四庫全書》（電子版），上海市：上海人民出版社《四庫全書》電子版，1999年11月。

13. （清）王士禎：《池北偶談》，北京市：中華書局，1982年1月。

14. （清）陳夢雷編：《古今圖書集成》，臺北市：鼎文書局，1985年4月。

15. （清）昭槤：《嘯亭續錄》，北京市：中華書局，1980年12月。

集部

1. （唐）韓愈撰，（宋）朱熹考異：《朱文公校昌黎先生文集》，《四部叢刊》（電子版），漢珍數位圖書公司依上海涵芬樓影印《四部叢刊》本。

2. （宋）范仲淹撰，（清）范能濬編集，薛正興校點：《范仲淹全集》，南京市：鳳凰出版社，2004 年 11 月。

3. （宋）石介撰，陳植鍔點校：《徂徠石先生文集》，北京市：中華書局，1984 年。

4. （宋）歐陽修：《文忠集》，臺北市：臺灣商務印書館，1986 年 3 月影印《文淵閣四庫全書》本；（清）永瑢、紀昀等：《文淵閣四庫全書》（電子版），上海市：上海人民出版社，1999 年 11 月。

5. （宋）王珪：《華陽集》，《文淵閣四庫全書》（電子版），上海市：上海人民出版社，1999 年 11 月。

6. （宋）程頤：《河南程氏文集》，《二程集》，北京市：中華書局，1981 年 7 月。

7. （宋）楊時：《龜山集》，《文淵閣四庫全書》（電子版），上海市：上海人民出版社，1999 年 11 月。

8. （宋）史浩：《鄮峰眞隱漫錄》，《文淵閣四庫全書》（電子版），上海市：上海人民出版社，1999 年 11 月。

9. （宋）朱熹撰，戴揚本點校：《晦庵先生朱文公文集》，收入朱傑人等主編：《朱子全書》，上海市：上海古籍出版社、合肥市：安徽教育出版社，2002 年 12 月。

10. （宋）樓鑰：《攻媿集》（《文淵閣四庫全書》電子版），上海市：上海人民出版社，1999 年 11 月。

11. （宋）陳傅良：《止齋集》，《文淵閣四庫全書》（電子版），上海市：上海人民出版社，1999 年 11 月。

12. （宋）徐鹿卿：《清正存稿》，臺北市：臺灣商務印書館，1986 年 3 月影印《文淵閣四庫全書》本；（清）永瑢、紀昀等：《文淵閣四庫全書》（電子版），上海市：上海人民出版社，1999 年 11 月。

13. （宋）戴栩：《浣川集》，《文淵閣四庫全書》（電子版），上海市：上海人民出版社，1999 年 11 月。

14. （宋）蘇洵、蘇軾、蘇轍著，曾棗莊，舒大剛主編：《三蘇全書》，北京市：語文出版社，2001 年 11 月。

15. （宋）羅從彥：《羅豫章文集》，《叢書集成初編》，臺北市：新文豐出版公司 1988 年影印《四明叢書》本。

16. （宋）魏了翁：《鶴山先生大全集》，《文淵閣四庫全書》（電子版），上海市：上海人民出版社，1999 年 11 月。

17. （清）夏之容：《半舫齋古文八卷》，《四庫未收書輯刊》第 9 輯，北京市：北京出版社影印清乾隆刻本，2000 年 1 月。

18. （清）戴震，楊應芹、諸偉奇主編：《戴震全書》（合肥市：黃山書社，1995 年 10 月。

二、近人專著（依出版年代先後排列）

1. 馬宗霍：《中國經學史》，臺北市：臺灣商務印書館，1966 年 9 月。

2. 錢基博：《經學通志》，臺北市：臺灣中華書局，1978 年 10 月。

3. 古國順：《清代尚書學》，臺北市：文史哲出版社，1981 年 7 月。

4. 蔣秋華：《宋人洪範學》，臺北市：國立臺灣大學文學院，1986 年 6 月。

5. 侯外盧等：《宋明理學史》，北京市：人民出版社，1987 年 6 月。

6. 劉起釪：《尚書學史》，北京市：中華書局，1989 年 6 月。

7. 林慶彰：《清初的群經辨偽學》，臺北市：文津出版社，1990 年 3 月。

8. 梁啓超：《中國近三百年學術史》，臺北市：華正書局，1994 年 8 月。

9. 錢穆：《國史大綱》，臺北市：臺灣商務印書館，1995 年 7 月。

10. 龔延明：《宋代官制辭典》，北京市：中華書局，1997 年 4 月。

11. 錢穆：《中國近三百年學術史》，北京市：商務印書館，1997 年 8 月。

12. 葉國良等：《經學通論》，臺北縣：國立空中大學，1997 年 8 月。

13. 錢穆：《經學大要》，臺北市：素書樓文教基金會，蘭臺網路出版商務公司，2000 年 12 月。

14. 徐元誥撰，王樹民等點校：《國語集解》，北京市：中華書局，2002 年 6 月。

15. 錢穆：《朱子學提綱》，北京市：三聯書店，2002 年 8 月。

16. 吳雁南等主編，張曉生校訂：《中國經學史》，臺北市：五南圖書出版公司，2005 年 8 月。

17. 蔡根祥：《宋代尚書學案》，潘美月、杜潔祥主編：《古典文獻研究輯刊》第三編，臺北縣永和市：花木蘭文化出版社，2006 年 9 月。

18. 汪學群、武才娃：《清代思想史論》，北京市：中國社會科學出版社 2007 年 2 月。

19. 張麗珠：《中國哲學三十講》，臺北市：里仁書局，2007 年 8 月。

20. 程元敏：《尚書學史》，臺北市：五南圖書出版公司，2008 年 6 月。

21. 曾棗莊、劉琳主編：《全宋文》，上海市：上海辭書出版社，2008 年 6 月。

22. 梁啓超：《清代學術概論》，臺北市：臺灣商務印書館，2008 年 10 月。

23. 徐世昌編纂、沈芝盈等點校：《清儒學案》，北京市：中華書局，2008 年 10 月。

24. 陳恆嵩：《五經大全纂修研究》，新北市：花木蘭文化出版社，2009 年 3 月。

25. 許華峰：《董鼎《書傳輯錄纂註》研究》，《中國學術思想研究輯刊九編》第 6 冊，臺北縣永和市：花木蘭文化出版社，2010 年 9 月。

26. 張寶三：《五經正義研究》，上海市：上海華東師範大學出版社，2010 年 10 月。

27. 程元敏：《三經新義輯考彙評》，上海市：華東師範大學出版社，2010 年 11 月。

28. 余英時：《朱熹的歷史世界——宋代士大夫政治文化的研究》，北京市：三聯書店，2011 年 7 月。

29. 林慶彰編：《中國歷代經書帝王學叢書・宋代篇》，臺北市：新文豐出版公司，2012 年 12 月。

30. 姜鵬：《北宋經筵與宋學的興起》，上海市：上海古籍出版社，2013 年 10 月。

31. 許華峰：《蔡沈《朱文公訂正門人蔡九峯書集傳》的注經體式與解經特色》，臺北市：臺灣學生書局，2013 年 2 月。

32. 陳良中：《朱子《尚書》學研究》，北京市：人民出版社，2013 年 3 月。

三、期刊、單篇論文（依出版年代先後排列）

1. 許錟輝〈六十年來之尚書學〉，收入程發軔編：《六十年來之國學》，臺北市：正中書局，1972 年 5 月。

2. 朱瑞熙：〈經筵制度〉，收於《中國政治制度通史・第六卷宋代》，北京市：人民出版社，1976 年 12 月。

3. 程元敏：〈《尚書》洪範皇極章義證〉，《幼獅學誌》，第 40 卷第 2 期，1977 年 5 月。

4. 朱鴻：〈君儲聖王・以道正格——歷代君主的教育〉，收入《中國文化新論・制度篇：立國的宏規》，臺北市：聯經出版事業公司，1982 年 6 月。

5. 袁慶新：〈中國古代的經筵〉，《自貢師範高等專科學校學報》，1989 年 2 期。

6. 呂實強：〈從《起居注》看康熙帝對經史的研習〉，《近代中國初期歷史研討會論文集》，臺北市：中央研究院近代史研究所，1989 年 4 月。

7. 趙秉忠、白新良：〈經筵日講與康熙政治〉，《社會科學輯刊》，1990 年第 1 期。

8. 杜家驥：〈清代的皇族教育〉，《故宮博物院院刊》，1990 年第 2 期。

9. 楊業進：〈明代經筵制度與內閣〉，《故宮博物院院刊》，1990 年第 2 期。

10. 蕭放：〈宋明經筵制度述論〉，《史志文萃》，1990 年第 3 期。

11. 許振興：〈論宋代帝王學的發展〉，《東方文化》，29 卷 1 期，1991 年 2 月。

12. 張帆：〈中國古代經筵初論〉，《中國史研究》，1991 年第 3 期。

13. 劉家駒：〈康熙皇帝幼年所受的教育及其影響〉，《東吳文史學報》，第 9 號，1991 年 3 月。

14. 劉家駒：〈康熙皇帝的啓蒙教育——由其硃批中的錯別字談起〉，《故宮文物月刊》，第 10 卷第 1 期，1992 年 4 月。

15. 郭聲波：〈宋代宮廷教育機構考述〉，《宋代文化研究》，第 2 集，成都市：四川大學出版社，1992 年。

16. 王風雷：〈元代的經筵〉，《內蒙古大學學報（哲學社會科學版）》，1993 年第 2 期。

17. 張帆：〈元代經筵述論〉，《元史論叢》第 5 輯，北京市：中國社會科學出版社，1993 年 8 月。

18. 劉家駒：〈經筵日講——康熙皇帝所受四書五經的教育〉，《故宮文物月刊》，第 10 卷 12 期，1993 年 12 月。

19. 趙秉忠：〈略論康雍乾三帝對外戚重臣的駕馭〉，《清史研究》，1994 年第 1 期。

20. 趙鴻承：〈帝王學的啓示〉，《晉陽學刊》，1994 年第 3 期。

21. 張邦煒：〈論宋代的皇權和相權〉，《四川師範大學學報（社會科學版）》，第 21 卷第 2 期，1994 年 4 月。

22. 黃復山：〈洪範「皇極」訓義流衍考〉，《輔大中研所學刊》，第 3 集，1994 年 6 月。

23. 張英聘：〈略述明代的經筵日講官〉，《邢臺師範高專學報》，1995 年第 4 期。

24. 張英聘：〈試論明代的經筵制度〉，《明史研究》，第 5 輯，1995 年 10 月。

25. 劉家駒：〈康熙皇帝的集權與激變〉，《東吳歷史學報》，第 2 期，1996 年 3 月。

26. 游均晶：〈蔡沈《書集傳》考述〉，《東吳中文研究集刊》，第 3 期，1996 年 5 月。

27. 朱瑞熙：〈宋朝經筵制度〉，《中華文史論叢》，第 55 輯，上海市：上海古籍出版社，1996 年 12 月。

28. 金燕：〈簡論中國封建統治集團對皇帝的培養與約束〉，《青海民族學院學報（社科版）》，1997 年第 1 期。

29. 老森、穆曉云：〈帝王教育家完顏雍〉，《黑龍江民族叢刊》，1998 年第 1 期。

30. 穆若：〈清前中期皇帝典學述論〉，《故宮博物院院刊》，1998 年第 2 期。

31. 許振興：〈宋代《三朝寶訓》篇目考〉，《古籍整理研究學刊》，1998 年第 4、5 期合刊。

32. 王德毅：〈宋代士大夫的辭官風氣〉，《臺大歷史學報》，第 22 期，1998 年 12 月。

33. 劉家駒：〈康熙皇帝的中央集權與吳三桂等的起兵激變〉，《國史館館刊》，復刊第 25 期，1998 年 12 月。

34. 周世範：〈論帝王教育與國家興衰〉，《西北大學學報（哲社版）》，1999 年第 1 期。

35. 程民生：〈論宋代士大夫政治對皇權的限制〉，《河南大學學報（社科版）》，1999 年第 3 期。

36. 謝景芳：〈致君堯舜與強權政治——論明代士大夫與專職皇權的衝突〉，《學習與探索》，2000 年第 3 期。

37. 陳恆嵩：〈董鼎《書蔡氏傳輯錄纂註》對蔡沈《書集傳》之疏釋〉，《元代經學國際研討會論文集（上）》，臺北市：中研院文哲所籌備處，2000 年 10 月。

38. 張強：〈西漢帝王與帝王之學及經學之關係〉，《淮陰師範學院學報》，2001 年第 2 期。

39. 劉盛：〈清代帝師論〉，《明清論叢》，第 2 輯，北京市：紫禁城出版社，2001 年 3 月。

40. 趙玉田：〈明代的國家建制與皇儲教育〉，《東北師範大學學報（哲社版）》，2001 年第 4 期。

41. 陳祖武：〈從經筵講論看乾隆時期的朱子學〉，《國學研究》，第 9 卷，北京市：北京大學出版社，2002 年 6 月。

42. 黃波：〈帝王師文人的迷夢〉，《社會科學論壇》，2002 年第 10 期。

43. 何冠彪：〈乾綱獨御、乾綱獨斷——康熙、雍正二帝君權思想的一個側面〉，《漢學研究》，第 20 卷第 2 期，2002 年 12 月。

44. 蔣秋華：〈尚書研究〉，收入林慶彰主編：《五十年來的經學研究（1950～2000）》，臺北市：臺灣學生書局，2003 年 5 月。

45. 何冠彪：〈康熙朝經筵次數與日期——讀《乾隆朝上諭檔》劄記一則〉，《書目季刊》，第 37 卷第 1 期，2003 年 6 月。

46. 漆永祥：〈清代起居注官與錢大聽的講筵日記〉，《中國典籍與文化》，2004 年第 1 期。

47. 張羽新：〈帝師考源〉，《中國藏學》，2004 年第 1 期。

48. 傅璇瓊：〈唐代翰林侍講侍讀學士考論〉，《清華大學學報（哲學社會科學版）》，2004 年第 5 期。

49. 陳峰：〈北宋「崇文抑武」的治國方略及其影響〉，《北宋武將群體與相關問題研究》，北京市：中華書局，2004 年 6 月。

50. 蔡根祥：〈胡瑗《尚書》學之探究〉，《高雄師大學報（人文與藝術類）》，第 16 期，2004 年 6 月。

51. 蔡根祥：〈蔡元定之《尚書》學及其相關問題之研究〉，《高雄師大學報》，第 17 期，2004 年 12 月。

52. 許振興：〈「三朝寶訓」與「經幄管見」：論宋代帝王學教材的教學價值〉，單周堯等主編：《東西方文化承傳與創新：趙令揚教授榮休紀念論文集》，新加坡：八方文化創作室，2004 年 11 月。

53. 任鋒：〈經世精神和皇極觀念：宋儒的洪範思想傳統〉，《漢學研究》，第 23 卷第 1 期，2005 年 6 月。

54. 鄧國光：〈康熙與乾隆的「皇極」漢、宋義的抉擇及其實踐——清代帝王經學初探〉，收入彭林編：《清代經學與文化》，北京：北京大學出版社，2005 年 11 月。

55. 鄧國光：〈清代帝王經學初探〉，收入彭林編：《清代經學與文化》，北京市：北京大學出版社，2005 年 11 月。

56. 高慧斌：〈南朝侍從講讀制度的發展與變遷〉，《南都學壇（人文社會科學學報）》，第 26 卷第 1 期，2006 年 1 月。

57. 劉起釪：〈禮失而求諸野的尚書所倡為君之道〉，收入劉起釪：《尚書研究要論》，濟南市：齊魯書社，2007 年 1 月。

58. 朱子彥：〈明萬曆朝經筵制度述論〉，《社會科學戰線》，2007 年第 2 期。

59. 蔡根祥：〈張九成《尚書》學研究〉，《高雄師大學報》，第 22 期，2007 年 6 月。

60. 任鋒：〈胡瑗與南宋儒學的實踐意識〉，《漢學研究》，第 25 卷第 2 期，2007 年 12 月。

61. 王耘：〈金代經筵述略〉，《滿語研究》，2008 年第 1 期。

62. 陳東：〈中國古代經筵概論〉，《齊魯學刊》，2008 年第 1 期。

63. 王化雨：〈宋朝經筵中的君臣交流——以端平元年為個案〉，《文史》，2008 年第 2 輯。

64. 陳峰：〈宋代主流意識支配下的戰爭觀〉，《歷史研究》，2009 年第 2 期。

65. 吳國武：〈北宋經筵講經考論〉，《國學學刊》，2009 年第 3 期。

66. 姜鵬：〈經筵進讀與史學義理化〉，《復旦學報》，2009 年第 3 期。

67. 王德毅：〈宋代的帝王學〉，鄧小蘭主編：《宋史研究論文集（2008）》，昆明：雲南大學出版社，2009 年 5 月。

68. 王春林：〈維護道統詮釋下的周公：兼論蔡沈《書集傳》的求道精神〉，收於氏著：《經學與中國哲學》，上海市：華東師範大學出版社，2009 年 6 月。

69. 陳志明：〈日講書經解義初探〉，單周堯主編：《明清學術研究》，北京市：中國社會科學出版社，2009 年 6 月。

70. 劉濤：〈程頤「諫折柳」事件的思想史意涵〉，《重慶三峽學院學報》，2009 年第 6 期。

71. 姜鵬：〈北宋經筵中的師道實踐〉，《學術研究》，2009 年第 7 期。

72. 陳恆嵩：〈徐鹿卿及其尚書經筵講義研究〉，《嘉大中文學報》第 2 期，2009 年 9 月。

73. 鄒賀‧陳峰：〈中國古代經筵制度沿革考論〉，《求索》，2009 年第 9 期。

74. 劉方玲：〈帝王道統化理想與清初士大夫對經筵日講的推進〉，《燕山大學學報》（哲學社會科學版），第 10 卷第 3 期，2009 年 9 月。

75. 蔣秋華：〈劉克莊商書講義析論〉，《嘉大中文學報》，第 2 期，2009 年 9 月。

76. 陳東：〈程頤與經筵〉，《國學論衡》，第 5 輯，2010 年 10 月。

77. 姜鵬：〈宋初文治導向與經筵緣起〉，《傳統中國研究集刊》，第 7 輯，2010 年 3 月。

78. 何銘鴻：〈《審核古文尚書案》述評——兼談古文《尚書》之真偽問題〉，《經學研究論叢》第十七輯，臺北市：臺灣學生書局，2010 年 7 月。

79. 金培懿：〈作為帝王教科書的論語——宋代論語經筵講義探析〉，《成大中文學報》，第 31 期，2010 年 12 月。

80. 常建華：〈康熙帝南書房的日常活動與探求治道〉，故宮博物院編：《明清宮廷史學術研討會論文集》，第 1 輯，北京市：紫禁城出版社，2011 年 4 月。

81. 簡承禾：〈康熙對「庶徵」、「五福六極」的體認與實踐〉，《中國文學研究》，第 32 期，2011 年 7 月。

82. 鄒賀：〈宋朝經筵官設置考〉，《宋史研究論叢》，2012 年第 1 期。

83. 鄒賀：〈宋朝經筵制度成因論析〉，《西安文理學院學報（社會科學版）》，第 15 卷第 3 期，2012 年 3 月。

84. 何銘鴻：〈《日講書經解義》之帝王教化觀〉，收於林慶彰、錢宗武主編：《首屆《尚書》學國際學術研討會論文集》，臺北市：萬卷樓圖書公司，2012 年 4 月。

85. 姜鵬：〈經筵講學對北宋經學的影響〉，《史林》，2012 年第 5 期。

86. 董文靜：〈南宋臺諫「必預經筵」政治模式的形成〉，《浙江學刊》，2012 年第 5 期。

87. 姜龍翔：〈朱子命蔡沈編修《書集傳》考〉，《漢學研究》第 30 卷第 2 期，2012 年 6 月。

88. 晁中辰：〈明「經筵」與「日講」制度考異〉，《東嶽論叢》，第 33 卷第 7 期，2012 年 7 月。

89. 何銘鴻：〈莊存與《尚書》學探析〉，收於趙生群、方向東主編：《古文獻研究集刊（第四輯）》，南京市：鳳凰出版社，2012 年 8 月。

90. 魏彥紅：〈北宋皇帝重教研究綜述〉，《河北大學學報（哲學社會科學版）》，35 卷第 5 期，2012 年 9 月。

91. 魏彥紅：〈宋代經筵研究綜述〉，《河北師範大學學報（教育科學版）》，第 14 卷第 10 期，2012 年 10 月。

92. 簡承禾：〈〈五子之歌〉中的君臣責任及其相關問題——以漢、滿文本《日講書經解義》為考察對象〉，收入彭林編：《中國經學》，第 12 輯，北京市：清華大學，2012 年 10 月。

93. 許華峰：〈蔡沈《書集傳》所引據的資料分析〉，《東華漢學》，第 16 期，2012 年 12 月。

94. 簡承禾：〈從經權論康熙的德刑思想——以《日講書經解義》為考察對象〉，收入林慶彰編：《經學研究論叢》，第 20 輯，2013 年 4 月。

95. 郤賀：〈論宋朝經筵制度〉，《蘭州學刊》，2013 年第 7 期。

96. 易衛華：〈論宋仁宗時代的經筵講《詩》〉，《河北廣播電視大學學報》，第 18 卷第 5 期，2013 年 10 月。

97. 何銘鴻：〈王安石〈洪範傳〉之解經形式〉，收於林慶彰、錢宗武主編：《第二屆《尚書》學國際學術研討會論文集》，臺北市：萬卷樓圖書公司，2014 年 4 月。

98. 陳恆嵩：〈魏校及其尚書經筵講義析論〉，林慶彰、錢宗武主編：《首屆國際尚書學學術研討會論文集》，臺北市：萬卷樓圖書公司，2012 年 4 月。

99. 陳良中：〈史浩《尚書講義》思想研究〉，《歷史文獻研究》，2014 年第 1 期。

100. 陳東：〈康熙朝經筵次數及日期考〉，《歷史檔案》，2014 年第 1 期。

101. 何銘鴻：〈宋代經書帝王學以義理解經特點初探——以史浩《尚書講義》為文本〉，《北市大語文學報》，第 12 期，2014 年 12 月。

102. 何銘鴻：〈范純仁及其《尚書解》考略〉，《第三屆國際《尚書》學學術研討會論文集》，北京市：線裝書局，2015 年 4 月。

四、學位論文（依撰作年代先後排列）

1. 劉素玲：《宋儒論韓愈排佛與師道》，臺北市：國立臺灣大學中國文學研究所碩士論文，1986 年 6 月。

2. 蔡根祥：《宋代尚書學案》，臺北市：國立臺灣師範大學國文研究所博士論文，1994 年 6 月。

3. 游均晶：《蔡沈《書集傳》研究》，臺北市：私立東吳大學中國文學研究所碩士論文，1996 年 12 月。

4. 許華峰：《董鼎《書傳輯錄纂註》研究》，中壢市：國立中央大學中國文學研究所博士論文，2000 年 12 月。

5. 陳鏡光：《范祖禹《唐鑑》之研究》，臺北市：私立中國文化大學史學研究所碩士論文，2004 年 6 月。

6. 向鴻全：《真德秀及其大學衍義之研究》，中壢市：國立中央大學中國文學研究所博士論文，2005 年 12 月。

7. 孟蓉：《明代經筵日講制度述論》，上海市：上海大學碩士論文，2005 年 5 月。

8. 褚詩詩：《帝師與北宋政治——以畢士安與韓維為例》，臺北市：國立臺灣師範大學歷史學系在職進修碩士班學位論文，2005 年 6 月。

9. 姜鵬：《北宋經筵與宋學的興起》，上海市：復旦大學歷史學系博士論文，2006 年 4 月。

10. 陳盈瑞：《宋代王霸思想研究——以心性觀點為主軸的探討》，臺北市：國立政治大學中國文學研究所碩士論文，2006 年 6 月。

11. 陳東：《清代經筵制度研究》，濟南市：山東大學博士論文，2006 年 11 月。

12. 蕭宇青：《明代經筵制度》，廣州市：華南師範大學歷史文化學院碩士論文，2007 年 6 月。

13. 馬元元：《南宋經筵制度及其歷史作用》，保定市：河北大學中國古代史專業碩士論文，2008 年 6 月。

14. 鄒賀：《宋朝經筵制度研究》，西安市：陝西師範大學中國古代史專業博士論文，2010 年 5 月。

15. 鄭仲烜：《清朝皇子教育研究》，中壢市：國立中央大學歷史研究所碩士論文，2011 年 6 月。

16. 喬東山：《南宋名臣史浩研究》，保定市：河北大學歷史系中國古代史專業碩士論文，2012 年 6 月。

17. 許育龍：《宋末至明初蔡沈《書集傳》文本闡釋與經典地位的提升》，臺北市：國立臺灣大學中國文學研究所博士論文，2012 年 12 月。

18. 吳曉榮：《兩宋經筵與學術》，南京市：南京大學中國古代文學專業碩士論文，2013 年 5 月。

19. 鍾信昌：《宋代《論語》經筵講義研究》，臺北市：臺北市立大學中國語文學系博士論文，2014 年 7 月。

【附錄一】宋代經筵《尚書》講義目錄

說明：本目錄參考《中國歷代經書帝王學・宋代篇》製作，首列人名，依出
生年代先後爲次，其次書（篇）名，再次爲版本項。著錄主要以《四
庫全書》、《宋史・藝文志》、《全宋文》爲主，如《四庫全書》未收，
則改錄其他傳本。加註※符號者，爲《中國歷代經書帝王學・宋代篇》
所未收。全部《講義》共收錄 15 家，54 篇（含史浩《尚書講義》1 部）。

一、文彥博（1006～1097）

1. 〈進尚書孝經解（劄子）〉
   （〈聖學（疏）——進尚書孝經解劄子〉）
   《山西通志》卷 185，《欽定四庫全書・史部・地理類》，第 549 冊。
   《歷代名臣奏議》卷 7，《欽定四庫全書・史部・詔令奏議類》，第 438 冊。
   《文潞公文集》卷 31，《欽定四庫全書・集部・別集類》，第 1100 冊。
   《全宋文》卷 651，第 30 冊，頁 293～297。

2. 〈又進尚書二典義劄子〉
   《歷代名臣奏議》卷 7，《欽定四庫全書・史部・詔令奏議類》，第 433 冊。
   《文潞公文集》卷 31，《欽定四庫全書・集部・別集類》，第 1100 冊。
   《全宋文》卷 651，第 30 冊，頁 298～302。

3. 〈勤政（疏）——進無逸圖（奏）〉
   《歷代名臣奏議》卷 7，《欽定四庫全書・史部・詔令奏議類》，第 438 冊。
   《文潞公文集》卷 29，《欽定四庫全書・集部・別集類》，第 1100 冊。
   《全宋文》卷 650，第 30 冊，頁 279。

※二、范純仁（1027～1101）

1. 〈進尚書解〉
《范忠宣集》卷7，《欽定四庫全書・集部・別集類》，第1104冊。
《全宋文》卷1546，第71冊，頁144～145。

2. 〈進節尚書論語表〉
《范忠宣集》卷7，《欽定四庫全書・集部・別集類》，第1104冊。
《全宋文》卷1545，第71冊，頁121～122。

3. 〈尚書解〉
《范忠宣集》卷7，《欽定四庫全書・集部・別集類》，第1104冊。
《全宋文》卷1554，第71冊，頁283～297。

三、范祖禹（1041～1098）

1. 〈乞留無逸孝經回圖劄子〉
《范太史集》卷14，《欽定四庫全書・集部・別集類》第1100冊。
《全宋文》卷2129，第98冊，頁50。

※2. 〈進經書要言劄子〉（《尚書》、《孝經》、《論語》）
《范太史集》卷14，《欽定四庫全書・集部・別集類》第1100冊。
《全宋文》卷2129，第98冊，頁54。

3. 〈進尚書說命講義劄子〉
《范太史集》卷14，《欽定四庫全書》・集部・別集類》第1100冊。
《全宋文》卷2129，第98冊，頁59。

4. 〈進無逸講義劄子二月八日〉
《范太史集》卷19，《欽定四庫全書・集部・別集類》第1100冊。
《全宋文》卷2134，第98冊，頁110。

5.〈進無逸講義劄子十月二十八日〉
《范太史集》卷19，《欽定四庫全書・集部・別集類》第1100冊。
《全宋文》卷2134，第98冊，頁120。

四、楊時（1053～1135）

1. 〈經筵講義──尚書（四則)〉
2. 〈尚書經筵講義（四則)〉
《龜山集》卷5，《欽定四庫全書・集部・別集類》第1125冊。
《全宋文》卷2686，第124冊，頁277～279。

※3. 〈書義序〉
《龜山集》卷5，《欽定四庫全書・集部・別集類》第1125冊。
《全宋文》卷2684，第124冊，頁249～250。

※五、劉一止（1078～1161）

1. 〈立政講義〉
   《苕溪集》卷 10，《四庫全書・集部・別集類》第 1132 冊。
   《全宋文》卷 3276，第 152 冊，頁 217～219。

2. 〈說命下講義〉
   《苕溪集》卷 10，《四庫全書・集部・別集類》第 1132 冊。
   《全宋文》卷 3276，第 152 冊，頁 220～222。

※六、胡寅（1098～1156）

〈無逸傳〉
《斐然集》卷 22，《四庫全書・集部・別集類》第 1137 冊。
《全宋文》卷 4177，第 190 冊，頁 1～19。

七、史浩（1106～1194）

《尚書講義》二十卷
《欽定四庫全書・經部・書類》第 56 冊。
《叢書集成續編》（影印《四明叢書》本），第 266 冊。

※八、陸游（1125～1209）

〈跋無逸講義〉
《渭南文集》卷 28，《四庫全書・集部・別集類》第 1163 冊。
《全宋文》卷 4937，第 223 冊，頁 6。

九、陳文蔚（1154～1239）

〈庚寅四月二十一日講義〉
《克齋集》卷 8，《四庫全書・集部・別集類》第 1171 冊。
《全宋文》卷 6607，第 290 冊，頁 380～381。

十、程珌（1164～1242）

1. 〈尚書序講義〉
   《洺水集》卷 6，《四庫全書・集部・別集類》第 1171 冊。
   《全宋文》卷 6789，第 298 冊，頁 52～53。

2. 〈堯典講義〉
《洺水集》卷 6，《四庫全書‧集部‧別集類》第 1171 冊。
《全宋文》卷 6789，第 298 冊，頁 53～54。

3. 〈舜典講義〉
《洺水集》卷 6，《四庫全書‧集部‧別集類》第 1171 冊。
《全宋文》卷 6789，第 298 冊，頁 55～56。

4. 〈大禹謨講義〉
《洺水集》卷 6，《四庫全書‧集部‧別集類》第 1171 冊。
《全宋文》卷 6789，第 298 冊，頁 56～57。

5. 〈皋陶謨〉講義
《洺水集》卷 6，《四庫全書‧集部‧別集類》第 1171 冊。
《全宋文》卷 6789，第 298 冊，頁 58～59。

6. 〈益稷講義〉
《洺水集》卷 6，《四庫全書‧集部‧別集類》第 1171 冊。
《全宋文》卷 6789，第 298 冊，頁 59～60。

7. 〈禹貢講義〉
《洺水集》卷 6，《四庫全書‧集部‧別集類》第 1171 冊。
《全宋文》卷 6789，第 298 冊，頁 61～65。

8. 〈甘誓〉講義
《洺水集》卷 6，《四庫全書‧集部‧別集類》第 1171 冊。
《全宋文》卷 6789，第 298 冊，頁 65～66。

十一、劉克莊（1187～1269）

1. 〈商書講義（盤庚中）〉
《後村先生大全集》卷 84，《四庫叢刊初編》電子版。
《全宋文》卷 7592，第 330 冊，頁 110～118。

2. 〈商書講義（盤庚下）〉
《後村先生大全集》卷 84，《四庫叢刊初編》電子版。
《全宋文》卷 7592，第 330 冊，頁 118～122。

※十二、徐元杰（1194～1245）

〈乙巳正月二十四日進講日記（晚講〈洪範〉、〈中庸〉）〉
《楳埜集》卷 2，《四庫全書‧集部‧別集類》第 1181 冊。
《全宋文》卷 7757，第 336 冊，頁 326～327。

.

十三、徐鹿卿（1189～1250）

1. 〈八月戊寅進講尚書讀九朝通略通鑑綱目〉
   《清正存稿》卷 4，《四庫全書‧集部‧別集類》第 1178 冊。
   《全宋文》卷 7673，第 333 冊，頁 215。

2. 〈十二月戊辰進講——論五子之歌〉
   《清正存稿》卷 4，《四庫全書‧集部‧別集類》第 1178 冊。
   《全宋文》卷 7673，第 333 冊，頁 216。

3. 〈癸未進講——論湯誓〉
   《清正存稿》卷 4，《四庫全書‧集部‧別集類》第 1178 冊。
   《全宋文》卷 7673，第 333 冊，頁 217～218。

4. 〈己未進講——論禹貢雍州一段〉
   《清正存稿》卷 4，《四庫全書‧集部‧別集類》第 1178 冊。
   《全宋文》卷 7673，第 333 冊，頁 218。

5. 〈冬十月壬戌進講——論禹貢導山四條〉
   《清正存稿》卷 4，《四庫全書‧集部‧別集類》第 1178 冊。
   《全宋文》卷 7673，第 333 冊，頁 219。

6. 〈乙丑進講——論禹貢導水九條〉
   《清正存稿》卷 4，《四庫全書‧集部‧別集類》第 1178 冊。
   《全宋文》卷 7673，第 333 冊，頁 219～220。

7. 〈乙酉進講——論禹貢九州攸同〉
   《清正存稿》卷 4，《四庫全書‧集部‧別集類》第 1178 冊。
   《全宋文》卷 7673，第 333 冊，頁 220～221。

8. 〈十一月乙未進講——講禹貢錫土姓至告厥成功〉
   《清正存稿》卷 4，《四庫全書‧集部‧別集類》第 1178 冊。
   《全宋文》卷 7673，第 333 冊，頁 222。

9. 〈癸卯進講——論甘誓〉
   《清正存稿》卷 4，《四庫全書‧集部‧別集類》第 1178 冊。
   《全宋文》卷 7673，第 333 冊，頁 223。

10. 〈戊申進講——論五子之歌〉
    《清正存稿》卷 4，《四庫全書‧集部‧別集類》第 1178 冊。
    《全宋文》卷 7673，第 333 冊，頁 224～225。

11. 〈甲寅進講——論仲虺之誥〉
    《清正存稿》卷 4，《四庫全書‧集部‧別集類》第 1178 冊。
    《全宋文》卷 7673，第 333 冊，頁 225。

12. 〈甲子進講——論仲虺後段〉
    《清正存稿》卷 4，《四庫全書‧集部‧別集類》第 1178 冊。
    《全宋文》卷 7673，第 333 冊，頁 226

13. 〈戊辰進講——論伊訓前段〉
    《清正存稿》卷4,《四庫全書·集部·別集類》第 1178 冊。
    《全宋文》卷 7673,第 333 冊,頁 227。

14. 〈癸未進講——論伊訓後段〉
    《清正存稿》卷4,《四庫全書·集部·別集類》第 1178 冊。
    《全宋文》卷 7673,第 333 冊,頁 228。

15. 〈戊寅進講——論咸有一德前段〉
    《清正存稿》卷4,《四庫全書·集部·別集類》第 1178 冊。
    《全宋文》卷 7673,第 333 冊,頁 229。

16. 〈辛酉進講〉
    《清正存稿》卷4,《四庫全書·集部·別集類》第 1178 冊。
    《全宋文》卷 7673,第 333 冊,頁 230～231。

17. 〈癸巳進講〉
    《清正存稿》卷4,《四庫全書·集部·別集類》第 1178 冊。
    《全宋文》卷 7674,第 333 冊,頁 232。

十四、徐經孫（1192～1273）

1. 〈崇政殿經筵尚書講義九月初一進講（三則）〉
   《矩山存稿》卷2,《四庫全書·集部·別集類》第 1181 冊。
   《全宋文》卷 7692,第 334 冊,頁 136～137。

2. 〈九月初十日進講〉
   《矩山存稿》卷2,《四庫全書·集部·別集類》第 1181 冊。
   《全宋文》卷 7692,第 334 冊,頁 138～139。

3. 〈九月十一日進講（二則）〉
   《矩山存稿》卷2,《四庫全書·集部·別集類》第 1181 冊。
   《全宋文》卷 7692,第 334 冊,頁 139～140。

4. 〈九月十三日進講〉
   《矩山存稿》卷2,《四庫全書·集部·別集類》第 1181 冊。
   《全宋文》卷 7692,第 334 冊,頁 140～141。

5. 〈九月十九日進講〉
   《矩山存稿》卷2,《四庫全書·集部·別集類》第 1181 冊。
   《全宋文》卷 7692,第 334 冊,頁 142。

※十五、（宋）姚勉（1216～1262）

〈講義一（論《尚書》經文）〉
《雪坡集》卷8,《四庫全書·集部·別集類》第 1184 冊。

《全宋文》卷 8136，第 352 冊，頁 24～37。(《全宋文》於講義一之副題作：東宮侍講及沂邸教授時）

有目無文：

一、（宋）王雱（1044～1076）

《新經書義》十三卷

《郡齋讀書志》卷一・書類。

二、（宋）司馬康（1050～1090）等

〈無逸講義〉一卷

《宋史・藝文志》經部・書類。

三、（宋）吳安詩（哲宗元祐間人）等

〈說命解〉二卷

《宋史・藝文志》經部・書類。

【附錄二】中國歷代經筵相關研究文獻目錄

※本目錄依作者姓氏筆畫多寡排列，筆畫相同，則按著作發表年代先後順序排列。

1. 王風雷：〈元代的經筵〉，《內蒙古大學學報（哲學社會科學版）》，1993年第2期，1993年5月。

2. 王薇：〈御門聽政與康熙之治〉，《南開學報（哲社版）》，2003年第1期，2003年1月。

3. 尹選波：〈培養君德開導聖學——張居正對萬曆皇帝朱翊鈞的早期教育論述〉，《廣東社會科學》，2007年第4期，2007年7月。

4. 王耘：〈金代經筵述略〉，《滿語研究》，2008年第1期，2008年6月。

5. 王化雨：〈宋朝經筵中的君臣交流——以端平元年爲個案〉，《文史》，2008年第2輯。

6. 王化雨：《宋朝君主的信息渠道研究》，北京市：北京大學歷史系博士學位論文，2008年6月。

7. 王德毅：〈宋代的帝王學〉，鄧小南主編：《宋史研究論文集（2008）》，昆明：雲南大學出版社，2009年8月。

8. 文琦：〈明代經筵制度新論〉，《廣東技術師範學院學報（社會科學）》，2012年第5期，2012年8月。

9. 王勝軍：〈論熊賜履《四書》學詮釋的經筵特徵〉，《湖南大學學報（社會科學版）》第29卷第4期，2015年7月。

10. 史革新：〈清代經筵、日講制度探源〉，《尋根》，2008年2期，2008年2月。

11. 向鴻全：《眞德秀及其大學衍義之研究》，中壢市：國立中央大學中國文學研究所博士論文，2005年12月。

12. 朱瑞熙：〈經筵制度〉，收於《中國政治制度通史‧第六卷宋代》，北京市：
    人民出版社，1976 年 12 月。

13. 朱瑞熙：〈宋朝經筵制度〉，《中華文史論叢》第 55 輯，上海市：上海古
    籍出版社，1996 年 12 月。

14. 老森、穆曉云：〈帝王教育家完顏雍〉，《黑龍江民族叢刊》，1998 年第 1
    期，1998 年 3 月。

15. 朱子彥：〈明萬曆朝經筵制度述論〉，《社會科學戰線》，2007 年第 2 期，
    2007 年 3 月。

16. 朱鴻林：〈高拱與明穆宗的經筵講讀初探〉，《中國史研究》，2009 年第 1
    期，2009 年 2 月。

17. 朱鴻軍、季誠浩：〈被壓抑的儀式傳播——清初經筵的文化涵化、移轉和
    控制〉，《陝西師範大學學報（哲學社會科學版）》，第 45 卷第 5 期，2016
    年 9 月。

18. 何冠彪：〈乾綱獨御、乾綱獨斷——康熙、雍正二帝君權思想的一個側
    面〉，《漢學研究》，第 20 卷第 2 期，2002 年 12 月。

19. 何冠彪：〈康熙朝經筵次數與日期——讀《乾隆朝上諭檔》劄記一則〉，《書
    目季刊》，第 37 卷第 1 期，2003 年 6 月。

20. 何銘鴻：〈《日講書經解義》之帝王教化觀〉，林慶彰、錢宗武主編：《首
    屆《尚書》學國際學術研討會論文集》，臺北市：萬卷樓圖書公司，2012
    年 4 月。

21. 何銘鴻：〈莊存與《尚書》學探析〉，趙生群、方向東主編：《古文獻研究
    集刊》第 4 輯，南京市：鳳凰出版社，2012 年 8 月。

22. 何銘鴻：〈王安石〈洪範傳〉之解經形式〉，林慶彰、錢宗武主編：《第二
    屆《尚書》學國際學術研討會論文集》，臺北市：萬卷樓圖書公司，2014
    年 4 月。

23. 何銘鴻：〈宋代經書帝王學以義理解經特點初探——以史浩《尚書講義》
    爲文本〉，《北市大語文學報》第 12 期，2014 年 12 月。

24. 何銘鴻：〈范純仁及其《尚書解》考略〉，《第三屆國際《尚書》學學術研
    討會論文集》，北京市：線裝書局，2015 年 4 月。

25. 吳仕偉：《明代宮廷教育研究》，長沙市：湖南師範大學中國古代史專業
    碩士論文，2009 年 5 月。

26. 吳國武：〈北宋經筵講經考論〉，《國學學刊》，2009 年第 3 期。

27. 吳曉榮：《兩宋經筵與學術》，南京市：南京大學中國古代文學專業碩士
    論文，2013 年 5 月。

28. 呂實強：〈從《起居注》看康熙帝對經史的研習〉，《近代中國初期歷史研
    討會論文集》，臺北：中央研究院近代史研究所，1989 年 4 月。

29. 李莉萍：《宋代經筵制度與經筵講史研究》，北京市：中國人民大學碩士論文，2002 年 2 月。

30. 杜家驥：〈清代的皇族教育〉，《故宮博物院院刊》，1990 年第 2 期。

31. 周世範：〈論帝王教育與國家興衰〉，《西北大學學報（哲社版）》，1999 年第 1 期。

32. 孟蓉：《明代經筵日講制度述論》，上海市：上海大學歷史文化學院碩士學位論文，2005 年 5 月。

33. 易衛華：〈論宋仁宗時代的經筵講《詩》〉，《河北廣播電視大學學報》，第 18 卷第 5 期，2013 年 10 月。

34. 金燕：〈簡論中國封建統治集團對皇帝的培養與約束〉，《青海民族學院學報（社科版）》，1997 年第 1 期。

35. 金培懿：〈作為帝王教科書的論語──宋代論語經筵講義探析〉，《成大中文學報》，第 31 期，2010 年 12 月。

36. 胡凡：〈明代的宮廷教育〉，《江漢論壇》，1990 年第 7 期。

37. 姜鵬：〈北宋經筵中的師道實踐〉，《學術研究》，2009 年第 7 期，2009 年 1 月。

38. 姜鵬：〈經筵進讀與史學義理化〉，《復旦學報》，2009 年第 3 期。

39. 姜鵬：〈經筵講學對北宋經學的影響〉，《史林》，2012 年第 5 期。

40. 姜鵬：《北宋經筵與宋學的興起》，上海市：復旦大學歷史學系中國古代史專業博士學位論文，2006 年 5 月；上海市：上海古籍出版社，2013 年 10 月。

41. 姚中秋：〈程伊川論經筵劄子疏〉，《政治思想史》，2016 年第 1 期。

42. 袁慶新：〈中國古代的經筵〉，《自貢師範高等專科學校學報》，1989 年 2 月。

43. 高慧斌：〈南朝侍從講讀制度的發展與變遷〉，《南都學壇（人文社會科學學報）》，第 26 卷第 1 期，2006 年 1 月。

44. 馬元元：《南宋經筵制度及其歷史作用》，保定市：河北大學歷史學系中國古代史專業碩士論文，2008 年 6 月。

45. 晁中辰：〈明「經筵」與「日講」制度考異〉，《東嶽論叢》，第 33 卷第 7 期，2012 年 7 月。

46. 徐婷：《明代經筵講史與帝王歷史教育研究》，濟寧市：曲阜師範大學歷史文化學院中國古代歷史教育研究碩士論文，2013 年 4 月。

47. 唐華榮：《明代皇帝學習制度》，濟南市：山東大學歷史文化學院中國古代史專業碩士論文，2014 年 5 月。

48. 唐華榮：〈明代經筵制度化成因新論〉，《現代企業教育》，2015 年 1 月。

49. 常建華：〈康熙帝南書房的日常活動與探求治道〉，故宮博物院編：《明清宮廷史學術研討會論文集》，第 1 輯，北京市：紫禁城出版社，2011 年 4 月。

50. 張帆：〈中國古代經筵初論〉，《中國史研究》，1991 年第 3 期。

51. 張帆：〈元代經筵述論〉，《元史論叢》，第 5 輯，北京市：中國社會科學出版社，1993 年 8 月。

52. 張英聘：〈略述明代的經筵日講官〉，《邢臺師範高專學報》，1995 年第 4 期。

53. 張英聘：〈試論明代的經筵制度〉，《明史研究》，第 5 輯，1995 年 10 月。

54. 張強：〈西漢帝王與帝王之學及經學之關係〉，《淮陰師範學院學報》，2001 年第 2 期。

55. 張羽新：〈帝師考源〉，《中國藏學》，2004 年第 1 期。

56. 許振興：〈論宋代帝王學的發展〉，《東方文化》，第 29 卷第 1 期，1991 年 2 月。

57. 許振興：〈宋代《三朝寶訓》篇目考〉，《古籍整理研究學刊》，1998 年第 4、5 期合刊。

58. 許振興：〈「三朝寶訓」與「經幄管見」：論宋代帝王學教材的教學價值〉，單周堯等主編：《東西方文化承傳與創新：趙令揚教授榮休紀念論文集》，新加坡：八方文化創作室，2004 年 11 月。

59. 許靜：〈明清經筵制度特點研究〉，《聊城大學學報》（社會科學版），2013 年第 2 期。

60. 許靜：〈試論明清經筵制度的發展演變〉，《明清論叢》，第 13 輯，2014 年 4 月。

61. 郭聲波：〈宋代宮廷教育機構考述〉，《宋代文化研究》，第 2 集，成都市：四川大學出版社，1992 年。

62. 陳祖武：〈從經筵講論看乾隆時期的朱子學〉，《國學研究》，第 9 卷，北京市：北京大學出版社，2002 年 6 月。

63. 陳東：《清代經筵制度研究》，濟南市：山東大學中國古代史博士學位論文，2006 年 11 月。

64. 陳東：〈中國古代經筵概論〉，《齊魯學刊》，2008 年第 1 期，2008 年 1 月。

65. 陳志明：〈日講書經解義初探〉，單周堯主編：《明清學術研究》，北京市：中國社會科學出版社，2009 年 6 月。

66. 陳東：〈乾隆朝進呈講義始末考〉，《清史研究》，第 3 期，2010 年 8 月。

67. 陳恆嵩：〈徐鹿卿及其尚書經筵講義研究〉，《嘉大中文學報》，第 2 期，2009 年 9 月。陳東：〈程頤與經筵〉，《國學論衡》，第 5 輯，2010 年 10 月。

68. 陳恆嵩：〈魏校及其尚書經筵講義析論〉，林慶彰、錢宗武主編：《首屆國際尚書學學術研討會論文集》，臺北市：萬卷樓圖書公司，2012 年 4 月。

69. 陳時龍：〈天啓皇帝日講考實〉，《故宮學刊》，2013 年第 2 期，2013 年 6 月。

70. 陳東：〈康熙朝經筵次數及日期考〉，《歷史檔案》，2014 年第 1 期，2014 年 2 月。

71. 陳良中：〈史浩《尚書講義》思想研究〉，《歷史文獻研究》，2014 年第 1 期，2014 年 5 月。

72. 陳居淵：〈清代的經筵講論與學術的多變〉，《中國哲學史》，2014 年第 3 期，2014 年 8 月。

73. 程民生：〈論宋代士大夫政治對皇權的限制〉，《河南大學學報（社科版）》，1999 年第 3 期，1999 年 5 月。

74. 黃波：〈帝王師文人的迷夢〉，《社會科學論壇》，2002 年第 10 期。

75. 傅漩瓊：〈唐代翰林侍講侍讀學士考論〉，《清華大學學報（哲學社會科學版）》，2004 年第 5 期，2004 年 5 月。

76. 閔祥鵬：〈光緒朝最後一次經筵進講〉，《歷史檔案》，2016 年第 3 期，2016 年 8 月。

77. 楊業進：〈明代經筵制度與內閣〉，《故宮博物院院刊》，1990 年第 2 期，1990 年 7 月。

78. 鄒賀・陳峰：〈中國古代經筵制度沿革考論〉，《求索》，2009 年第 9 期，2009 年 9 月。

79. 鄒賀：《宋朝經筵制度研究》，西安市：陝西師範大學歷史學系中國古代史專業博士論文，2010 年 6 月。

80. 鄒賀：〈宋朝經筵官設置考〉，《宋史研究論叢》，2012 年 12 月。

81. 鄒賀：〈宋朝經筵制度成因論析〉，《西安文理學院學報（社會科學版）》第 15 卷第 3 期，2012 年 3 月。

82. 董文靜：〈南宋臺諫「必預經筵」政治模式的形成〉，《浙江學刊》，2012 年第 5 期，2012 年 9 月。

83. 鄒賀：〈論宋朝經筵制度〉，《蘭州學刊》，2013 年第 7 期，2013 年 7 月。

84. 漆永祥：〈清代起居注官與錢大聽的講筵日記〉，《中國典籍與文化》，2004 年第 1 期，2004 年 2 月。

85. 褚詩詩：《帝師與北宋政治——以畢士安和韓維爲例》，臺北市：臺灣師範大學歷史學系碩士論文，2005 年 6 月。

86. 趙秉忠、白新良：〈經筵日講與康熙政治〉，《社會科學輯刊》，1990 年第 1 期，1990 年 3 月。

87. 趙秉忠：〈略論康雍乾三帝對外戚重臣的駕馭〉，《清史研究》，1994 年第 1 期，1994 年 2 月。

88. 趙鴻承：〈帝王學的啓示〉，《晉陽學刊》，1994 年第 3 期，1994 年 5 月。

89. 趙玉田：〈明代的國家建制與皇儲教育〉，《東北師範大學學報（哲社版）》，2001 年第 4 期，2001 年 7 月。

90. 廖峰：〈洪範經筵的政治思考〉，《貴州大學學報》（社會科學版），第 32 卷第 3 期，2014 年 5 月。

91. 劉家駒：〈康熙皇帝幼年所受的教育及其影響〉，《東吳文史學報》，第 9 號，1991 年 3 月。

92. 劉家駒：〈康熙皇帝的啓蒙教育——由其硃批中的錯別字談起〉，《故宮文物月刊》，第 10 卷第 1 期，1992 年 4 月。

93. 劉家駒：〈經筵日講——康熙皇帝所受四書五經的教育〉，《故宮文物月刊》，第 10 卷 12 期，1993 年 12 月。

94. 劉家駒：〈康熙皇帝的集權與激變〉，《東吳歷史學報》，第 2 期，1996 年 3 月。

95. 穆若：〈清前中期皇帝典學述論〉，《故宮博物院院刊》，1998 年第 2 期，1998 年 5 月。

96. 劉家駒：〈康熙皇帝的中央集權與吳三桂等的起兵激變〉，《國史館館刊》，復刊第 25 期，1998 年 12 月。

97. 劉明：〈翁同龢與晚清宮廷教育〉，《常熟高專學報》，2000 年第 5 期。

98. 劉潞：〈屢受殊榮的日講起居注官陳廷敬〉，《紫禁城》，2000 年第 2 期，2000 年 5 月。

99. 劉盛：〈清代帝師論〉，《明清論叢》，第 2 輯，北京市：紫禁城出版社，2001 年 3 月。

100. 鄧國光：〈康熙與乾隆的「皇極」漢、宋義的抉擇及其實踐——清代帝王經學初探〉，收入彭林編：《清代經學與文化》，北京：北京大學出版社，2005 年 11 月。

101. 劉起釪：〈禮失而求諸野的尚書所倡爲君之道〉，劉起釪：《尚書研究要論》，濟南市：齊魯書社，2007 年 1 月。

102. 劉迪：〈清代前期懋勤殿功能考〉，《歷史教學（高校版）》，2009 年第 14 期，2009 年 7 月。

103. 蔣秋華：〈劉克莊商書講義析論〉，《嘉大中文學報》，第 2 期，2009 年 9 月。

104. 劉方玲：〈帝王道統化理想與清初士大夫對經筵日講的推進〉，《燕山大學學報》（哲學社會科學版），第 10 卷第 3 期，2009 年 9 月。

105. 劉潞：〈康熙的日講起居注官陳廷敬〉，《秘書工作》，2014 年第 2 期，2014 年 2 月。

106. 潘婧瑋：〈約束與反約束——明朝經筵特點分析〉，《黃岡職業技術學院學報》，第 18 卷第 3 期，2016 年 6 月。

107. 歐小蘭：《唐宋帝王教育研究——以《帝範》和《帝學》爲中心的討論》，成都市：四川師範大學歷史學系碩士論文，2009 年 4 月。

108. 蕭放：〈宋明經筵制度述論〉，《史志文萃》，1990 年第 3 期。

109. 蕭宇青：《明代經筵制度》，廣州市：華南師範大學歷史文化學院碩士論文，2007 年 6 月。

110. 謝景芳：〈致君堯舜與強權政治——論明代士大夫與專職皇權的衝突〉，《學習與探索》，2000 年第 3 期，2000 年 6 月。

111. 謝貴安：〈明代宮廷教育思想初探〉，《求是學刊》，第 42 卷第 2 期，2015 年 3 月。

112. 謝貴安：〈明代經筵和日講官的選任條件〉，《明清論叢》，第 15 輯，2015 年 06 月。

113. 謝貴安：〈明熹宗經筵日講述論〉，《學習與探索》，2015 年第 10 期，2015 年 10 月。

114. 簡承禾：〈康熙對「庶徵」、「五福六極」的體認與實踐〉，《中國文學研究》，第 32 期，2011 年 7 月。

115. 簡承禾：《康熙《日講書經解義》研究》，臺北市：私立東吳大學中國文學系碩士論文，2012 年 8 月。

116. 魏靜：〈泰定初年扈從上都經筵官虞集之官職考釋〉，《西北民族考釋》，2010 年第 3 期，2010 年 8 月。

117. 魏彥紅：〈北宋皇帝重教研究綜述〉，《河北大學學報（哲學社會科學版）》，35 卷第 5 期，2012 年 9 月。

118. 簡承禾：〈〈五子之歌〉中的君臣責任及其相關問題——以漢、滿文本《日講書經解義》爲考察對象〉，收入彭林編：《中國經學》，第 12 輯，北京市：清華大學，2012 年 10 月。

119. 魏彥紅：〈宋代經筵研究綜述〉，《河北師範大學學報（教育科學版）》第 14 卷第 10 期，2012 年 10 月。

120. 簡承禾：〈從經權論康熙的德刑思想——以《日講書經解義》爲考察對象〉，收入林慶彰編：《經學研究論叢》，第 20 輯，2013 年 4 月。

121. 鍾信昌：《宋代《論語》經筵講義研究》，臺北市：臺北市立大學中國語文學系博士論文，2014 年 7 月。